Zwischen den Decks

EXLIBRIS
© 2009 RAINER GELLERA

Zwischen den Decks

Ein Schiffstagebuch

Ingo K. Daeneken

EDITION OCTOPUS

Ingo K. Daeneken, »Zwischen den Decks«

Die Edition Octopus erscheint im
Verlagshaus Monsenstein und Vannerdat OHG, Münster
www.edition-octopus.de

Satz: Claudia Rüthschilling
Coverbild: © Jeanette Dietl, metsafile - Fotolia.com
Druck und Einband: MV-Verlag

ISBN 978-3-86991-616-3

Meiner Mutter,
für all ihre Unterstützung &
ihr Vertrauen in mich

Inhalt

Vorwort

Schon als kleiner Junge sehnte ich mich nach der Ferne, und in jedem Urlaub, den wir an der Küste verbrachten, blühte meine Sehnsucht regelrecht auf. Jedes Mal, wenn ich das Meer sah und die Schiffe im Hafen erblickte, war ich glücklich, mit der Welt im Reinen. Es schien, als wäre mir das Weltenbummler-Gen bereits mit in die Wiege gelegt worden.

1990, während einer Folge des Traumschiffes, in der ein kleiner Junge mit seinem Großvater eine Reise unternahm, keimte in mir der Wunsch auf, auch mal eine Kreuzfahrt zu erleben. Da meine Großeltern begeisterte Kreuzfahrer waren und schon etliche Reisen auf der MS Europa erlebt hatten, fragte ich sie, ob sie mich nicht einmal auf eine solche Fahrt mitnehmen könnten.

Im Sommer 1991 war es soweit; ich stand in Bremerhaven das allererste Mal vor einem 5* plus-Kreuzfahrtschiff, der MS Europa. Während dieser unvergesslichen und ebenso unvergleichbaren Zeit, die ich als Elfjähriger an Bord verbrachte, stellte ich mir vor eines Tages an Bord eines Kreuzfahrtschiffes zu arbeiten.

Als mein Vater mit mir im Juni des Jahres 1996 eine Reise auf der damals erst vier Wochen jungen CS ADIA unternahm, war alles besiegelt. Ich wollte später einmal genau hier, auf einem ADIA-Schiff, tätig sein.

Im Juni 2003, fast auf den Tag genau sieben Jahre später, bewarb ich mich bei der Reederei, um einen Arbeitsplatz auf einem der Clubschiffe.

Im Juli desselben Jahres erfolgte das Vorstellungsgespräch und bereits im September war ich auf dem Weg zu meinem ersten Einsatz an Bord eines Kreuzfahrtschiffes.

Nach nunmehr vielen, zwar nicht durchgehenden, aber intensiven und lehrreichen Dienstjahren auf See, entschloss ich mich, auf den Tag genau acht Jahre, nachdem ich das erste Mal von einem sechsmonatigen Trip zurück in die Heimat gekommen war, diese Zeilen zu schreiben.

Als Vorlage diente mein Tagebuch, welches mir sehr gute Freund(e)innen zur Abreise geschenkt hatten …

Tagebuch

Mittwoch, 3. September – Minden

Der ganze Schreibtisch, eigentlich war es ja vielmehr der Küchentisch, war übersät mit Papieren. Ein Wirrwarr von Verträgen, Informationen und Belehrungen. Das Ganze schien unüberwindbar.

Ich war es gewohnt, wenn ich einen Job annahm, nur einen Anstellungsvertrag zu unterzeichnen und das war es dann.

Dies hier war aber weit mehr als nur ein Job für mich. Diese ganzen Papiere sollten meine berufliche Laufbahn in eine neue Richtung lenken. Und es hatte den Anschein, als wüssten diese vielen bedruckten Blätter darüber Bescheid.

Nein, ganz so einfach wollten sie es mir nicht machen. Schon das Durchlesen der vielen, in kleiner Schrift bedruckten Seiten und die Menge, die ich unterschreiben sollte, stellten eine kleine Hürde da. Aber ich war bereit. Ich würde dieses Zettelchaoses Herr werden. Ja, ich würde diesen »Papierkrieg« gewinnen. Da war ich mir sicher!

Der Arztbesuch für die Seedienst-Tauglichkeit-Untersuchung war erfolgreich verlaufen. Ein neues Konto wurde eingerichtet und eine Kreditkarte war bestellt, welche noch rechtzeitig bei mir eintreffen würde, das hatte mir der Banker versprochen. Einen E-Mail-Account hatte ich ebenfalls neu eingerichtet, ich hatte bis dato noch keinen und das Telefon war mittlerweile auch nicht mehr am Netz. Wozu auch, ich hatte ja noch mein Handy. Das Auto war abgemeldet und hatte einen sicheren, trockenen Platz in einer erst vor kurzem angemieteten Garage. Sämtliche Daueraufträge für die nahe Zukunft waren eingerichtet und das Papierchaos, welches mir gerade noch gedroht hatte, mir meinen Verstand zu rauben, war sortiert und von mir unter der Rubrik »Erledigt« abgelegt worden.

Weiße Unterwäsche und Socken hatte ich in ausreichender Stückzahl besorgt und auch passende weiße Schuhe hatte ich in letzter Sekunde noch ausfindig machen können. Alles »passend zur Uniform« genau so, wie es in einem der vielen Papiere geheißen hat. Die wichtigen Verträge, der Anstellungsvertrag in dreifacher Ausführung, waren unterzeichnet und zusammen mit anderen Papieren, per Post auf dem Weg zu meinem künftigen Arbeitgeber. Die Flugdaten hatte man mir bereits telefonisch mitgeteilt und mein Ticket würde am Condor-Flugschalter bereitliegen.

Alles abgehakt. Ich war bereit. War ich das wirklich …? Bereit? Ich musste es sein. Der alte Job war schon lange gekündigt ... Jetzt gab es kein Zurück mehr!

Erster Teil

Trau Dich!

Ein Schiff,
das im Hafen liegt, ist sicher.
Aber dafür werden Schiffe nicht gebaut.

Aus England

Freitag, 12. September – Hannover/ Heraklion

Es war drei Uhr morgens, als ich mich in der Schlange vor dem Check-in am Flughafen Hannover einfand. Es war der Schalter für den Condor-Flug nach Heraklion, Kreta. Noch eine Stunde bis zum Start und vor mir warteten lediglich fünf Personen vor dem Schalter. Auch der Rest der Abflughalle schien reichlich leer um diese Zeit. Einzig ein paar andere Schalter waren geöffnet, vor denen noch ein paar Fluggäste standen und gerade ihr Gepäck aufgaben. In den Restaurants und Bars am anderen Ende der Halle waren die Mitarbeiter damit beschäftigt, die Überbleibsel der letzten Schar Menschen zu beseitigen, ich konnte nur noch ein älteres Pärchen sehen, das dort saß und frühstückte. Der Rest der »Frühbucher« war wohl bereits hinter den Sicherheitsschleusen verschwunden. Mir war das ganz recht, wo ich doch noch die Riesen-Warteschlangen vor dem Check-in-Schalter zur besten Reisezeit im Hochsommer aus meiner Kindheit kannte. Aber um diese Zeit schien es, als würde man allein mit dem Piloten Richtung Süden fliegen.

Es waren sehr gute Freunde von mir gewesen, eher Freundinnen, die mich hierher gebracht hatten. Wir hatten alle nicht viel geschlafen, um meinen Abschied in einer ruhigen Runde zu feiern, und hatten lange darüber philosophiert, was nun in den kommenden sechs Monaten auf mich zukommen würde. Dementsprechend müde und doch sehr aufgeregt saßen wir, auf einen letzten Kaffee zusammen.

Als einer der Letzten betrat ich den Sicherheitsbereich. Legte mein Handgepäck auf das Band, drehte mich dabei noch ein letztes Mal um, winkte meinen Freunden zum Abschied und schritt durch den Metalldetektor.

Die Wartehalle war alles andere als leer und mir wurde bewusst, dass der Flieger wohl ausgebucht sein würde. Wann haben die alle nur eingecheckt? Zwei Stunden früher musste sich eine ähnliche Szene wie im Hochsommer am Check-in abgespielt haben und ich war überaus zufrieden mit der Entscheidung maximal eine Stunde vor Abflug eingetroffen zu sein. Das hatte mir nicht nur eine Stunde mehr Schlaf verschafft, sondern auch einen stressfreieren Ablauf am Airport.

Während ich mich so umsah und die vielen Urlauber betrachtete, musste ich feststellen, dass ich nicht zu meinem Vergnügen hier war. Ich war auf »Geschäftsreise«, auf dem Weg zur Arbeit, könnte man auch sagen und alles andere als ein normaler Pauschal-Tourist. Der Flug war von meinem Arbeitgeber bezahlt worden und ich war nur noch wenige Stunden davon entfernt, ein neues Kapitel in meinem Leben aufzuschlagen. Wenn man es aber genau nahm, hatte es bereits mit der Abfahrt von zu Hause begonnen.

Der Flug verlief ohne Probleme und als wir auf Kreta landeten, musste ich die aufkommenden Gefühle von Urlaub leider wieder aus meinem Kopf verbannen. Eine große Nervosität breitete sich in meinem Inneren aus. Jetzt wurde mir erst richtig bewusst, dass etwas sehr Neues auf mich zukam, jetzt, wo es vielleicht nur noch zwei Stunden waren, bis ich vor meinem neuen Arbeitsplatz stehen würde.

Mein Gepäck ließ nicht lange auf sich warten und ich machte mich auf Richtung Ausgang. Draußen angekommen ließ ich meinen Blick über den Vorplatz und die vielen Menschen gleiten, die wie in einem Ameisenhaufen durcheinanderliefen. Da waren Urlauber, die entweder nach einem Taxi oder ihrem Reiseveranstalter und dessen Bussen Ausschau hielten, Kofferträger, die auf der Jagd nach einem Trinkgeld anboten die Koffer zu tragen, und Einheimische, die auf dem Weg in den Norden waren. Zumindest vermutete ich das, denn hier waren wir ja bereits im Süden!

Auf der Suche nach dem Agenten, der mich abholen sollte, ging ich einige Schritte Richtung Parkplatz. Nach ein paar Minuten entdeckte ich einen Mann, der ein Schild mit der Aufschrift *ADIAmoon CREW* hochhielt.

Ja, hier war ich richtig … Der Mann war Grieche und sprach nur gebrochen Englisch, gab mir aber zu verstehen, dass er noch auf weitere Crew-Mitglieder warten musste, die dasselbe Ziel hatten. Mir fiel ein Stein vom Herzen, ich war also doch nicht ganz allein hier. Er führte mich zu den bereits Wartenden und ich stellte mich vor. Ich kam mit einer hübschen, blonden jungen Frau ins Gespräch.

Wie sich herausstellte, war sie Krankenschwester. Auch für sie war es der erste Vertrag auf einem Kreuzfahrtschiff, und sie schien mir nicht weniger aufgeregt zu sein. Wir unterhielten uns über unsere Anreise und die Vorbereitungen, die wir getroffen hatten. Sie hatte denselben Papierkrieg geführt und war ebenfalls froh gewesen, dass sie dabei den Überblick behalten hatte. Da hatten wir etwas gemeinsam …

Nach einer weiteren halben Stunde, in der wir uns über die nächsten Monate Gedanken machten, waren wir endlich komplett und fuhren los. Es waren zirka zehn Minuten vom Airport durch die Stadt bis hin zum Hafen, wo sie nun auftauchte, die ADIAmoon in ihrer vollkommenen Größe. Ich war am Ziel. Dieses Schiff sollte für die kommenden Monate mein Zuhause werden.

Bereits vor sieben Jahren hatte ich schon einmal vor einer ADIA gestanden, Mittlerweile gab es drei dieser Art, aber das Gefühl war genau wie damals, einfach unglaublich.

Ich war damals mit meinem Vater kurz nach der Indienststellung der heutigen »carisma« an Bord gewesen und hatte einen unvergleichlichen, beeindruckenden Urlaub verlebt, von dem ich bis zum heutigen Tag keine Minute vergessen habe. Damals hatte ich auch den Entschluss gefasst, dass ich eines Tages auf der ADIA arbeiten wollte.

Nun war es soweit. Nach all den Jahren stand ich also wieder auf der Pier vor dem Schiff und war einfach überwältigt von der Schönheit und Größe der »moon«. Sie war das neueste Schiff der Reederei und ich war jetzt schon stolz darauf, ein Teil der Crew zu werden.

Nachdem wir uns den Weg erfragt hatten, wo wir den Crew Purser (CP) finden könnten, der bereits auf uns gewartet hatte, gelangten wir zur Gangway und wurden herzlichst von diesem empfangen. Im Inneren der »moon« fanden wir uns in einer Art Lobby wieder, stellten unser Gepäck ab und folgten dem CP zu seinem Office. Es war nicht schwer, sich den Weg zu merken. Einfach dem Gang von der Lobby aus folgen und mitten im Gang links war es auch schon. Der Raum war nicht gerade groß, aber er bot ausreichend Platz für Schränke, einen Schreibtisch, zwei Stühle plus ein wenig Dekoration.

Unser »Check-in« hatte begonnen; ein Einchecken in eine neue, ganz fremde Welt. Nachdem ein Foto von mir gemacht worden war, bekam ich meine Bordkarte ausgehändigt, auf der mein Bild, mein Name, die Position an Bord, Passdaten und andere Infos vermerkt worden waren. Es war meine ID-Card, um mich im Hafen und an Land ausweisen zu können. Zudem bekam ich noch einen großen Packen mit diversen Infos. Die Bordordnung, und Termine für die Sicherheitseinweisungen. So langsam begriff ich, dass nicht alles ganz so einfach werden würde, wie ich anfangs gedacht hatte. Ich war noch reichlich müde vom Flug und jetzt diese ganzen Infos, es kam einer Reizüberflutung gleich.

Nach einer kurzen Wartezeit wurde ich von meinem Barmanager (BM) abgeholt. Er hatte ungefähr meine Größe, um die eins siebzig, und kurze blonde Haare. Seine Frisur war schlicht und er trug einen Scheitel, den er nach links gekämmt hatte. Die weiße Offiziersuniform, machte einen sehr respektablen Eindruck. Das Hemd hatte kurze Ärmel und auf dem linken war das Schiffslogo farbig aufgestickt. Nachdem ich die ersten Infos ein wenig hatte verdauen können, steckte ich mir mein Namensschild an. Von jetzt an war es Pflicht, diese zu tragen, egal, ob wir in Uniform oder Privatkleidung den Gästebereich betraten. Dann ließ ich mir vom BM das Schiff zeigen.

Der BM gehörte scheinbar zu der schweigsameren Sorte von Mensch. Er hatte sich zwar kurz vorgestellt und sich nach meiner Anreise sowie meinem Befinden erkundigt, allerdings schien das bis auf kleine Randbemerkungen über das Schiff und dessen Einrichtungen, auch schon alles zu sein, was er mir zu sagen hatte. Er hätte zu einem neuen Mitarbeiter auch freundlicher und gesprächiger sein können. Nun gut, sei's drum …

Es war wirklich schön hier auf dem Schiff und obwohl es die zweite Generation von Clubschiff war, hatte es doch in vielen Details und Räumen viel Ähnlichkeit mit der »carisma«. Vereinzelt kam ein klein wenig das Gefühl von Urlaub hoch, welches aber in Anbetracht der Tatsache, dass ich doch beruflich hier war auch leider schnell wieder verschwand.

Nach einer Stunde war die Führung beendet und mein BM geleitete mich zu meiner Kabine. Dort brachte ich links von der Tür meine Door-Card (auf dieser sind ebenfalls der Name, Position und die Sicherheitsfunktion bei einem Notfall vermerkt) in der dafür vorgesehenen Öffnung an und betrat meine zukünftige »Wohnung«. Sorry, ich meinte zukünftige Kammer. Ich wusste zwar, oder vielmehr hatte ich es geahnt, dass die Kabinen nicht groß sein würden, aber dies hatte ich nicht erwartet.

Vor mir lag ein Raum, der zwar Gott sei Dank mit einem Bullauge versehen war, was in der Crew Area ziemlich selten ist, allerdings konnte das bei der zwei mal vier Meter Wohnfläche, in der bereits ein Hochbett, zwei Schränke, ein Schreibtisch und ein Stuhl enthalten waren, nicht darüber hinwegtäuschen, dass der »Wohnraum« doch mehr als klein war. Nicht zu vergessen, dass in eben diesem erwähnten »Wohnraum« auch eine

Nasszelle enthalten war, die ebenfalls eher praktisch ausgelegt war. Zum Vergleich; es gibt Menschen, die haben eine Dusche, die allein so groß ist wie bei uns das gesamte Badezimmer inklusive Toilette und Waschbecken. Ganz böse Zungen würden an dieser Stelle behaupten, man könne gleichzeitig auf der Toilette sitzen, dabei duschen und sich über dem Waschbecken die Zähne putzen, aber wie gesagt, nur ganz böse Zungen.

Ich behaupte einfach mal, dass hier der praktische Nutzen den Vorrang hatte. Falls man mal verschlafen sollte, konnte und sollte man vielleicht auch in nur zwei Minuten mit der Morgentoilette fertig sein …!

Wie dem auch sei, nachdem ich meine Sachen in dem Schrank und in den Schubladen verstaut hatte, war es an der Zeit, meine Uniform vom Schneider abzuholen. Aber wo war dieser eigentlich? Erst jetzt bemerkte ich, dass mir der BM zwar den ganzen Gästebereich, auch Pax Area genannt, aber nicht den Crew-Bereich gezeigt hatte. Also lag es nun an mir, den Weg durch diesen Irrgarten zu finden.

An dieser Stelle sei gesagt, dass der Bereich der Crew überall gleich aussieht; der Unterschied besteht lediglich darin, dass die einzelnen Sektoren, in denen die Crew ihre Kabinen hat, mit unterschiedlichen Namen versehen worden sind. Da gab es Hamburg, Manila, Edinburgh, Bremen, Dakar, Chicago, Boston und viele mehr, mein Wohnbereich lag in Genua.

Nachdem ich nach unzähligen Fragen endlich auf Deck eins beim Schneider, auch Tailor genannt, angekommen war erklärte ich ihm, dass ich neu sei und an der Bar arbeiten würde – an der Adia Bar. Ich wäre auch diesmal fast wieder auf mich allein gestellt gewesen, wie hätte ich wissen sollen, ob ich die richtige und vollständige Uniform bekommen hatte? Aber ich hatte Glück, die Shop-Managerin, die sich ebenfalls gerade mit einem neuen Mitglied ihres Teams hier unten aufhielt, nahm sich meiner an und half mir durch das Uniformchaos. Es war ein Stapel aus diversen Hosen, Hemden, Schürzen, Krawatten, Westen, Shirts und Hosenträgern.

Es gab eine Tagesuniform, aber da die Adia Bar die Hauptbar (Main-Bar) an Bord war, gab es für fast jeden Abend ein anderes Outfit, mehr als acht verschiedene. Mit diesem Berg an Klamotten machte ich mich also wieder auf den Rückweg zu meiner Unterkunft und stand augenblicklich vor dem Problem, wie ich das alles in meinem Kleiderschrank unterkriegen sollte, wo doch schon meine privaten Sachen dort so viel Platz einnahmen. Ich weiß nicht wie, aber nach einer halben Stunde hatte ich alles verstaut.

In den folgenden Stunden hatte ich dann endlich Zeit zum Durchatmen. Ich konnte die ersten Eindrücke ein klein wenig verdauen und den Crew-Bereich etwas erkunden, wobei mir schnell bewusst wurde, dass es wohl eine Woche dauern könnte, bis ich mich hier wirklich zurechtfinden würde.

Um fünfzehn Uhr sollte die Informationsüberflutung auch schon weitergehen, denn um diese Zeit war die erste von drei Safety Inductions für die Neuaufsteiger angesetzt. (Als Neuaufsteiger werden auf einem Schiff die angereisten neuen Mitarbeiter bezeichnet und nur um es zu erwähnen, Absteiger sind diejenigen die abreisen). Wir trafen uns also alle, insgesamt waren wir dreizehn Neue in dieser Woche, auf Deck sechs mit Rettungsweste und lauschten gespannt dem Sicherheitsoffizier bei seinem Vortrag. Eine geschlagene Stunde ging es um die Sicherheitseinrichtungen an Bord, die Rettungsmittel, die zur Verfügung standen, und vieles mehr. Mein Kopf rauchte und ich wusste gar nicht mehr wohin mit all den Informationen, und morgen war auch schon gegen zehn Uhr morgens die erste Seenotrettungsübung für alle an Bord. Allerdings sollten wir unsere zweite Induction schon vorher, um acht Uhr dreißig, haben.

Ich hoffte nur, dass ich nicht verschlafen würde, denn ich wusste noch nicht, wie lange ich arbeiten musste, nur dass ich um achtzehn Uhr für den heutigen Tag Dienstbeginn hatte. Zwar konnte ich mir denken, dass ich wohl noch acht Stunden arbeiten würde, wie es in der Gastronomie üblich war, allerdings war ich schon seit zwölf Stunden auf den Beinen und ich hoffte wirklich, den Wecker zu hören.

Nachdem ich endlich die richtige Uniform für den heutigen Abend herausgefunden hatte, machte ich mich auf den Weg zur Bar, dem eigentlichen Mittelpunkt der kommenden Monate. Ich wurde herzlichst begrüßt und war zugleich wieder überwältigt. So viele Flaschen hatte ich das letzte Mal nur im Großmarkt gesehen und abgesehen von den Standardspirituosen wie Campari, Jim Beam, Jack Daniel's, Pernod und so etwas kannte ich keine einzige von den nahezu 75 Flaschen, die überall in der Bar herumstanden. In dem Diner, wo ich früher gearbeitet hatte, gab es eine Handvoll Longdrinks und eben nur ungefähr acht Flaschen. Hier machten nicht nur Longdrinks das Hauptgeschäft aus. Zu den paar Drinks, die ich kannte, kamen noch ungefähr zwanzig andere plus die diversen Cocktails. Cocktails kannte ich selber nur aus meiner Freizeit und nun musste ich laut Rezeptliste zirka hundert verschiedene erlernen und auch umsetzen können. Ich war kurz vorm Verzweifeln. Allerdings auch sehr gewillt, die Herausforderung anzunehmen. Ich war mir sicher, mit der Zeit würde ich mir schon alles aneignen, um hier einen guten Überblick zu bekommen. Ich war aber dennoch zu einem Teil gleich in meinem Element. Die eigentliche Arbeit unterschied sich nicht allzu sehr von meiner alten Tätigkeit. Die Gäste waren supergut gelaunt, klar, die hatten ja auch alle Urlaub, und ich musste erst einmal keine Cocktails zubereiten.

Meine Hauptbeschäftigung bestand aus dem Zapfen von Bier, und dem Zubereiten von Caipirinhas sowie diversen anderen Drinks. Das stellte ja kein Problem dar. Um alles andere kümmerten sich meine Kollegen. Unterm Strich gesehen war es ein guter Start und ich war voller Zuversicht.

Als es Mitternacht wurde, begann sich die Bar zu leeren und eigentlich erhoffte ich mir langsam auch den ersehnten Feierabend, denn mittlerweile machte sich mehr als nur Müdigkeit in meinem Körper breit.

Es kam anders ...

Nebenbei bekam ich mit, dass heute nicht nur der Anreisetag war, sondern auch, dass ein sogenanntes General Cleaning (GC) stattfinden sollte. Ich kannte das noch aus meiner Diner-Zeit, allerdings sollte das nur sehr wenig mit dem auf dem Schiff zu tun haben. Hier wurde das GC wöchentlich durchgeführt und nicht wie zu Haus einmal im Monat. Dazu kam, dass die Hygienevorschriften auf dem Schiff um einiges strenger waren als daheim. Somit wurde auch viel gründlicher und ausführlicher gewienert und geschrubbt. Ich wurde zwar, weil es mein erstes GC war, geschont und musste nur Gläser polieren, aber als ich endlich um vier Uhr morgens gehen durfte, war ich todmüde. Ich war sogar fast mit der Uniform eingeschlafen, schaffte es aber gerade noch diese auszuziehen. Um acht klingelt der Wecker, dacht ich noch, und hoffentlich verschlaf …

Samstag, 13. September – Seetag

»Guten Morgen, liebe Gäste, hier spricht Ihr Kapitän …«

Im ersten Moment dachte ich: »Wer, wieso, hier drin…?« Aber dann, ... mit einem Mal wurde es mir klar, glasklar ...! Verdammt! Ich hatte verschlafen! Verfluchter Wecker. Ich hatte ihn gar nicht gehört und der war alles, nur nicht leise. Noch beim Wachwerden sprang ich aus meinem Bett. Ich schlief im oberen der beiden Betten und war beinahe auch noch meinen Zimmerkollegen auf dem Kopf gesprungen, da dieser ebenfalls gerade laut fluchend aufgeschreckt war. Die Stimme des Kapitäns dröhnte weiter durch den Lautsprecher und teilte den Passagieren unter anderem die Schiffsposition, die Außen- und Wassertemperaturen und anderes nautisches Zeug mit.

Es war kurz vor zehn, genauer gesagt 9:56 Uhr und wir hatten exakt vier Minuten, um uns kurz zu waschen, anzuziehen, die Rettungsweste zu greifen und unsere Musterstation aufzusuchen. Ich machte mir die schlimmsten Gedanken, weil ich die zweite Induction verpennt hatte, und hoffte dabei inständig auf die Gutmütigkeit unseres Sicherheitsoffiziers (SO). Ich betete, dass dies keine Folgen haben würde. Gleich am zweiten Tag verpennen. Ich konnte es nicht fassen. Noch auf dem Weg zu meiner Station traf ich unseren SO und bat ihn vielmals um Entschuldigung. Zu meiner Erleichterung war er einer von der netten und nicht nachtragenden Sorte, er lächelte und hatte Verständnis, war aber auch ein wenig verärgert, zumal ich nicht der Einzige gewesen war, der die Induction am frühen Morgen verschlafen hatte. Ich dagegen war umso erleichterter, dass wir aufgrund dessen nach der Seenotrettungsübung eine Zusatzeinweisung erhalten würden und dies alles ohne Konsequenzen bleiben würde.

Nach dem Mittagessen und einer sehr langen, aber interessanten und auch wirklich sehr lehrreichen Induction über die größte Gefahr an Bord, ein Feuer, mussten wir uns auch noch von dem Environmental Officer, dem Umweltoffizier, einen Vortrag von einer guten halben Stunde anhören. Es ging um den Müll, dem Entsorgen von eben diesem, das Recycling und Trennen an Bord und die hohen Umweltauflagen, unter denen ein Schiff fährt, und darum dass jeder an Bord angehalten ist, diese auch einzuhalten.

Nach all diesen Informationen ging ich zum Sonnen auf das Crew-Sonnendeck auf Deck sechs. Der ganze Bug war der Besatzung vorbehalten und es war ein super Platz, um sich zu sonnen und ein wenig von dem »Urlaubsfeeling«, welches die Gäste den ganzen Tag haben, einzufangen. Wir hatten auch einen kleinen Whirlpool und somit konnte ich anfangen, alles ein wenig zu verdauen. Ich war erst den zweiten Tag an

Bord, aber es war schon so vieles passiert, dass ich froh war, hier endlich die erforderliche Entspannung zu bekommen und ein klein wenig abschalten zu dürfen.

Am späten Nachmittag gegen sechzehn Uhr war wieder Arbeitsbeginn. Am Vorabend hatte ich von meinem Bar Supervisor eine Liste mitbekommen, auf der jeder Tag mit der jeweiligen Uniform beschrieben war; so zum Beispiel heute:

Griechischer Abend
Weiße Hose
Weißes Hemd
Blaue Krawatte mit blauen Hosenträgern
Kurze blaue Schürze

Wie bereits erwähnt, gab es ungefähr acht. Hier sind noch ein paar Beispiele:

Spanischer Abend
Weiße Hose
Rotes Hemd
Eine schwarze Weste, die sehr klein war und eng saß,
und ein schwarzes Gürteltuch

Amerikanischer Abend
Weiße Hose
Weißes Hemd
Eine gestreifte Weste mit einer blauen Fliege,
sowie eine lange weiße Schürze

Asiatischer Abend
Weiße Hose
Ein schwarzer Kimono

Französischer Abend
Weiße Hose
Weißes Hemd
Schwarze Hosenträger und rotes Halstuch,
dazu eine lange schwarze Schürze

An Abenden, an denen es kein Thema gab, trugen wir ein blaues Jeanshemd mit einer weißen Hose und dazu eine lange weiße Schürze.

Die Adia Bar war die größte Bar an Bord. Hier waren nicht nur die meisten Kollegen beschäftigt, sondern es war auch der Haupttreffpunkt der Gäste. Es war immer was los. Heute war noch bis siebzehn Uhr der Tanzkurs, den wir schmunzelnd beim Vorbereiten der Bar verfolgten. Ab achtzehn Uhr wurde dann der Aperitif vorbereitet und aufgebaut. Es wurden drei bis vier verschiedene kleine Drinks gemixt. Heute waren der Hotelmanager, auch Hotman genannt, der BM und zwei Barkeeper an der Reihe diese zuzubereiten und den Gästen kostenlos anzubieten. Das Ganze fand auf der großen Tanzfläche vor der Bar statt. Ein verrücktes, unterhaltsames Spektakel.

Während dieser Zeit bestand unser Job an der Bar hauptsächlich darin, die leeren Gläser einzusammeln. Und außer ein paar Bier wurde auch nichts anderes bestellt. Na gut, wozu auch, es gab ja reichlich umsonst. Dies alles dauerte mit anschließendem Abbau ungefähr eine Stunde, danach begann das »normale« Geschäft am Abend. Ab halb neun trafen die ersten Gäste nach dem Dinner ein und die Kaffee-Zeit wurde eingeläutet. So nach und nach wurde dann auf Digestif und diverse andere Drinks und Cocktails umgeschwenkt, bis schließlich der eigentliche Hauptabend startete. Um 22:25 Uhr war es soweit, unsere Rushhour begann.

Ins bordeigene Theater passen rund 800 Menschen und die Adia Bar liegt gleich davor. Das heißt, mindestens 600 Gäste kommen erst einmal in die Bar geströmt und das hieß wiederum für uns an der Bar richtig aufs Gas zu drücken, um den ersten Ansturm zu bewältigen. Es war mein erster Abend, mein erster »normaler« Abend an der Main-Bar, an dem ich mitbekam, was alles zu tun und zu beachten ist. Der gestrige Tag und Abend war nicht nur durch die Anreise und die vielen neuen Eindrücke ganz anders verlaufen, es war auch viel ruhiger. Das lag daran, dass am Anreisetag, auch Embarcation Day genannt, eine Poolparty stattgefunden hatte und so ziemlich alle, ich schätze mal 90 Prozent der Gäste, eben auf dieser getanzt und gefeiert hatten.

Aber mal abgesehen von den 25 Stunden, die ich am Freitag auf den Beinen gewesen war, und dem zusätzlichen GC war es doch ein schöner, ruhiger Einstandsabend gewesen, bei dem ich mich recht langsam und ruhig in mein neues Aufgabenfeld reinarbeiten und reindenken konnte.

Der heutige Abend endete recht »pünktlich« um zwei Uhr morgens, und bis zu meiner dritten und letzten Safety Induction am morgigen Tag hatte ich auch noch genügend Zeit um zu schlafen.

Sonntag, 14. September – Thessaloniki

10:13 Uhr auf Deck sechs …

Ich war um halb neun bereits aufgestanden und war gut gelaunt nach einem kleinen Frühstück zur Induction aufgeschlagen. Wir hatten wie bei der ersten Einweisung alle unsere Rettungswesten dabei, allerdings hätten wir diese auch »vergessen« können. Wir haben sie die ganze Zeit nicht gebraucht, da fragt man sich, warum man sie nur andauernd mitschleppen soll. Vielleicht, damit man die Gäste verwirren kann, in deren Blicken sich Fragezeichen oder aber auch ab und an ein wenig aufblitzende Untergangsszenarien abbildeten.

Wie auch immer, in der heutigen Runde ging es um die Rettungsmittel an Bord. Nach anfänglicher Theorie, was alles in einem Rettungsboot vorhanden sei, begaben wir uns ein Deck höher, genauer gesagt ein halbes Deck, um in eins der hängenden Boote zu klettern, um zu erfahren, wo genau sich alles befindet und was man im Ernstfall alles zu tun hat, um so ein Rettungsmittel bereit zu machen. Zuerst waren wir in einem »normalen« Rettungsboot, welches über keine Fenster verfügt, nur große Plastikabdeckungen an den beiden Außenseiten. Im Anschluss daran wechselten wir ins Tenderboot, welches auch zum Ausschiffen, also zum sogenannten Tendern benutzt wird, falls wir uns mal nicht im Hafen, sondern auf Reede befinden. Das bedeutet, dass das Schiff vor einem Hafen ankert, beziehungsweise vor einer Insel oder dergleichen, wo es keinen Hafen für größere Schiffe gibt.

So ein Tenderboot ist erheblich komfortabler, allerdings ist in einem Ernstfall auch dieses mit 150 Menschen voll besetzt. Dann ist es auch nicht mehr komfortabel, sondern einfach nur eng, aber wenigstens ist man dann in Sicherheit.

Es war echt interessant zu sehen und zu erfahren, wie das alles funktioniert, was wir als Crew hier an Bord für Abläufe haben und wie im Notfall alles zusammenhängt. Jeder an Bord hat seine eigene Rolle, während einer Übung, auch Drill genannt, und somit auch im Ernstfall. Jedoch muss ich kurz anmerken, dass alles, was wir gelernt haben, darauf ausgelegt ist, dass es irgendwo brennt oder aber das Schiff gleichmäßig und einigermaßen langsam sinkt. Wenn eines der beiden Merkmale nicht zutrifft, wie zum Beispiel Sinken mit Schlagseite, kann man die Hälfte der Rettungsmittel nicht mehr benutzen, eventuell gar keine. Weil auf der einen Seite die Boote nicht mehr nah genug an die Bordwand rankommen, um Menschen einsteigen zu lassen, und auf der gegenüberliegenden Seite die Boote so sehr auf der Schiffswand aufliegen, dass man sie nicht mehr zu Wasser lassen kann ... Gut es gibt noch die eine oder andere Rettungsinsel, aber die reichen nun wirklich nicht für alle. Hoffen wir einfach, dass nichts passiert.

Für die Crew gibt es zusätzlich noch zwei MES Stationen (Marine Evacuation System, *dt. Schiffsevakuierungssystem*) Natürlich werden auch dort noch Gäste mit aufgenommen, aber hauptsächlich doch Crew. Die MES besteht aus mehreren einzelnen Rettungsflößen, die wie eine Rettungsinsel mit Hilfe von Luft aufgeblasen werden, natürlich vollautomatisch. In denen befinden sich dann, wie in den Booten, alle relevanten Rettungsmittel wie Wasser, Erste-Hilfe-Sets, Paddel, Tabletten gegen Seekrankheit, Signalraketen, Signalfackeln und auch Signalrauch sowie ein Angel-Set, Signalspiegel und dergleichen. Alles in allem ist für alles ausreichend gesorgt. Nachdem wir uns dann noch einen Film über Schiffskatastrophen angeschaut hatten, waren wir nun wirklich mehr als nur gewarnt, dass Feuer die größte Gefahr an Bord sei, und wir waren die »Verteidiger« des Schiffes. Nun gut, es war ja auch, wenn man es genau betrachtete, unser Zuhause, zumindest für einen längeren Zeitraum.

Ich beschloss den frühen Nachmittag an Land zu verbringen und erkundete Thessaloniki allein und auf eigene Faust. Ich hätte mich ja gern verabredet, aber die Idee für den Landgang kam eher spontan und allzu viele Crew-Mitglieder kannte ich auch noch nicht. Aber das nächste Mal würde ich fragen, ob mich jemand begleiten wolle. Nach nur einem kleinen Sightseeing durch diese verschlafende Stadt war ich nach fast zwei Stunden schon wieder an Bord. Denn an einem Sonntag war in dieser Stadt alles geschlossen, abgesehen von ein paar kleinen Tavernen! Immerhin hatte ich ein nettes Café gefunden, in dem ich auch etwas zu essen bekam, und war somit zumindest einigermaßen mit meinem ersten Landgang zufrieden.

Montag, 15. September – Istanbul

Istanbul, die Stadt am Bosporus. Es war zwar kühl aber dennoch sonnig, und deshalb trafen wir uns alle vorne am Bug. Wir, das sind ungefähr 40 Crew-Mitglieder aus allen Bereichen und meine Wenigkeit. Es war ein schöner Moment mit so vielen Kollegen das Einlaufen zu erleben. Zuerst fährt man den Bosporus hinauf, dann dreht man vor der riesigen Bosporus-Brücke, die den europäischen Teil Istanbuls mit dem asiatischen verbindet, und macht im Anschluss daran mitten in der Stadt auf der europäischen Seite fest.

Ich hatte eigentlich vorgehabt, an Land zu gehen. Allerdings habe ich dann noch im letzten Augenblick von einem Kollegen erfahren, dass ich heute die Greencard habe.

Greencard? Ja ne, ist klar … Da denkt man erst Greencard (Grüne Karte) ist doch super, aber das grüne Papier, aus der diese hergestellt wurde, hätte meiner Meinung nach eigentlich rot sein müssen, denn es verbietet einem den Landgang. Da man nie weiß, wann und wo sich ein Notfall ereignet, muss immer ein Minimum an Besatzungsmitgliedern aus Sicherheitsgründen an Bord bleiben. Und genau dieses System regelt die Greencard, wobei angemerkt werden muss, dass der eigentliche Begriff dafür IPM (In Port Manning) ist und die Karten dafür, wie bereits erwähnt, einfach aus grünem Papier hergestellt sind.

Tja, und genau dies hatte ich heute laut Plan – IPM! Es war im Grunde ja ein faires System. In der einen Woche hatte man an unterschiedlichen Tagen zweimal die Greencard und in der darauffolgenden Wochen einmal, also insgesamt dreimal in zwei Wochen und man konnte ja auch tauschen, aber wenn man spontan mal an Land »fliehen« wollte, ging das in solch einem Fall leider nicht.

Also entschied ich mich für die Kabine. Ich musste immer noch zahlreiche Cocktailrezepte auswendig lernen und dies war jetzt wohl der geeignete Augenblick, um damit anzufangen. Außerdem musste ich zusätzlich noch den Security Test beantworten, für den ich eine Woche Zeit hatte, um ihn beim Crew Purser abzugeben. Jeder, der an Bord kommt, muss diesen Test schreiben, der aus ungefähr zwölf Fragen besteht. Man kann diese anhand der Unterlagen, die man ebenfalls vom Crew Purser bekommt, sehr leicht beantworten. Nach der mündlichen Einweisung durch den Ship Security Officer (SSO), bekommt man dann ein Zertifikat ausgehändigt, das einem bescheinigt, mit den einzelnen Security Eigenschaften vertraut gemacht und in ihnen geschult worden zu sein.

Dienstag, 16. September – Istanbul

Da denkt man doch erst, im Mittelmeerraum regnet es nicht und wenn, dann nur kurz und selten, aber das war wohl ein Irrtum, wie ich deutlich merken konnte. Zudem war es fast Herbst und da ändert sich auch das gute, beständige Wetter im Süden Europas.

Ich verbrachte den Tag mit Fernsehen und dachte an meine Familie und Freunde in der Heimat. Im Grunde war dies der erste Moment, in dem mir richtig bewusst wurde, was die letzten Tage so alles passiert war. Jetzt, da ich allein in meiner Kabine im Bett lag, fern vom Trubel der Bar und den Gästen, kam ich schon mal ins Grübeln. Ein klein wenig Heimweh keimte in mir auf, als ich so über alles nachdachte. Man muss hier funktionieren, es ist ja nicht so, dass man nur Dauerstress hat, aber man muss jeden Tag ran. Immer wieder aufs Neue 24/7 ... also jeden Tag, sieben Tage die Woche und dann alles wieder von vorne. Ich hoffte inständig, dass ich diesem Anspruch gewachsen bin. In den ersten Tagen hat man zwar noch nicht viel geleistet, dafür wurde man schon umso mehr gefordert.

Mittwoch, 17. September – Mykonos

Nachdem es gestern den ganzen Tag nur geregnet hatte, war der heutige umso sonniger. Es waren 25 Grad Celsius, und der Himmel war blau und wolkenlos zudem diese wirklich wunderschöne kleine Stadt. Wer Mykonos nicht kennt, hat etwas verpasst.

Alles ist schneeweiß: die Häuser, die kleinen Gassen und die Fischerboote im Hafenbecken, gepaart mit ein paar hellblauen Farbtönen. Der Rest der Insellandschaft ist zwar größtenteils »nur« braun, aber gerade dieser Kontrast macht sie erst interessant und sehenswert.

Ich hatte mich mit einem Kollegen verabredet. Gemeinsam erkundeten wir das Städtchen. Hinter jeder Ecke erschien uns dieser Ort noch schöner, bezaubernder, und wenn ich die Möglichkeit gehabt hätte, wäre ich glatt hier geblieben. Ich konnte super abschalten und das tat wirklich gut. Ich fühlte mich gleich wieder wie im Urlaub. Ich glaube, diese Momente sind es, die einem das Leben an Bord wirklich sehr erträglich machen und den Drill und den Anspruch, der an Bord herrscht, vergessen lassen.

Da ich heute endlich wieder ein klein wenig mehr angekommen und alles während meiner Schicht super gelaufen war, entschied ich mich, die Einladung von ein paar süßen Mädels anzunehmen, und mich später mit ihnen in der Anytime Bar zu treffen. Ich fragte meinen Bar Supervisor (SV), ob ich für den heutigen Abend eine Leisure Card bekommen könnte. Feiern war jetzt genau das Richtige. Dass man dabei jedes Mal, wenn man in seiner Freizeit, in den öffentlichen Bereich wollte, also in den Gästebereich, nach einer sogenannten Leisure Card fragen musste, konnte die gute Laune nicht trüben, da meist ausreichend von diesen Karten vorhanden waren. Notfalls hat man sich welche aus anderen Bars oder Departments geliehen, wenn mal nicht genug vorhanden waren. Das kam schon mal vor, weil jede Bar nur eine bestimme Anzahl der Karten besaß.

Der heutige Abend aber war gesichert und eines war mal sicher: Ich würde bis zum Ende in der Disco feiern. Im Nachhinein kann man sagen, dass ich nach diesem genialen Einstand erst richtig auf den Geschmack gekommen bin. Wenn man schon auf einem Clubschiff arbeitet, dann sollte man auch sein Möglichstes tun, wenn es machbar ist und es die Zeit zulässt, keine Party zu verpassen.

Donnerstag, 18. September – Rhodos

Heute hatte ich wieder die Greencard zugeteilt bekommen und hatte deswegen nur die Wahl, die ganze Zeit in der Kabine zu verweilen oder aber es den Gästen gleichzutun und mich in der Sonne zu entspannen. Natürlich entschied ich mich für Letzteres. Es hat gemeinhin auch Vorteile, dort zu arbeiten, wo andere Urlaub machen. Man bekommt die Sonne und all die Destinationen als Bonus zu der Heuer dazu, die man für die Arbeit sowieso schon bekommt. Es hat was Eigenes, Einzigartiges, das man kaum erklären kann, wenn man solche Sachen als Privileg hat. Ich wusste es auf jeden Fall zu schätzen.

Mittlerweile war ich fast eine Woche an Bord. Wenn ich ehrlich bin kam es mir aber vor als wären es zwei oder drei, weil so viele Eindrücke auf mich eingestürmt waren und ich in den ersten sechs Tagen schon so viel erlebt hatte. Das alles hätte ich in der kurzen Zeit in meiner Heimat niemals erfahren.

Ich hatte den ersten Informationsfluss, man könnte auch sagen Informationsschock, einigermaßen überwunden und bereits immer mehr Anschluss gefunden. Die Crew war super. Es war wie in einer großen Familie. Schließlich saßen wir alle im selben Boot. Alle waren neugierig aufeinander und es war egal, ob man Elektriker, Barkeeper, Krankenschwester, Arzt, Offizier auf der Brücke, Maschinist, Koch oder Kellner war. Jeder trat dem anderen offen gegenüber und war freundlich zu jedermann. Und selbst die vielen unterschiedlichsten Nationen machten da keinen Unterschied … Auch hier war es egal, ob man aus den USA, den Philippinen, Thailand, Österreich, der Schweiz, aus Russland, China oder aus Deutschland kam. Das alles spielte im Zusammenleben an Bord keine Rolle. Jedes Mal, wenn man auf dem Highway – dem Hauptweg beziehungsweise auch Flur oder Korridor, der in der Crew Area von der Mitte des Schiffs bis ans Heck verlief – jemanden begegnete, war ein freundliches Hallo, Hey, Hi, Jo oder Moin zu hören.

Heute war Farewell, der letzte Abend an Bord für die meisten unserer Gäste, und zur Verabschiedung gab es wieder eine Poolparty. Insgesamt fanden immer drei Poolpartys (PP) statt, eine Welcome PP, eine während der Reise meist am Dienstag und die heutige am letzten Abend. Die Uniform war für meinen Geschmack die beste, zumal sie nur aus wenigen Teilen bestand. Man trug wie immer eine weiße Hose, dazu ein Sailor-Shirt. Zum leichteren Verständnis: einen Matrosenanzug, wie man es von der Marine her kennt. Manch einer erinnert sich vielleicht auch an Donald Duck, nur wir sahen definitiv besser darin aus.

Ich war haute Abend zur Abwechslung auf der Poolparty eingeplant wo ich der Zapfstation zugewiesen wurde. Auch wenn erst ein paar Tage vergangen waren, war ich doch sehr froh über diese Abwechslung, außerdem würde in der Adia Bar heute Abend wieder nicht so viel los sein. Als dann jeder Gast einen Farewell-Sekt in der Hand hielt, der eine oder andere auch zwei oder drei, wurde die PP mit einer tollen Laser-Show eröffnet, an deren Anschluss der DJ den Wiener Walzer spielte. Wie man mir sagte, hatte der Walzer Tradition und wurde immer am letzten Abend zu Beginn der Farewell-Party gespielt.

Ein leichtes Schmunzeln konnte ich nicht verbergen, als ich den einen oder anderen Tanzkursteilnehmer der vergangenen Woche erblickte. Denn nicht jedem war bewusst, dass die paar Tanzstunden an Bord einen noch lange nicht in einen John Travolta verwandelten.

Freitag, 19. September – Heraklion

Die erste Woche war vorbei und rückblickend verging sie reichlich schnell.

Was war alles passiert? Die Schnelllebigkeit hier ist wirklich faszinierend. Genauso interessant ist, dass alles sehr intensiv und doch sehr oberflächlich erscheint. Ich denke, ich werde noch eine lange Zeit brauchen, bis ich mich daran gewöhnt habe, diesen Lebensstil zu führen, falls dieses überhaupt möglich ist.

Heute kommt Frischfleisch, das heißt, es kommen neue Gäste an Bord; man könnte auch sagen Paxe. Gott, wie schnell man sich anpasst und genauso redet und denkt wie diejenigen, die schon vier, fünf Monate oder noch länger hier an Bord leben und arbeiten. Für mich waren es immer Gäste und jetzt schon Paxe. Paxe ist ein Ausdruck für unsere Gäste, eine an Bord gebräuchliche Abkürzung für das englische Wort »passenger«. Wenn man lange genug hier lebt, sagt man auch gern: »Paxe, pack sie dir!« Obwohl damit nur die hübschen, jungen Mädchen und Frauen gemeint sind. Das Frischfleisch bezieht sich im Allgemeinen zwar auf alle neu anreisenden Gäste, allerdings sind unter den Barleuten damit meistens die vielen jungen Hüpfer gemeint, die mit sehr großer Wahrscheinlichkeit wieder bei uns am Tresen landen werden und, naja, Barkeeper üben schon eine große Anziehungskraft aus …

Da ich heute das erste Mal Frühschicht hatte und beim verzweifelten Aufbau von »tausenden« Flaschen reichlich Zeit verloren hatte, musste ich mich mit den restlichen Vorbereitungsarbeiten umso mehr beeilen. Zum Glück war ich nicht allein, es war noch ein weiterer Kollege eingeteilt und unsere Waiter, englisch für Kellner, haben mir beziehungsweise uns, auch noch geholfen. Aber es war knapp. Ich sollte mir das alles noch ein wenig genauer einprägen. Doch Übung macht ja bekanntlich den Meister. Zur Vorsicht werde ich mal alles haargenau aufschreiben, wo die Flaschen zu stehen haben, damit in den nächsten Tagen alles schneller über die Bühne geht.

Mittags hatte ich dann endlich frei und beschlossen, Heraklion ein wenig näher anzuschauen. Es waren gerade mal zehn Minuten zu Fuß, und sofort war ich mitten drin im Trubel einer griechischen Stadt.

Ich war etwas erstaunt aber auch glücklich, als ich einen Starbucks erblickte und meinen Weg schließlich mit einem *Frozen Caramel Coffee* fortsetzte. Zugegeben, das ist nicht wirklich eine griechische Spezialität, aber ich liebe dieses Zeug. Nach einer ausgedehnten Entdeckungstour durch die Stadt zog ich weiter, zurück Richtung Hafen. Ich setzte mich auf die Pier. Dort ließ ich meinen Gedanken, während ich ein Bier trank und mein Blick über das Schiff wanderte, freien Lauf.

Samstag, 20. September – Seetag

An Seetagen ist es in der Adia Bar eher ruhig, da meistens mit strahlendem Sonnenschein richtig gutes Wetter herrscht. Alle Gäste sind oben auf dem Sonnendeck und nur vereinzelt verirrt sich mal jemand am Nachmittag in die Bar zu uns. Es ist dann zwar reichlich langweilig, aber somit habe ich wenigstens die Zeit, um weiter die Cocktailrezepte zu lernen.

Am Anfang hatte ich gedacht, weil man es uns so beim Vorstellungsgespräch erzählt hatte, dass man hier immer nur im Stress sei und die Gäste immer und jederzeit allgegenwärtig seien. Aber dem war nicht so; es verteilte sich alles ganz gut auf dem gesamten Schiff und es war fast wie in der Gastronomie auf dem Festland, wo man auch erst gegen Abend mehr zu tun bekam. Okay, zugegeben, an der Pool Bar ging es jetzt nicht so relaxed zu, aber dafür machten die Jungs da oben auch gegen Abend ihre »Hütte« dicht. Dann waren wieder alle bei uns.

Am Abend gab es an unserer Bar, wie so ziemlich jeden Tag, den Aperitif, von uns auch gern als »Apero« bezeichnet. Ich half ein wenig mit beim Aufbau und da heute das Thema Spanien war, wurden nicht nur vier verschiedene Drinks gemixt, sondern auch die Küche war vertreten; diese hatte ein kleines Spanisches Buffet mit Schinken, zwei Sorten pikanter Salami, eingelegten Oliven und vielem mehr vorbereitet. Warum erwähn ich das? Nun ja, da wir ebenfalls für den Abbau der Veranstaltung verantwortlich waren und alles recht schnell gehen musste, haben wir dazu die Tische mitsamt den darauf befindlichen Sachen erst einmal in einem an die Bar angrenzenden Flur zwischengeparkt. So weit so gut.

Während ich mich also daran machte, unser Equipment wie Gläser, Shaker und dergleichen abzuräumen, herrschte mit einem Mal ein höheres Aufkommen an Waitern im Backstage-Bereich der Bar, sprich in besagtem Flur. Ich brauchte nicht lange, um zu verstehen, was hier vorging; das Essen, das die Küche den Gästen zum Apero gereicht hatte, stand da, den Scharen von Waitern und Barkeepern schutzlos ausgeliefert. Als einer von ihnen beiläufig erwähnte, dass wir uns einfach etwas davon nehmen könnten, bemerkte ich doch ein leichtes Hungergefühl. Lange Rede kurzer Sinn, ich bediente mich am Buffet.

Ich stand mittlerweile allein im Flur und ließ mir die Antipasti schmecken, als plötzlich ein Koch, er musste ein Koch sein denn er trug offensichtlich eine Kochjacke, vor mir stand. Er hatte einen langen roten Bart, der sein ganzes Gesicht bedeckte. Man sah nur noch Nase, Augen und seine Stirn. *Rauschebart* taufte ich ihn, während ich ihn kauend musterte. Er fragte mich, was ich denn ihr mache, und während ich mir gerade einen weiteren Bissen Baguette mit Salami inklusive einer Olive in den Mund schob, antwortete ich ihm nur beiläufig: »Essen ...!«

Es dauerte nur einen Bruchteil einer Sekunde und man konnte deutlich sehen, wie an seinem Hals die Schlagader anschwoll und sich das

Gesicht langsam der Farbe seines Bartes anglich. Er brüllte mich an, was mir denn einfiele und dass er umgehend meinen Vorgesetzten informieren werde, diese Angelegenheit hätte noch ein Nachspiel. Ich gab ihm zu verstehen, er solle tun, was er nicht lassen könne, und ging zurück in die Bar.

Ich war mir weiterhin keiner Schuld bewusst, als mein Supervisor fünf Minuten später auf mich zukam und meinte, dass der BM mich in seinem Office sprechen wolle. Das ging ja schnell, dachte ich mir, aber gut, ich hatte ja nichts Unrechtes getan und überhaupt, es hatten sich ja alle am »Buffet« bedient. Im Office wartete der Barmanager bereits mit einem Ausdruck von Wut und Verzweiflung im Gesicht. Er saß an seinem Schreibtisch und seine Blicke sprachen Bände. Er stellte mich sofort zur Rede, was mir denn einfiele und ...

Ich unterbrach ihn sofort, um ihm die ganze Sache aus meiner Sicht zu erklären. Er beruhigte sich daraufhin ein wenig, klärte mich aber darüber auf, dass ich soeben dem Executive Chef, das ist der Chefkoch an Bord, über dem Weg gelaufen war und diesen mehr als nur verärgert hatte. Vielmehr stand dieser, in Anbetracht meiner Dreistigkeit, kurz vor einem Wutausbruch. Es gibt die offizielle Anweisung, dass es der Crew aus hygienischen Gründen untersagt ist in der Bar oder angrenzenden Bereichen zu essen. Worauf ich nur noch entgegnen konnte: »Ups ...!«

Ich entschuldigte mich noch einmal beim BM und meinte, dass ich es nicht besser wissen konnte, da er mich nicht über solche bestehenden Regeln aufgeklärt hatte. Aufgrund dieser Umstände beließ er es wohl nur bei einer einfachen mündlichen Ermahnung.

Sonntag, 21. September – Port Said

Als ich heute aufwachte, war der Tag eigentlich schon wieder gelaufen. Nach dem gestrigen Anpfiff vom Barmanager kam heute eine über Nacht herangewachsene Erkältung dazu. Genau so etwas hatte mir gerade noch gefehlt. Ich bin so gut wie niemals krank und so eine Erkältung, egal wie schwach oder stark sie auch immer sein mag, zieht mich runter. Deshalb stattete ich unserem Hospital einen Besuch ab, um mich mit dem Nötigsten auszustatten, um diesen Viren erfolgreich den Kampf anzusagen.

An Bord nannte man so einen Fall von Erkältung eine »Klimaanlagengrippe«. Diese bekam jeder, der ganz neu oder, was ja auch vorkam, wieder aufgestiegen war, meist in den ersten beiden Wochen, eben aufgrund der Klimaanlage. Das war zwar kein Trost, erklärte aber zumindest, dass ich nicht wirklich krank war, sondern vielmehr langsam immer mehr ein Teil der Schiffscrew wurde. Gewisse Sachen macht halt jeder durch. Man ist wirklich in einer anderen Welt, man könnte auch sagen auf einem anderen Planten oder in einem anderen Kosmos, wenn man auf einem Schiff lebt. Da bekommen viele Dinge eine andere Bedeutung, wie mir scheint. Somit ist man nicht krank, sondern verwandelt sich nur in etwas anderes und die Erkältung ist sozusagen eine Nebenwirkung der Verwandlung, die man gerade durchmacht, von einem Landei zum Schiffsjungen, einem bestätigten Mitglied der Crew.

Dienstag, 23. September – Beirut
10:20 Uhr GES-Drill ...

GES steht für *General Emergency Signal* und bezeichnet, einfach gesagt, den Generalalarm. Bei einem Drill, also einer Übung wie heute, wird der komplette Notfallablauf simuliert. Zum Beispiel Feuer oder dergleichen, was im schlimmsten Fall zum Aufgeben und somit ein Verlassen des Schiffes, sprich Ausbooten der Passagiere, inklusive der Crew, führen kann.

Zuerst erfolgt das Signal für das Assessment Team, welches für die Brandbekämpfung verantwortlich ist. Es ist kein Signal im eigentlichen Sinne, sondern eine Durchsage seitens der Brücke. Danach folgt der eigentliche Crew-Alarm – zwei kurze Töne mit dem Schiffstyphon –, der eher selten von der Crew wahrgenommen wird, da sich doch die meisten im Inneren des Schiffes befinden, und dann ertönt ein langer durchgehender Ton, über die Schiffslautsprecher. Das ist das Zeichen für die gesamte Crew, sich auf die jeweiligen in der Sicherheitsrolle (engl. muster list) beschriebenen und ausgewiesenen Notfallstationen zu begeben. Im Falle des Generalalarmes, das sind sieben kurze und ein langer Ton, die ebenfalls über die Schiffslautsprecher schallen, ist die Crew den Gästen behilflich, ihre Station zu finden. Dort angekommen, wird die Anzahl der

Gäste von der Crew überprüft. So wird im Ernstfall sicher festgestellt, dass sich jeder auf den Sammelstationen befindet und niemand zurückgelassen wird, falls es tatsächlich zum Verlassen des Schiffes kommt.

Meist dauert diese Übung eine Stunde. Manchmal, wie man mir bereits erzählt hatte, bis zu zwei Stunden. Das ist aber nur bei Drills üblich, an denen ausschließlich die Crew an Hafentagen teilnehmen muss. Dann werden sogar schon mal die Boote zu Wasser gelassen und ein Großteil der Crew muss dann die Passagiere spielen.

Nach dem heutigen Pax-Drill hatte ich noch ein paar Stunden Freizeit. Deshalb verabredete ich mich mit ein paar Leuten auf Deck sechs und während wir uns unter der Sonne so allmählich mehr und mehr eine gute »Urlaubsbräune« holten, genossen wir das Bier, welches ich vorher aus der Bar besorgt hatte.

Mittwoch, 24. September – Marmaris

Heute geschah mal wieder ein gutes Beispiel dafür, dass manche Vorgesetzten sich neuen Mitarbeitern gegenüber doch mal einen neuen Führungsstil angewöhnen oder sich überhaupt erst einmal einen aneignen sollten. Diese Leute sind echt angehalten, mal zu überlegen, wie lange neue Mitarbeiter bereits an Bord beschäftigt sind, und sollten daraufhin ein wenig Rücksicht walten lassen …

Ich war heute für den Mitteldienst eingeteilt. Um zwölf Uhr mittags stand ich in der Bar. Die Frühschicht übergab mir die Bar mit der Aussage, dass alles vorbereitet und in bester Ordnung sei.

Es war auch alles, wie es schien, in bester Ordnung und ich freute mich schon über einen schönen Nachmittag. Ich hatte zwar schon viel gelernt seit ich hier war, aber alles wusste ich nun wirklich noch nicht und daher verließ ich mich stark auf die Aussagen meiner Kollegen, die bereits seit mindestens fünf Monaten ihren Dienst in dieser Bar verrichteten. Aber es sollte anders kommen.

Irgendwann, ich war bereits eine Stunde im Dienst, erschien der BM mit dem Hotman an der Bar und bestellte Kaffee. Das passierte öfter, da die Adia Bar Treffpunkt und Hauptanlaufstelle war und das nicht nur für Gäste. Auch die Crew kam gern hierher und so war man immer zentraler Mittelpunkt. Was den Vorteil hatte, dass man immer up to date war, was den neuesten Klatsch und Tratsch an Bord betraf.

Nun denn, auf jeden Fall bediente ich gerade einen Gast, der den Tagescocktail bestellt hatte und war sehr stolz auf mich, als ich diesen auch genau nach Rezeptur herstellen konnte. Gut, dazu sollte man wissen, dass wir die Rezepte der Tagescocktails immer an der Cocktailstation hinterlegt hatten und somit immer wussten, welche Bestandteile dieser hatte. Die Frühschicht war dafür verantwortlich, die Liste für die Daily Cocktails sowie die jeweiligen Aufsteller herauszusuchen und aufzustellen. Somit war ich mir sicher, alles richtig gemacht zu haben, aber ich sollte eines Besseren belehrt werden.

Nachdem ich dem Gast den Cocktail serviert hatte, rief mein Chef mir zu, einmal herüberzukommen, und erkundigte sich beinahe beiläufig, was ich denn da gerade gemacht habe. Ich sagte ihm, dass der Gast gerade einen Daily Cocktail bestellt und ich ihm diesen auch gerade serviert habe. Wobei ich immer noch stolz auf meine Leistung war, da ich bisher erst wenige Cocktails zubereitet hatte und es zu diesem Zeitpunkt immer noch etwas Besonderes und Neues war. Er ließ mich aber schnell wissen, dass der Cocktail erstens falsch von mir zubereitet worden war und zweitens sei es auch nicht der heutige Tagescocktail gewesen. Unterm Strich hätte ich alles falsch gemacht. Also ließ er mich, nachdem er mir nachgewiesen hatte, dass die ganzen Daily Cocktail-Aufsteller nicht korrekt waren, diese austauschen, und dann sollte ich noch einen neuen Cocktail zubereiten, nach der richtigen Rezeptur, ihn der Frau servieren und mich für meinen dummen und groben Fehler entschuldigen.

Ich schäumte vor Wut. Von wegen grober Fehler. Die ganze Zeit hatte er mich beobachtet, wohl wissend, dass falsche Aufsteller platziert worden waren, und ließ mich, ohne mir einen Hinweis zu geben, einfach weitermachen. Nur um mich im Anschluss vor dem Gast bloßzustellen …

Ich kann gar nicht in Worte fassen, was ich in diesem Moment am liebsten mit diesem dummen Arschloch getan hätte. Aber ich ließ es bleiben, schluckte alles hinunter und hoffte einfach nur, dass dieser Schnösel bald die Bar verlassen würde.

Aber es gibt ja nicht nur diese bornierten Vorgesetzten an Bord auch Offiziere genannt. Es gibt auch welche, die menschlich mit einem umgehen, und meist sind es diejenigen, bei denen man gar nicht damit rechnet.

Unser Hotman, das ist übrigens die Abkürzung für den Hotelmanager, war eigentlich eine Frau und wenn man es genau nahm, in vielerlei Hinsicht eine Hotwoman. Es schien keine bessere zu geben, ich habe selten eine so selbstbewusste und zugleich menschliche Person kennengelernt. Sie behandelte uns wie jeden anderen auch, man fühlte sich gleichgestellt, und das war ein sehr angenehmes Gefühl. Der beste Kommentar, den ich bis dahin gehört hatte, kam von ihr, während sie sich mit mir und einem Kollegen unterhielt. (Meinen Kollegen hatte der Liebeskummer gepackt, er war in ein Mädel von der Animation verknallt, allerdings erwiderte sie diese Gefühle nicht und dementsprechend niedergeschlagen war er). Sie hatte eine lockere Einstellung und nahm zwar nicht alles auf die leichte Schulter, aber vieles mit Humor. Sie sagte: »Jungs, haltet euch an die Paxe. Die sind nach einer Woche wieder fort!«

Oh ja, wie recht sie damit hatte. Das war der einzig richtige Weg, um solch einem Liebeskummer vorzubeugen. Das war mehr als nur ein Zitat gewesen, es sollte zu meinem Leitspruch werden.

Freitag, 26. September – Heraklion
GC!

Türlich …, das General Cleaning ist sinnvoll, man will ja immer einen schön sauberen Arbeitsbereich haben. Aber das, was hier abging, war nicht normal.

Es war mein drittes Cleaning-Prozedere. Bisher hatte ich nur den anderen zugeschaut, während ich mit Gläser Polieren und anderen »leichteren« Arbeiten betraut worden war. Heute allerdings nahm mich mein Supervisor an die Hand und zeigte mir unter anderem, wie man einen Hamilton Beach-Stabmixer sauber zu machen hatte. Dass ein einfaches gründliches Abwischen nicht ausreichen würde, machte er mir schnell klar. Wir reinigten also als Erstes das gesamte Gerät von außen, ziemlich lange sogar. Im Anschluss nahm er einen Schraubenzieher zur Hand, öffnete den Mixer und reinigte den Innenraum. Ganz ehrlich, da gab es noch nicht einmal Staub. »Okaaay ...«, dachte ich also so bei mir, beließ alle weiteren Gedankengänge der inneren Zensur und sagte nichts! Nachdem nun alles von außen und innen gereinigt war, schraubte er alles wieder zusammen. Daraufhin folgte aber das Highlight der Reinigungsprozedur dieses Gerätes.

Mein Bar Supervisor nahm sich einen Zahnstocher und fing an, die Schraubschlitze der Schrauben zu säubern. Fassungslos und mit offenem Mund stand ich daneben und rang mit meinem Verstand.

»So, nun ist er sauber!«, ließ mein SV stolz verlauten, wischte dabei noch einmal über den Stabmixer und stellte diesen dann mit der Aussage »Hast du noch irgendwelche Fragen?« an die Seite.

»Nein, … ähm, nein nicht wirklich, ich hab soweit keine Fragen«, antwortete ich, »hab alles verstanden …!«

Ich wusste zwar, dass wir hier nicht nach deutschem Hygienestandard arbeiteten, nach HACCP (Hazard Analysis Critical Control Point), sondern nach einem viel strengeren System, wobei ich mir aber gerade nicht sicher war, ob meine Vorgesetzten die Auslegung der amerikanischen Hygienerichtlinien nicht ein wenig übertrieben. Auf allen Kreuzfahrtschiffen war der USPH (United States Public Health)-Standard einzuhalten. Dabei geht es um die Einhaltung der von der Gesundheitsbehörde der Vereinigten Staaten erlassenen Hygienevorschriften. Die Inspektionen werden dabei von der CDC (Centers for Disease Control and Prevention) durchgeführt, eine dem US-Gesundheitsministerium unterstellten Behörde. Die CDC-Inspektionen sind Teil des sogenannten Vessel Sanitation Program (VSP) zur Schiffshygiene, das Anfang der 1970er Jahre eingeführt wurde und alle Schiffe betrifft, die in einem US-Hafen anlegen. Die Inspektionen erfolgen von Beamten des United States Public Health Service. Die Vergabe der Punkte auf einer Skala von 1 bis 100 erfolgt anhand einer Checkliste, wobei 100 der beste Wert ist, mit rund 48 Bewertungskategorien. Angefangen bei der Zusammensetzung von Reinigungsmitteln, dem Verbot bedenklicher Stoffe und Materialien (z.B. keine Holzgriffe in der Küche), bis hin zur Hygiene, der Zubereitung und Lagerung der Lebensmittel sowie den ordnungsgemäßen Zustand der Buffets, Bars, Galleys (Kombüsen), der öffentlichen Räumen, der Trinkwasseraufbereitung, das Personal und natürlich das Schiff insgesamt.

Nach dieser sehr aufschlussreichen Schulung seitens meines kompetenten SV machte ich mich an meine eigentliche Arbeit. Das Säubern meiner Getränkestation.

Wir mussten jeweils mit dem Drei Eimer System (engl. three bucket system) unseren Arbeitsplatz und somit die gesamte Bar putzen. Das hieß, man nahm sich einen roten Eimer mit etwas Reinigungsmittel und heißem Wasser, einen gelben Eimer mit einfachem, klarem, heißem Wasser und einen grünen Eimer mit einer Chlorkonzentration von 100 ppm (parts per million). Das entsprach einer Chlortablette pro Putzeimer in fünf Liter lauwarmem Wasser.

So ausgerüstet reinigte man zuallererst die gesamte Station mit dem Seifenwasser, um im Anschluss daran alles mit dem gelben Eimer wieder abzuwaschen. Nachdem dann alles sauber und die gesamte Seife mit dem klaren Wasser vollständig entfernt war, nahm man sich seinen grünen Eimer zur Hand und reinigte, beziehungsweise desinfizierte, noch einmal die gesamte Getränkestation. Einen Vorteil hatte das Chlorwasser, es trocknete nahezu streifenfrei ab. Das Ganze nennt man auch *wash, rinse & sanitize (waschen, spülen & desinfizieren).*

Während ich so putzte, beobachtete ich das Geschehen um mich herum. Da war zum einen ein Kollege, der den Bartresen säuberte, der aus einer Glasplatte bestand. Allerdings reinigte er nicht das Glas, sondern die Gummidichtungen, die an den Seiten des Glases verliefen. Er hatte ein Streichholz in der Hand. Den Zündkopf hatte er entfernt und war nun dabei, mit der Holzseite des Streichholzes das Silikon von »schwarzen« dreckigen Rückständen zu befreien. Ein anderer benutzte einen feuchten Lappen (wohl gemerkt aus dem grünen Eimer), um die Steckdosen in der ganzen Bar von innen zu reinigen, damit auch diese keine schwarzen oder braunen Rückstände beibehielten. Und wieder ein anderer war währenddessen eifrig damit beschäftigt, die einzelnen Abflüsse in den Stationen zu reinigen. Das Einzige, was noch von ihm zu sehen war, war sein Hinterteil, welches aus dem unteren Teil der Station herausragte.

In diesem Augenblick, als ich all dieses Treiben verfolgte, wünschte ich mir eine Videokamera zu haben, um dieses Schauspiel für die Nachwelt festzuhalten. Angefangen mit einer Nahaufnahme von meinem Supervisor, wie er gerade versucht die Decke über dem Flaschenregal mit Glasreiniger zu putzen.

Um halb fünf in der Früh war das Werk vollbracht, es war alles gewienert, poliert und »renoviert«. Somit konnten wir endlich in die wartende und wohlverdiente Koje.

Samstag, 27. September – Seetag

Lange schlafen war leider nicht möglich ... Heute war wieder allwöchentlicher GES Pax-Drill und für uns als Crew hieß das, bereits ab zehn Uhr auf Standby zu sein, da für gewöhnlich der Crew Alarm bereits mindestens zehn bis fünfzehn Minuten eher ausgelöst wurde.

Der Drill verlief wie jeden Samstagmorgen sehr routiniert und wie immer befanden sich bereits die ersten Passagiere auf ihrer Station, obwohl der Generalalarm, sieben kurze und ein langer Ton, noch gar nicht ausgelöst worden war. Aber so waren die Paxe, immer pünktlich vor der Zeit, wohl getrieben von der nackten Angst etwas zu verpassen. Dementsprechend war nach Ertönen des Alarms unsere Station nach einigen Minuten bereits vollständig.

Allerdings brachte es denen, die bereits schon lange vor den anderen da waren, keinen Vorteil. Je später man zur Übung erscheint, desto weniger Menschen stehen vor einem und das kann bei einer Übung und einer Außentemperatur von knapp 25 Grad Celsius angenehmer sein, als wenn man mitten in der Masse eingekeilt und zusammengepfercht für zwanzig Minuten stehen muss. Vereinzelt kam es auch vor, wie sollte es auch anders sein, dass jemand Kreislaufprobleme bekam und zusammenklappte. Oder sich einfach übergeben musste. Jeweils zum Vergnügen der anderen Mitreisenden.

Nach nur einem Kreislaufausfall auf unserer Station war der Drill dann auch pünktlich um 10:40 Uhr beendet und alle 1318 Passagiere machten sich gleichzeitig auf den Weg zu ihren Kabinen. Die Rettungswesten mussten zurück auf die Kabine gebracht und gegen das Handtuch getauscht werden, welches man zum Reservieren des »bordeigenen« Liegestuhls benötigte, was einen Riesenstau in den beiden Treppenhäusern zur Folge hatte. Aber auch das war nichts Neues, und die gesamte Crew beobachtete schmunzelnd den ungeordneten Rückzug unserer lieben Gäste. Kurz bevor auch für uns das Ende des Drills kommen sollte, kam ein Pax auf mich zu. Als er vor mir stand, fuchtelte er mit einer anscheinend gut gefüllten Kotztüte vor meinem Gesicht herum und forderte mich auf, diese zu entsorgen. Freundlich, wie ich war, bat ich ihn, dieses doch selber zu übernehmen.

»Wo soll **ICH** denn damit hin ...?«, schnauzte er.

Immer noch freundlich lächelnd zeigte ich auf das Schild für die Toiletten und sagte: »Versuchen Sie es doch bitte mal da drüben, da ist ein WC!«

Montag, 29. September – Istanbul

Overnight in Istanbul, das bedeutete, dass wir über Nacht im Hafen bleiben und erst am nächsten Tag Istanbul wieder verlassen würden.

Deswegen hatten wir, vier Kollegen und ich, beschlossen nach Feierabend zum Taksim-Platz im Stadtteil Beyoğlu unweit des Hafens zu fahren. Es sollte dort ein reges Nachtleben geben und so war dies eine gute Abwechslung zur Anytime Disco an Bord, wo wir fast jeden zweiten Abend mit diversen weiblichen Gästen verweilten.

Da wir nicht zu Fuß gehen wollten, feilschten wir lange mit einem Taxifahrer um den Fahrpreis, nur um im Anschluss dann doch zu viel zu bezahlen. Nun gut, Geld spielte zwar keine Rolle, aber trotzdem wollte man auch nicht den üblichen Touristenpreis bezahlen, schließlich waren wir keine Touristen, sondern Crew auf Landgang. Ein doch entscheidender Unterschied.

Beim Taksim-Platz angekommen erkundeten wir erst mal unsere Umgebung und starteten die Nacht in einem Imbiss. Dort bestellten wir Döner, Dürüm und Pommes frites. Nach einem Rundgang durch die nächtliche Stadt landeten wir in einer Bar, wo wir mit reichlich Efes (türkisches Bier) bis zum Morgengrauen feierten, und schwankten danach reichlich angetrunken mit den ersten Sonnenstrahlen über die Gangway in unsere Kabinen. Das Einschlafen fiel mir nicht ganz leicht, da mein Geist Achterbahn fuhr und ich ein klein wenig mit der aufkommenden Übelkeit zu kämpfen hatte. Aber genau so muss ein Abend verlaufen – viel Alkohol und fun!

So langsam war das ja schon Standard geworden und gehörte zum Leben an Bord. Und eines machte sich schon jetzt bemerkbar, mit jedem durchgefeierten Abend wurden die Symptome oder auch Nebenwirkungen, wenn man so will, des Alkohols, weniger spürbar.

Mittwoch, 1. Oktober – Mykonos

Pünktlich um halb zehn trafen Jan, Ben und ich uns vor dem Schiff. Keine hundert Meter von der Pier entfernt befand sich ein Scooter-Verleih und dieser war unser Ziel. Die Kosten beliefen sich auf 40 Euro für den ganzen Tag und da wir alle erst nachmittags wieder in der Bar stehen mussten, hatten wir reichlich Zeit die Insel zu erkunden.

Die Roller waren der Hammer, es waren jeweils Unikate. Bei Vollgas fuhr einer knapp 80 km/h, der zweite machte bei fast 70 km/h den Hahn zu und der dritte war der Blitz, war es mit diesem doch möglich, beinahe auf eine Endgeschwindigkeit von 90 km/h zu kommen. Dabei waren alle drei mit 45 ccm angegeben.

Wir schossen also mit einer Durchschnittsgeschwindigkeit von 65 Sachen über die Insel und fuhren zirka eine Stunde ziellos umher, einfach immer der Straße folgend und den Wind der Freiheit im Gesicht. Da uns die Asphaltwege aber dann doch zu langweilig wurden, begaben wir uns mit unseren Straßenrollern auf die abseits gelegenen Pisten Richtung Küste mit den »Berghängen«. Wir steuerten die Hänge über ausgetrocknete kleine Bachbetten hinauf und befürchteten mehrfach, dass wir mit unseren »Maschinen« liegen bleiben würden, was mit abgewürgten Motoren mitten in der »Wildnis« kein sehr schönes Gefühl war. Wir folgten schließlich auf unserer Offroad-Piste der Küstenstraße, auf der wir einen Ausflugstrupp unserer Gäste in Geländewagen erblickt hatten, bis hin zum Leuchtturm am Ende der Straße.

Am Leuchtturm angekommen, waren die Gäste so begeistert von unserem Auftauchen, dass sie sogleich ihre Kameras zogen und Fotos von uns dreien auf unseren »Geländerollern« machten. Wir waren es ja schon gewöhnt, ständig fotografiert zu werden, da man als Barkeeper doch schon so was wie ein Star war, und besonders wenn die Reise sich dem Ende näherte, wurde man ständig und überall abgelichtet. Ich weiß gar nicht, auf wie vielen Fotos ich bereits verewigt wurde und in wie vielen Fotoalben ich bereits gelandet bin. Aber es war ein sehr gutes Gefühl so im Mittelpunkt zu stehen und allem Anschein nach etwas ganz Besonderes für die Paxe zu sein.

Nach einer kurzen Pause und einem Rundgang um den Leuchtturm machten wir uns wieder auf den Weg. Natürlich nicht ohne noch einmal beim Abfahren von dem einen oder anderen fotografiert zu werden. Unser Ziel war die Stadt. Nachdem wir dort angekommen waren und ein paar Souvenirs ergattert hatten, suchten wir uns ein Restaurant, das direkt am Meer und dem Fischereihafen lag, und ließen uns die Früchte des Meeres, natürlich auf griechische Art zubereitet, mit einem guten Wein schmecken.

Donnerstag, 2.Oktober – Rhodos

Da ich am gestrigen Abend das aufkeimende Gefühl von Zahnschmerzen hatte, bat ich unseren Schiffsarzt um einen Zahnarztbesuch. Ich bekam kurzfristig noch einen Termin bei einem deutschen Arzt auf Rhodos.

Um neun Uhr wurde ich von einem Agenten abgeholt und zum Doc gefahren. Ich machte mir schon so meine Gedanken, da das Gebäude, vor dem wir hielten, alles andere als neu erschien. Der äußere Eindruck täuschte Gott sei Dank. Im Inneren der alten Mauern fand ich eine modern eingerichtete Praxis vor. Die Untersuchung war gründlich und dauerte auch nicht lang, zu meiner Freude war es auch nichts Ernstes. Ich kam ohne eine Spritze und Bohren wieder vom Stuhl runter und war froh zu hören, dass der Doc keinen Defekt in den Zähnen ausfindig machen konnte. Lediglich ein wenig Zahnstein hatte er entfernt. Aber er gab mir trotzdem den Rat, dass ich mir auf dem Schiff, wenn möglich, die Zähne nicht mit dem Leitungswasser putzen sollte, da dieses Wasser durch die Aufbereitung ein wenig Chlor enthielte und das den Zahnschmelz angreifen könne.

Bester Dinge machte ich mich auf die Socken, um mich mit Kathrin, einer Kollegin aus dem Bordshop, zu treffen. Wir hatten uns für den frühen Mittag verabredet, und da es beim Zahnarzt so schnell gegangen war, konnten wir uns nicht nur ein leckeres ausgedehntes Mittagsessen gönnen, welches aus einer Gyros-Pita bestand, sondern wir unternahmen auch eine ausgedehnte Shopping-Tour durch die Altstadt von Rhodos.

Freitag, 3. Oktober – Heraklion

Ich war schon früh aufgestanden, um mir die letzten Cocktailrezepte in meine Gehirnlappen zu kopieren. Ich hatte mir eigentlich beim Lernen keinen Druck gemacht, aber mein Supervisor hatte mir nahegelegt, dass ich doch mittlerweile alle Rezepte wissen müsse und demnächst an der Cocktailstation arbeiten solle. Oh Mann, das hieß jetzt für mich, dass ich mal richtig den Kopf in meine Rezeptlisten stecken musste, um zu büffeln. Allerdings fiel einem das Lernen auf dem Crew-Sonnendeck gleich viel leichter.

Gegen Mittag war ich dann der Meinung, genug Theorie aufgesaugt zu haben, und machte mich auf den Weg in die City. Ich hatte kein besonderes Ziel, ich wollte mir nur die Beine vertreten und das Bordleben für ein paar Stunden hinter mir lassen.

Alles lief so weit bestens, ich hatte super Kollegen an der Bar, die mir reichlich Hilfe und Unterstützung zukommen ließen, und über zu wenig weiblichen Kontakt konnte ich mich auch nicht beklagen. Andererseits machten mir der Druck, endlich perfekt zu werden, und das tägliche Arbeiten von bis zu vierzehn Stunden – an guten Tagen waren es nur zehn – doch ein wenig zu schaffen, und so genoss ich die erfreulichen Nebenerscheinungen des Schiffslebens umso mehr, nämlich die schönen und zumeist sonnigen Destinationen. Der Landgang vermittelte einem zudem den Anschein eines normalen Lebens, weit weg von der künstlichen Urlaubswelt, welche wir Woche für Woche für die Gäste aufbauten und aufrechterhalten mussten. Wie war das nochmal?

Es sollte alles Gold sein, was glänzte ...!

Ich entdeckte in einer nicht ganz so belebten Seitenstraße einen Imbiss und da sich allmählich mein Magen mit einem Knurren meldete, beschloss ich einen Blick zu riskieren. Wenn man bisher eines gelernt hatte, dann war das: Man war hier nicht in Deutschland und je dreckiger oder runtergekommener ein Imbiss oder Restaurant am Straßenrand ausschaute, desto besser war es auch. Gut, zugegeben es gab Ausnahmen, aber nur wenige.

Dieser kleine Imbiss war zwar schon sehr alt und schien seine besten Tage hinter sich zu haben, aber die Bedienung und der Fleischspieß im

Hintergrund sahen dafür umso vielversprechender aus. Ich wagte es und bestellte eine Gyros-Pita.

Das Schöne und Praktische in Griechenland ist, dass die Pommes frites gleich direkt mit in die Pita kommen. Sehr kompakt und lecker. Ich beobachtete die Frau genau. Schließlich bleibt jemand aus Deutschland, auch wenn er hier arbeitet, immer ein wenig skeptisch. Es schien aber alles, so weit man das für die Umstände hier sagen konnte, sehr hygienisch.

Die Pita war fast fertig, es fehlten nur noch die Pommes frites. Als die Fritteuse diese fertig gebräunt hatte, nahm die Frau sie heraus und schüttete sie in eine Schüssel. Aber dann passierte etwas Unerwartetes, sie griff mit der bloßen Hand in die Schüssel mit den heißen Pommes, nahm eine gute Handvoll heraus und presste sie auf die anderen Zutaten meiner Bestellung. Noch bevor ich mir irgendeinen Gedanken darüber machte, ob das nun hygienisch sei, schoss mir ein anderer Gedanke durch den Kopf: »Respekt, die kann heiß anfassen!« Ich bezahlte voller Bewunderung das Essen und verließ mit einer verdammt gut riechenden Pita den Laden. Nachdem ich nach ein paar hundert Metern einen schönen Platz am Hafen gefunden hatte, ließ ich es mir schmecken.

Das war mit Abstand die beste Gyros-Pita, die ich bis dahin in meinem ganzen Leben gegessen hatte. Ich weiß nicht, was es war, was diese Pita so besonders machte, aber sie war ein Gedicht und verdiente einen Stern im Gyros-Pita-Gourmetführer.

Sonntag, 5. Oktober – Port Said

Es gibt ja fast ausschließlich Schönes auf unseren Reisen, aber Port Said an der Mündung des Suezkanals war mit Abstand der schlimmste Hafen, in dem ich bis dato gewesen war. Es stank nach Öl, Benzin und Gummi. Im Hafenbecken schwamm mehr Müll, als man sich überhaupt vorstellen kann. An nicht so guten Tagen, heute war einer davon, kam eine Smogwolke dazu, die ihresgleichen suchte. Von wegen Sonnendeck und Sonnen.

Heute beneidete ich ausnahmsweise mal unsere Gäste, die einen Tagesausflug nach Gizeh zu den Pyramiden unternahmen. Im Moment wäre ich überall hingefahren, nur um nicht in diesem schwarzen Umweltloch zu sein. Ägypten hatte gegenüber dem Müll eine Einstellung, die, wenn man sie auf einer Skala von eins bis zehn hätte zuordnen müssen, bei mindestens **minus zwei** anzusiedeln war. Ein Blick in die Stadt ließ ebenfalls keinen anderen Schluss zu. Eigentlich sehr schade, wenn man sich auf der anderen Seite vorstellte, wie reich und schön das Land vor so vielen tausend Jahren gewesen war. Aber darin liegt wohl auch die Erklärung, die guten alten Zeiten liegen in diesem Land tausende von Jahren in der Vergangenheit. Und wenn die Ägypter nicht das Glück gehabt hätten, eben auf diese Vergangenheit zurückblicken zu können, wäre der Tourismus auch niemals in dieses Land gekommen, zumindest nicht in dieser Größenordnung. Man kann sagen, dass die ganzen Pyramiden, Tempel, Gräber und die Mythen um dieses Land, eben dieses vor Schlimmerem bewahrt haben.

Wie auch immer, selbst ich wollte unbedingt Richtung Nil aufbrechen, nach Gizeh, um einmal die Pyramiden inklusive der Sphinx zu bestaunen. Ich stellte mir vor, dass man an diesem ja doch magischen Ort die Vergangenheit nahezu spüren musste.

Montag, 6. Oktober – Limassol

Es gibt hier ein wirklich schönes Einkaufszentrum und wunderbare Strände. Aber was nutzt einem das alles, wenn man aufgrund der Arbeitszeiten und der kurzen Liegezeit keine Chance bekommt, eben diese zu erkunden? Es gab für dieses Problem nur eine einzige Lösung – Fitness!

Ich war, bevor ich hierher aufs Schiff gekommen war, zu Hause drei- bis fünfmal pro Woche im Fitnessstudio gewesen. Da ich aber durch die Eingewöhnungsphase und die gute Ablenkung durch das weibliche Geschlecht und die diversen durchgemachten Nächte an Bord mein Training nahezu auf null »gesteigert« hatte, wurde es nun wirklich Zeit, wieder mit dem Training zu beginnen.

Wir hatten nicht nur einen eigenen Crew-Fitness-Raum mit allem, was man so brauchte, auf Deck zwei in der Crew-Area, sondern es war uns auch gestattet, den Fit & Fun-Bereich der Gäste zu benutzen, oben auf Deck elf mit einem super Ausblick auf den Hafen oder das Meer je nach dem, wo man sich gerade befand oder wie herum das Schiff im Hafen festgemacht hatte.

Ein Fitnessstudio auf See hat alles zu bieten, was einem ein Studio an Land auch bietet: diverse Cardio-Geräte, einen Hantelbereich und viele andere Fitnessgeräte, um den Muskeln wieder zu altem Glanz zu verhelfen. Ich bekam von einem unserer Fitnesstrainer eine Einweisung in die Geräte plus einen Trainingsplan. Normalerweise ist so was auch für die Crew kostenpflichtig, allerdings konnte man prima Tauschhandel betreiben. Ich gab ihm Cocktails und Longdrinks und im Gegenzug bekam ich einen privaten Trainer. Die eingesetzte Ware wurde meist einfach abgeschrieben.

Manchmal kann alles so schön und einfach sein …

Dienstag, 7. Oktober – Beirut

Wir, das waren Kathrin, Bernd ein paar Jungs von der Band und ich, fuhren in die Stadt. Auf der Fahrt bis ins Stadtzentrum kamen wir durch einige Vororte. Es war schlimm, die ganze Gegend war noch vom Bürgerkrieg gezeichnet. Ringsumher waren zerstörte Häuser oder gar nur noch Ruinen von Häusern. Kaputte, rostige, ausgebrannte Autos und massenhaft Schutt lagen überall herum. Die Wohnhäuser, die noch standen, sahen teilweise aus wie Schweizer Käse und es gab keinen Meter der Häuserfassaden, wo keine Einschusslöcher zu erkennen waren. Der Verkehr war so katastrophal, dass ich mehrmals dachte, dass wir gerade mal wieder einem Unfall entgangen waren. Jeder fuhr wie und wo er wollte. Es schien nicht nur keine Regeln zu geben, es gab keine. Es war wirklich ein Wunder, dass wir lebend im neu aufgebauten Stadtkern ankamen. Hier gab es keine Anzeichen eines Krieges. Es war alles sauber, neu und was man sah, war bis auf den Baustil an die westliche Welt angelehnt. Hier war nichts von der Armut, der Zerstörung oder der ungewissen Zukunft zu spüren. Das Einzige, was einen hier daran erinnern konnte, waren die Soldaten, die schwer bewaffnet alle fünfzehn Meter postiert Wache schoben.

Wir liefen an der Strandpromenade entlang, welche wirklich schön und von Palmen gesäumt war. Wir einigten uns darauf, im Hard Rock Café Mittag zu essen, da wusste man ja, was man bekam. Im Anschluss stoppten wir noch im Hard Rock Shop, um T-Shirts zu kaufen. Da ich das erste Mal in einem Hard Rock Café war, kaufte ich ein kleines Shirt mit der Aufschrift: *my first Hard Rock Café t-shirt*.

Im Anschluss fanden wir bei unserem Streifzug durch die Innenstadt alles, was man auch zu Hause hat. Starbucks, Dunkin' Donuts, moderne und gut sortierte Fashion-Stores und endlos viele Restaurants. Nach einigem Suchen fanden wir eine Bar, die auf dem Dach eines zwanzigstöckigen Hauses lag. Die Aussicht und die Getränke waren fantastisch, wir konnten unseren Blick über die gesamte Stadt bis hin zum Hafen schweifen lassen.

Unser Liegeplatz war im Containerhafen, und dieser war gleichzeitig ein Teil der Freihandelszone. Das hieß zollfrei einkaufen, und zwar im Duty-Free-Shop inmitten der Container. Es wurde nicht direkt aus einem Container heraus verkauft, was ja sehr lustig gewesen wäre. Nein, man hatte extra zu diesem Zweck einen riesigen Gebäudekomplex errichtet, um allen Passagieren, die mit dem Schiff anreisten, die Möglichkeit geben zu können, Zigaretten und Spirituosen zu sehr niedrigen Preisen einzukaufen. Vom Schiff fuhren regelmäßig Shuttlebusse zum Duty-Free-Shop und zurück. Nach einer doch immerhin fünfminütigen Fahrt kam man im »Smokers' Paradise« an.

Eine zehn Meter lange Rolltreppe führte in den ersten Stock, und während man auf der Treppe emporgehoben wurde, bekam man mit jeder Sekunde mehr zu sehen. Und dann endlich entfaltete sich der komplette Shop. Er war groß, sehr groß und genau vor einem erhoben sich die Regale mit den Zigaretten stangenweise. Es war nicht die Menge der angebotenen Produkte, die einem den Atem nahm, es waren die mit riesigen Zahlen an den Regalen befestigten Preise. Am teuersten war Lucky Strike mit einem Endpreis von zehn US-Dollar. Am günstigsten ließ sich Gauloises Blondes erstehen. Für diese musste man nicht mehr als fünf US-Dollar bezahlen. Als Raucher ist man somit wirklich im siebten Himmel.

Überglücklich und mit zwei Tüten beladen, die je mit zehn Stangen Zigaretten bestückt waren, fuhren wir zurück zum Schiff. Es sei die Anmerkung erlaubt, dass so ziemlich jeder von uns ähnlich viel eingekauft hat. Die Zigaretten waren natürlich nicht alle für uns selbst, wir hatten auch an unsere Kollegen gedacht, die aufgrund der Greencard, sprich IPM, oder aus Arbeitsgründen nicht von Bord konnten.

Donnerstag, 9. Oktober – Marmaris

Der ganze Tag verlief recht normal und am frühen Nachmittag waren wir im Yachthafen, um eine Kleinigkeit zu essen. Es war ein schöner Tag, so wie die meisten Tage, wenn man mal wieder den Alltag hinter sich lassen und einfach das süße Leben eines Weltenbummlers führen konnte, abseits der Arbeit. Niemals hätte man sich ausmalen können, was in den nächsten Stunden passieren sollte.

Am frühen Abend war ich beim Sport und während ich an den Panoramafenstern eine Pause machte, um mir das Auslaufen anzuschauen, wunderte ich mich, dass wir nicht losfuhren. Klar, vermutlich warteten wir mal wieder auf ein paar Gäste, die es mit den Liegezeiten unseres Schiffes nicht so genau nahmen. Allerdings war es seltsam, dass auf der Pier einer unserer Scouts mit einem Hafenagenten stand und sich auch die Polizei dort einfand. Ich wusste nicht, was passiert war, aber mein Gefühl sagte mir, dass es nicht daran lag, dass wir noch auf fehlende Passagiere warteten. Mein ungutes Gefühl wurde am Abend dann leider bestätigt.

Dazu muss man wissen, dass die Adia Bar sternenförmig angelegt worden war und aus sechs Zacken bestand. In der Mitte war die Bierzapfstation. Jeweils links und rechts davon waren zwei Getränke-stationen für die Barkeeper. Ich war an der ersten Station rechts von der Zapfe eingeteilt und wunderte mich, dass mein »Flügelmann« – ich nannte ihn so, weil wir ein supergutes Team abgaben und uns eine Station teilten – noch nicht erschienen war. Dachte mir aber weiter nichts dabei, da er vermutlich irgendwo als Back-up, also als Verstärkung, in einer anderen Bar eingeteilt war.

Ich bereitete gerade eine Bestellung zu, als unser Bar Supervisor uns alle zusammenrief und uns bat, in die Pantry zu kommen. Er unterrichtete uns darüber, dass Matt an einer Rafting-Tour teilgenommen hatte. Das Boot war an einer Stelle im Fluss gekentert und man hatte es, nachdem vermeintlich alle wieder an Bord des Schlauchbootes geholt worden waren, versäumt, eine Zählung durchzuführen. Somit war erst am Ende der Tour aufgefallen, dass Matt nicht unter den Teilnehmern war. Seitdem galt er als vermisst. Der Fluss wurde bereits mit mehreren Suchtrupps, inklusive eines Helikopters, abgesucht. Allerdings erschwerte die Dunkelheit die Suche. Aber für den Fall, dass sie ihn fanden, war ein Scout als Vertreter des Schiffes in Marmaris zurückgeblieben. Das war ein Schlag ins Gesicht und wir alle hofften, dass sie ihn unbeschadet und wohlauf irgendwo aufspüren würden. Er hatte sich bestimmt ans Ufer retten können und wartete dort auf die Rettungsmannschaften. Zumindest war es das, worauf wir alle vertrauten.

Der restliche Abend verschaffte uns dank der Ablenkung, die die Arbeit mit sich brachte, einen fast freien Kopf. Aber man konnte die bedrückte Stimmung nicht leugnen. Zumal unter unseren Gäste, die an der Bar saßen, auch welche waren, die an der Tour teilgenommen hatten, und ein paar von ihnen hatten sogar mit Matt im selben Boot gesessen.

Am heutigen Abend versammelten wir uns alle nach Feierabend in der Crew Bar und beteten für unseren verschollenen Freund und Kollegen. Eigentlich wollten wir eine Abschiedsfeier für unsere Band geben, die morgen abreisen musste, da deren Vertrag an Bord zu Ende war. Aber jetzt hofften wir, dass es letztendlich keine Abschiedsfeier für ein Mitglied der Crew werden würde.

Freitag, 10. Oktober – Heraklion

Am heutigen Nachmittag wurde aus einem bedrückten Gefühl eine traurige Gewissheit. Matt war ertrunken … Man hatte ihn an fast genau der Stelle gefunden, an welcher das Boot gekentert war. Er musste wohl beim Kentern des Bootes aus irgendwelchen Gründen bewusstlos geworden sein. Ob er sich den Kopf angeschlagen hatte oder etwas anderes der Auslöser gewesen war, konnte man leider noch nicht genau sagen.

Aufgrund der traurigen Umstände hatte der BM das GC für den heutigen Abend abgesagt. Aber so traurig die ganze Gesichte auch war und wie viele von uns, mich eingeschlossen, sie auch mitgenommen hatte, das Leben musste weitergehen. Besser gesagt, die Urlaubswelt voller guter Laune und Sonnenschein musste sich weiterdrehen. Die neuen Gäste reisten heute an, und die konnte man nicht mit traurigen Gesichtern begrüßen. Für die neu ankommenden Passagiere musste an Bord der

Eindruck einer perfekten sorgenfreien Woche, voll mit Party und Freude, aufrechterhalten werden. Sie hatten Urlaub gebucht und wollten eine aufregende, lustige und unvergessliche Zeit erleben, dafür hatten alle bezahlt. Es belastete uns, aber wir waren alle Profis und wussten, dass der Job Vorrang hatte, auch wenn es uns – menschlich – nicht leichtfiel.

Am Abend wurde vom Schiffsrat beschlossen, dass beim nächsten Auslaufen aus Marmaris, in zwei Wochen, alle Schiffsmotoren kurz nach Verlassen der Pier gestoppt werden sollten, damit die gesamte Besatzung in einer Gedenkminute vom verunglückten Crew-Mitglied Abschied nehmen konnte.

Sonntag, 12. Oktober – Thessaloniki

Jeden Abend ist einer von uns Barleuten von der Main-Bar dafür verantwortlich, den Digestifstand gegenüber dem Marktrestaurant aufzubauen und sich ungefähr für zwei Stunden von halb acht bis um halb zehn dort als Gastgeber zu präsentieren. Wir hatten Liköre, Whiskey, Cognac und einiges mehr im Angebot. Zudem lockten wir die Gäste immer mit einem Spiel. Dem Krokodil-Spiel, das hatten wir jeden Tag dabei. Das Spiel besteht einfach nur aus einem Krokodilkopf, bei dem man abwechselnd die Zähne im Maul eindrücken muss. Ein Zahn ist der kaputte und schmerzt das kleine Krokodil. Das heißt, wenn man diesen Zahn erwischt, schnappt das Maul zu. Verloren hatte immer derjenige, bei dem das Maul zuschnappte. Die Bedingungen waren einfach: Derjenige, bei dem das Maul zuschnappte, musste zahlen. Also zahlte entweder der Pax oder der Barmann. Zuerst legte man fest, um wie viele Getränke gespielt werden sollte. Damit die Rechnung von vornherein feststand. Dabei gab es natürlich keine Grenze nach oben, was die Anzahl der Getränke betraf. Aber der teure Whiskey, die Grappa sowie Cognac waren vom Spiel ausgeschlossen. Es wurde um Erdbeerlimes, Baileys, Ramazzotti, Averna oder um Jägermeister gespielt. Trinken musste man immer, egal ob man gewann oder verlor, der einzige Unterschied lag darin, wer die Runde bezahlte. An einem guten Abend wie heute hatte man ganz schnell viele Mitspieler zusammen und dadurch eine Menge Spaß. Ich liebte diesen Job, man war für fast zwei Stunden Herr seiner eigenen Bar, und meistens gut angetrunken. Mancher Kollege hatte aufgrund eines Vollrausches dann auch schon mal um 22 Uhr Feierabend, weil er nicht mehr gerade stehen und gucken konnte. In dem Fall war das Bett die beste Entscheidung, wobei die meisten nach Mitternacht auch ab und zu in der Disco gesichtet wurden.

Montag, 13. Oktober – Istanbul

Es gab Tage, wie heute, an denen man einfach nur den ganzen Tag im Bett verbrachte und schlief. Das war schon insofern nötig, als man die Nächte irgendwie immer zum Tage machte und nach einer guten Party meist erst gegen fünf oder sechs Uhr morgens zum Schlafen kam. Mit viel Glück konnte man dann noch acht Stunden schlafen. Das Komische allerdings war, dass die guten Partys immer dann stattfanden, wenn man am nächsten Tag Früh- oder Mitteldienst hatte und somit nur zwei oder vier Stunden Schlaf bekam.

Am Abend war ich somit wieder topfit und bereit für den Digestif vor dem Restaurant. Da heute wieder Overnight in Istanbul war, herrschte kein allzu großer Andrang bei meinem Krokodil-Spiel, das hieß aber nicht, dass ich keine Gäste hatte. Es hatten sich zwei Kollegen vom bordeigenen TV-Team an meiner kleinen Bar eingefunden, und zusammen zockten wir eine Runde *Kroko* nach der anderen. Wer dabei gewann oder verlor, war nicht weiter wichtig, da es uns in erster Linie um den Erhalt unseres Blutalkoholspiegels ging. Zudem wollten wir einfach Spaß zusammen haben.

Nachdem wir also ungefähr acht Runden gespielt und jede Partie mit einem Jägermeister beendet hatten, begannen wir über alles Mögliche zu philosophieren. Das TV-Team war wieder auf der Suche nach neuen Ideen, welche man in die bordeigene, tägliche TV-Show einbauen und ausstrahlen konnte. Es heißt ja immer, die besten Ideen entstehen aus einer Schnapslaune heraus, genau wie in dem folgenden Fall.

Wenn man an Bord einen Ausflug buchte, zum Beispiel nach Istanbul, wurde einem ein Ausflugsticket ausgehändigt, auf dem der Treffpunkt mit dem Scout, die Uhrzeit, das Deck und die Dauer des Ausfluges vermerkt waren. Der wichtigste Vermerk war aber die Bezeichnung des Ausfluges. Wie in diesem Beispiel **Istanbul 01**, was mit **IST 01** auf dem Ticket vermerkt wurde. Und darauf baute meine Idee auf ...

Da sich an Seetagen der Großteil des Bordlebens auf dem Sonnendeck abspielt und es keine Abwechslung durch Ausflüge gibt, hatte ich diesen Vorschlag gemacht: ***SEE 01****, ein Tag schlafen in der eigenen Kabine!*

Die Idee kam super an und ich erklärte den beiden den Ablauf: Zuerst sieht man einen Gast mit einer Broschüre in der Hand, wie er sich bei den Scouts über die Ausflüge informiert. Dann bucht er einen Ausflug, und zwar den **SEE 01**. In der nächsten Szene sieht man, wie sich eben dieser Gast mit dem bereits wartenden Scout an der Adia Bar trifft. Zusammen machen sie sich auf den Weg über das Treppenhaus zu der Kabine des Gastes. Dort erklärt der Scout ihm alle Annehmlichkeiten der Kabine mit dem Bett im zentralen Mittelpunkt. Der Gast legt sich also schlafen und der Scout wünscht ihm einen guten Schlaf und angenehme Träume. Dann geht das Licht in der Kabine aus, eine eingeblendete digitale Zeitanzeige läuft im Zeitraffer schnell vorwärts. Nach fünf Stunden Schlaf macht der Gast das Licht an, wendet sich an die Kamera und sagt: »See 01, ein Tag schlafen auf der eigenen Kabine. Ich fühl mich super und bin total relaxed, ich kann das nur jedem empfehlen mal selbst auszuprobieren. Ich werde jetzt noch ein Weilchen schlafen ... bis denn.«

Die Zeitanzeige läuft wieder weiter und dann wird ausgeblendet.

Die Jungs waren begeistert. Gleich morgen früh wollten sie diesen Spot in die Tat umzusetzen. Und darauf stießen wir mit einem Jägermeister an. Wohl gemerkt, vier Tage später war alles auf ADIA TV zu sehen. Und sogar im Wochenvideo hat dieser Einfall seinen Platz bekommen!

Dienstag, 14. Oktober – Istanbul

Wenn man sich mit anderen Kollegen unterhielt, erfuhr man einiges von dem, was außerhalb des eigenen Departments so passierte. Da war zum einen die Rezeption. Eigentlich konnten einem die Jungs und Mädels dort wirklich leidtun. Denn wann immer irgendetwas nicht so lief, wie es sich der »Herr Pax« gedacht oder vorgestellt hatte, kontaktierte man die Rezeption. Entweder man rief kurz an oder aber man kam zusätzlich höchstpersönlich vorbei, um dem Anliegen den richtigen Nachdruck zu verleihen.

Es gibt ja nichts, was es nicht gibt. Das galt ganz besonders für Urlaubsgäste, die anscheinend nichts Wichtigeres im Urlaub zu tun hatten, als sich Gedanken darüber zu machen, was denn jetzt nicht so den Wunschvorstellungen entsprach. Einem nicht gerade kleinen Teil unserer lieben Gäste war es einfach nicht möglich abzuschalten und sich über den, wohl meist verdienten, Urlaub zu freuen. Genießen konnte man ja schließlich alles zu Hause. Auf den Erinnerungsfotos ...

Man musste nicht jeder Logik oder Gehirnwindung folgen können, da sollte man gelassen bleiben und sich einfach denken, jedem das Seine. Obwohl einige dem Anschein nach meinten – Jedem das Seine, mir das Meiste!!

Manche beschwerten sich darüber, dass das Schiff sich bewegte, andere wiederum kamen aufgebracht an die Rezeption um sich zu erkundigen, wann denn der Regen endlich aufhören würde. Man hätte schließlich Sonne gebucht. So war es ja auch im Urlaubsprospekt beschrieben worden.

Die Rollbewegungen des Schiffes sollten augenblicklich abgestellt werden ... Hm, da fragte sich ein jeder von der Crew, was man denn mitten auf dem Meer erwartete? Wenn es nach den Gästen gegangen wäre, hätte man wohl am besten gleich auf der nächsten Sandbank ankern sollen, damit die Herrschaften ruhig weiterschlafen konnten. Ja gut, falls man denn überhaupt eine Sandbank mitten im Ozean fand. Was wohl die anderen Gäste dazu gesagt hätten, wenn am nächsten Tag kein Hafen in Sicht gewesen wäre, weil man ja die ganze Nacht »geparkt« hatte.

Andere fragten wiederum, wann wir denn endlich SEETAG (gesprochen – *Seetaaasch*) erreichen würden? Warum wir denn überhaupt so oft auf dieser Reise dahin führen und was denn so besonders sei an dieser Stadt, oder diesem Ort?

Ganz verrückt war eine Anfrage, dass man doch mal einen Techniker auf die Kabine schicken sollte, die Mikrowelle funktioniere nicht. Die Mikrowelle? Es gibt an Bord keine Mikrowellen in den Kabinen! Aber der Gast war da anderer Meinung und bestand auf den Techniker. Dieser musste dann vor Ort feststellen, dass der Gast ein Sandwich mit Schinken und Käse in den Kabinensafe (den Tresor) gelegt hatte und versuchte, vergebens, wie man sich denken kann, dieses zu erwärmen.

Ganz Wunderbar auch die Frage einer älteren Dame. Sie war total begeistert von dem Bordleben, fragte sich aber, da ja so viele Menschen hier arbeiteten, wie hoch denn die Arbeitslosenquote an Bord dieses Schiffes sei.

Ein anderer Gast erkundigte sich bei einem Scout, während er einen Ausflug buchte, ob er das Schiff für den Ausflug verlassen müsse.

Auch immer wieder gern gestellt wurde die Frage, ob denn die Crew auch an Bord schlafe? Und wie diese es schaffe, jeden Morgen wieder pünktlich zur Arbeit zu kommen.

Schön ist auch die folgende Story, die man mir vom vergangenen ersten April berichtete … Man verkündete einen Tag zuvor im Theater nach der Show, dass morgen früh um fünf Uhr dreißig alle Gäste herzlich zur Wal- und Delphinfütterung eingeladen seien ... Am nächsten Morgen hatten sich doch tatsächlich zirka 23 Gäste am Bug eingefunden und wurden unter herzlichem Gelächter von der Crew empfangen. Auf der Brücke hoben Offiziere Schilder hoch, auf denen geschrieben stand: **April, April!** Erstaunlicherweise nahmen es alle mit Humor, was bei Gästen nicht immer der Fall ist!

Donnerstag, 16. Oktober – Rhodos
IPM-Drill …

Es gibt keinen größeren Alptraum als einen IPM-Drill. Während des normalen wöchentlichen Pax-Drills, auch GES-Alarm genannt, hatte jeder eine Funktion, die er auch im Schlaf beherrschte. Wenn man einen Greencard-Tag erwischte, änderte sich die Verpflichtung. Diese galt es jedes Mal aufs Neue herauszufinden.

Da es allein in unserem Department sechs verschiedene Karten gab, musste man sich immer wieder mit einer anderen Sicherheitsaufgabe vertraut machen, welche man im Notfall auszuüben hatte. Wer keine Greencard hatte, sich aber trotzdem an Bord aufhielt, war ebenfalls verpflichtet an der Übung teilzunehmen. Allerdings stand man dann meistens mehr als eine Stunde vorne auf Deck sechs, am Bug, auf dem Sonnendeck herum. Dieses diente als Sammelplatz für die Crew.

Um dieser langweiligen und ungeliebten Übung aus dem Weg zu gehen, stand man meist um acht Uhr in der Früh auf, rechtzeitig vor dem Drill, der wie immer um zehn Uhr zwanzig angesetzt war. Da zogen wir es in der Tat vor, unausgeschlafen in irgendeinem Café in der nahen Stadt zu sitzen. Dafür waren wir dann pünktlich nach der Übung wieder an Bord und legten uns teilweise wieder in unsere Kojen, um den verpassten Schlaf nachzuholen.

Freitag, 17. Oktober – Heraklion

Heute war mein letzter Tag, an dem ich noch Cocktails lernen konnte. Ich war für diesen Abend an der Cocktailstation eingeteilt worden. Es sollte aufgrund der Poolparty oben auf dem Sonnendeck zwar ein ruhiger Abend in der Adia Bar werden, aber für ein paar Stunden würden auch bei uns einige Gäste verweilen. Meist hatten diese am ersten Urlaubstag richtig viel Durst. Ich versuchte also mein Bestes, mir nicht nur die Standards wie Piña Colada, Mai Tai, Sex on the Beach, Planter's Punch und Swimmingpool, um nur ein paar zu nennen, zu merken. Ich wollte ebenfalls auch die weniger bekannten, aber auch oft bestellten Cocktailvariationen fest in meinem Kopf verankern.

Einen kleinen Trick konnte man allerdings beim Lernen anwenden. Bei vielen Cocktails reichte es aus zu wissen, welche Spirituosen Bestandteil des Rezeptes waren, da der Rest mit Fruit- oder Piña-Mix aufgefüllt wurde. (Der Fruit-Mix bestand aus Orangen-, Ananas- und ein wenig Zitronensaft, dazu kam noch Grenadinesirup. Der Piña-Mix wurde aus Ananassaft, Sahne und Kokossirup hergestellt.)

Trotzdem war ich mit jeder Stunde, die verstrich, aufgeregter. Gut, ich war nicht allein, unser bester Barkeeper, die »Cocktailmaschine«, stand mir zur Seite. Aber ich wollte meinem Barsupervisor und den anderen Jungs beweisen, dass ich es auch draufhatte.

Am Abend gelang mir der Einstand an der Cocktailstation relativ gut, was auch dem Umstand zu verdanken war, dass nur wenige Gäste bei uns waren und diese meist Standards bestellten. Als es dann schließlich, kurz bevor die Poolparty startete, bei uns voller wurde und immer mehr Cocktails bestellt wurden, kam ich trotz Hilfe ins Trudeln. Der Schweiß stand mir auf der Stirn und mit einem Mal passierte es, als ich gerade die große Gallone, randvoll gefüllt mit Kirschsaft, am Hals gepackt hatte. Eine Gallone hatte ein Fassungsvermögen von ungefähr 3,75 Liter und der Hals war ihr Ausgießer. Es gab verschiedene Größen bei den Gallonen und den Hälsen. Das hieß, dass nicht immer beides zusammenpasste, weswegen sich der Hals auch einmal lösen konnte. Ich packte also diesen randvollen »Kanister«, hievte diesen in die Höhe, um etwas in meinen Shaker zu füllen, als der Hals abbrach und die Gallone mit einem lauten Knall erst auf der Kante der Station und dann auf dem Boden aufprallte. Die Bar sah aus, als hätte man in dieser gerade einen Massenmord verübt. Überall war dunkelroter Kirschsaft. An der Decke, über der gesamten Cocktailstation bis hin zum Flaschenrückbuffet klebte der Saft. Über die »Blutlache« auf dem Boden will ich gar nicht sprechen. Ich selber war von der Hüfte abwärts ebenfalls alles andere als unbeschadet davongekommen. Auf meine weiße Schürze und auch auf die weiße Hose hatte sich Kirschsaft ergossen und ich sah aus wie der Schlachter persönlich, der dieses »Massaker« angerichtet hatte. Da war Leugnen zwecklos. Somit war ich erst mal mit Aufwischen beschäftigt und das Shaken der Cocktails übernahm jemand anders. Aber zum Glück war an dem Abend auch noch unser GC gewesen.

Sonntag, 19. Oktober – Port Said

Wir wurden heute gefragt, ob nicht Interesse bestehe, der Animation zur Seite zu stehen und bei der Crew-Show, die in acht Wochen das erste Mal wieder stattfinden sollte, mitzuwirken. Da ich zu denjenigen gehörte, die fast keine Party hatten ausfallen lassen, war ich sofort begeistert und meldete mich bei unserem Clubmanager für die Show an. Ich hatte bereits, da ich auf jeder Motto-Party an vorderster Front tanzte und feierte, einen doch recht positiven Eindruck hinterlassen und sie war froh, dass ich mitmachen wollte. Ja, auch unser Clubmanager war eine Sie. Eine Ikone an Bord und eine sehr liebenswürdige Person, auf die man immer bauen konnte. Aufgrund meines starken Einsatzes auf diversen Partys wurde ich sogar schon von ihr während eines Club-Meetings positiv erwähnt. Und mein Engagement an der Seite der Animation wurde von ihr sehr gelobt. Das Wort »beispielhaft« soll sogar gefallen sein ... Ich begann schon ernsthaft zu überlegen, ob ich nicht zur Animation wechseln sollte. Während des Vertrages war dies leider nicht möglich, danach war aber alles offen.

Ich bekam gleich zwei Auftritte in der Show, beides waren Tanz-Acts: Ich war bei *Lord of the Dance* eingeteilt und durfte, was mich besonders freute, auch bei *Grease* mitwirken. Die Proben sollten schon am nächsten Tag beginnen und ich konnte es kaum noch abwarten.

Am Abend, nachdem wir endlich die Bar dichtgemacht hatten, stand (wie sollte es anders sein) mal wieder ein Besuch in der Anytime Disco, auf unserem Programm. Mein Kollege, zugleich auch neuer Mitbewohner in meinem Penthouse auf Deck zwei inklusive Meerblick, wollte seinen dreißigsten Geburtstag mit uns feiern und das hieß nur eines – Feiern und Trinken bis in die frühen Morgenstunden. Man brauchte uns nicht zweimal zu bitten, auf einer Feier zu erscheinen. Ehrlich gesagt, waren wir sowieso immer die Ersten, insofern es die Arbeitszeiten zuließen.

Dienstag, 21. Oktober – Beirut

Nachdem am gestrigen Tag bereits die Proben zu *Lord of the Dance* angefangen hatten, war heute die erste Probe für *Grease*. Die ersten Schritte der Choreographie wollten wie zuvor bei *L.o.t.D.* nicht so recht in meinen Kopf, aber das wurde von Stunde zu Stunde besser. Es war doch was anderes, auf einer Party Freistil zu tanzen als sich jetzt an eine festgelegte Schrittfolge zu halten. Aber es machte viel Spaß, gemeinsam etwas auf die Beine zu stellen und zu proben. Nach den Proben belohnten wir uns mit einem Landgang zu den Duty-Free-Hallen des Hafens, um noch einmal unsere Zigarettenvorräte aufzufüllen. Klar, rauchen ist nicht gesund, aber bei diesen Preisen musste man einfach rauchen.

Auf dem Schiff in der Crew Bar waren die Zigaretten schon recht günstig gewesen. Dort wurden Stangen zwischen 9,90 € und 15,90 € verkauft. Wobei da sechzehn Euro schon das Teuerste gewesen war. Im Vergleich zu den Preisen in der Heimat konnte man sich da echt nicht beschweren. Aber es gab nicht nur Zigaretten in der Crew Bar, man bekam so ziemlich alles, was fürs persönliche Empfinden wichtig war: Süßigkeiten, von Fruchtgummi bis hin zur Schokolade, Zahnbürsten, Zahnpasta, Duschgel und Rasierer, aber auch Batterien und vieles mehr. Das Beste war aber der Alkohol, der neben normalen Getränken wie Wasser, Limonade und Säften zum Kauf angeboten wurde. Der wurde hier zu Preisen ausgeschenkt, dass man regelrecht verleitet wurde.

Ein gezapftes Radeberger Bier bekam man für 0,50 €, ein Jägermeister à 4cl war für 0,40 € zu bekommen und die Dose Cola, um sich daraus einen Longdrink zu basteln, war mit ebenfalls 0,40 € recht erschwinglich. Eine Kiste Heineken à 24 Flaschen ging für 12 € über den Tresen. Unterm Strich machte das »Saufen« gerade hier am meisten Spaß. Der Nachteil an der ganzen Sache war aber leider, dass die Crew Bar bereits um ein Uhr morgens ihre Pforten schloss und wir Barleute gar nicht oder nur sehr selten in den Genuss der Crew Bar kamen. Als Trost konnte gelten, dass wir mehr oder weniger umsonst an der Bar trinken konnten. Man musste ja schließlich Warenkunde betreiben, um den Gästen eine gute Empfehlung geben zu können. Unterm Strich war also alles in bester Ordnung und wenn wir dann doch einmal in unserer Freizeit an der Bar bezahlen mussten, zahlten wir aufgrund des Crew-Discounts an Bord nur den halben Preis.

Der ganze Tag und der angebrochene Abend verliefen wie all die anderen Tage an Bord doch recht »normal«, allerdings hatte ich am linken Ellbogen schon seit dem Morgen leichte Schmerzen. Jedes Mal, wenn ich den Ellbogen auf den Tisch legte, war da so ein ziehender Schmerz, nicht stark, aber unangenehm. Bei genaueren Betrachten sah man nur einen kleinen roten Punkt und ich beruhigte mich mit dem Gedanken, dass dies wohl nur ein normaler Pickel sei, was sollte es auch sonst sein …?

Wie gesagt, der Abend verlief recht unauffällig, bis zu dem Moment, als der Ellbogen komischerweise immer mehr zu schmerzen begann. Dies war bei so ziemlich jeder Bewegung der Fall. Als ich mir dann den Arm in einer ruhigen Minute genauer betrachtete, bekam ich einen Riesenschock. Der Ellbogen war angeschwollen und richtig heiß an der Stelle. Ich rief meinen Supervisor zu mir herüber. Nachdem er sich das Ganze angeschaut hatte, meinte er, ich solle doch mal besser ins Hospital gehen, damit unser Doc mal einen Blick darauf werfen könne.

Fünf Minuten später fand ich mich also vor dem Hospital wieder und wartete auf den Arzt. Ich wusste nicht, was es war, und hoffte, dass es was Belangloses sei. Obwohl es sich bei weitem nicht so anfühlte. Nachdem ich vom Doc untersucht worden war und ich ihm alles geschildert hatte, stand die Diagnose fest. Es war eine Schleimbeutelentzündung! Ich begriff gar nichts mehr und fragte mich zudem, was denn so ein »Beutel« mit dem Ellbogen zu tun hätte. Nach einer kurzen Erklärung, dass jedes Gelenk mit so einem Schleimbeutel ausgestattet ist, war ich nicht beruhigt, aber immerhin schlauer. Die weitere Diagnose war alles andere als vielversprechend. Normalerweise wurde man mit so etwas an Land für sechs bis acht Wochen krankgeschrieben. Man musste den Arm kühlen und ruhig halten. Allerdings hätte dies meinen Abstieg bedeutet, welcher schon schlimm genug gewesen wäre, da ich mich mittlerweile sehr gut eingelebt hatte und wirklich nicht von hier fort wollte. Noch schlimmer war jedoch der Gedanke, nicht in die Karibik zu fahren. Ich hatte schon immer in die Karibik gewollt. Einmal die Sonne, die weiße Strände, die Palmen und die Klänge der karibischen Musik dort erleben. Es war ein lange gehegter Traum, die KARIBIK! Es waren nur noch zwei Wochen, bis wir zu der Transatlantik-Reise aufbrechen würden, um in Richtung Karibik zu fahren. Auf gar keinen Fall wollte ich so kurz vor der Erfüllung meines Traumes nach Hause. Der Doc beruhigte mich und meinte, dass er mich jetzt erst mal für die nächsten 48 Stunden krankschreiben würde und ich in dieser Zeit den Arm ruhig stellen und kühlen sollte. Danach würden wir weitersehen. Ich betete dafür, an Bord bleiben zu können, und dass in zwei bis drei Tagen alles wieder in Ordnung sei.

Mittwoch, 22. Oktober – Seetag

Da lag ich nun auf der Kabine in meinem Bett. Klar, es war schon schön, endlich mal frei zu haben und den ganzen Tag nichts zu tun als fernzusehen. Auf der anderen Seite hatte ich ein ziemlich schlechtes Gewissen deswegen, da meine Kollegen jetzt ohne mich auskommen mussten. Über Langeweile konnte ich mich dennoch nicht beklagen. Ich bekam laufend Besuch auf der Kabine und während der Öffnungszeiten der Crewmesse saß ich lange mit meinen Kollegen herum. Ich brauchte mich ja nicht ständig im Bett aufzuhalten, schließlich war ich ja nicht bettlägerig. Ich sollte nur den Arm möglichst nicht bewegen und stets gut kühlen, und das war überall möglich. Der Barmanager bekam das natürlich mit und schien nicht besonders begeistert über mein Dasein außerhalb der Kabine, allerdings schenkte ich dem, was er wollte oder dachte, keine große Beachtung.

Für den heutigen Abend war ich eigentlich mit Andrea verabredet. Ich hatte sie vor zwei Tagen an der Bar kennengelernt. Dort hatten wir ihr so ziemlich jeden Drink, den wir kannten, in einem Schluckglas, auch bekannt als Shooter, serviert. Auf diese Weise kam man sich ganz schnell näher und nach Feierabend hatten wir uns die Nacht über vergnügt. Wir waren auf Deck elf und hatten auf den zusammengestellten Sonnenliegen unter dem Sternenhimmel nicht nur wild geknutscht.

Ja, es ist nicht ganz leicht, wenn man krankgeschrieben ist, einem Gast eine Nachricht zukommen zu lassen. Und wenn ich nicht arbeitete, war es für sie auch nicht leicht, mich zu erreichen. Allerdings hatte ich von der Rezeption ihre Kabinennummer bekommen und erreichte sie nach mehreren Versuchen per Telefon auf ihrer Kabine. Wir verabredeten uns für die Nacht. Treffpunkt im vorderen Treppenhaus, Deck drei.

Nachdem wir über eine Stunde im Treppenhaus gesessen und geredet hatten, entschieden wir uns, mit Kopfkissen und einer Bettdecke auf Deck sechs umzusiedeln. Es war eine superschöne sternklare Nacht mit einer kühlen Mittelmeerbrise. Wir saßen vorne am Bug ganz rechts ein Stück unter der Überdachung, um nicht von der Brücke aus gesehen zu werden, und genossen die Zweisamkeit. Es hatte zwar was Ungewöhnliches mit dem Bettzeug nachts auf dem Sonnendeck zu sitzen, aber so ein Camping unter dem Sternenhimmel mit einem süßen Mädel ist wirklich sehr prickelnd. Wir liebten uns die ganze Nacht und blieben eng umschlungen bis zum Morgengrauen dort liegen.

Donnerstag, 23. Oktober – Marmaris
Der Tag der Wahrheit …

Um 8:55 Uhr hatte ich einen Termin im Hospital. Dann sollte es sich entscheiden, ob ich absteigen musste, damit die Entzündung in aller Ruhe in Deutschland abheilen konnte, oder aber ob ich, wenn der Ellbogen so weit gut ausschaute, unter der Bedingung, dass dieser trotz der Arbeit weiterhin bandagiert und geschont wurde, an Bord bleiben konnte.

Es sah zu meiner großen Erleichterung gut aus. Mir fiel ein Riesenstein vom Herzen, als ich erst mal das Okay vom Arzt bekam, an Bord bleiben zu dürfen, und somit weiterhin die Chance hatte, mit in die Karibik zu fahren. Insgeheim vermutete ich, dass die vergangene Nacht eine positive Auswirkung auf die Verletzung gehabt und zur Heilung beigetragen hatte. Egal wie oder warum, ich konnte und durfte bleiben. Das war in diesem Augenblick das Wichtigste.

Meinen Barmanager brauchte ich ja nicht zu informieren, dieser würde vom Hospital unterrichtet werden. Aber ich suchte sofort meinen Bar SV auf, um ihm von dieser guten Nachricht zu berichten. Schließlich hatten alle mitgezittert und gehofft, dass ich bleiben könne. Um meinen Arm zu schonen, wurde ich fest für den Digestifstand vor dem Marktrestaurant eingeteilt, der Rest würde sich dann schon ergeben. Es waren schließlich genug Leute an der Bar, die mir helfend zur Seite zu standen, damit ich mich beziehungsweise den linken Arm schonen konnte. Gott sei Dank bin ich Rechtshänder und war somit nicht allzu stark gehandicapt.

Als wir an diesem Abend ausliefen, versammelten wir uns alle auf Deck fünf, dem Crew-Deck am Heck des Schiffes. Heute nahmen die gesamte Besatzung Abschied von Matt, der vor zwei Wochen hier in Marmaris tödlich verunglückt war. Langsam begann sich das Schiff, diesmal ohne Auslaufmusik, von der Pier zu lösen. Nachdem wir einen Abstand von knapp 500 Metern erreicht hatten, wurden alle Maschinen gestoppt. Es erklangen drei sehr lange Signale über das Schiffstyphon und wir warfen weiße Rosen ins Wasser. Nach einer Schweigeminute begannen die Schiffspropeller sich wieder zu drehen und wir bewegten uns langsam aufs offene Meer zu. Es war gleichzeitig das letzte Mal in dieser Saison, dass wir Marmaris angesteuert hatten.

Wir standen noch lange an der Reling und beobachteten das Ufer, wie es sich immer mehr von uns entfernte.

Sonntag, 26. Oktober – Thessaloniki

Ich weiß selber nicht genau warum, aber ich beschloss Thessaloniki noch eine Chance zu geben, um mich davon zu überzeugen, dass es hier doch recht schön sein kann. Also nahm ich mir mit meinem Kabinenmitbewohner vor, die Stadt unsicher zu machen. Zu zweit ist das Ganze schon weitaus lustiger und macht einfach mehr Spaß. Wenn man ehrlich ist, war das aber auch der einzige Grund, warum es diesmal in dieser Stadt nicht allzu langweilig war. Man muss wohl doch einen Ausflug buchen, wenn man hier landet, um aus der Stadt zu kommen und vielleicht etwas Schöneres zu sehen.

Gut, für einen Ausflug war es zu spät und außerdem mussten wir auch bald wieder zurück an Bord, die Arbeit rief. Nach einer gründlichen Erkundung der Stadt beschlossen wir, uns ein Restaurant zu suchen um etwas zu essen. Erstaunlicherweise landet man als Crew entweder in einer Art Taverne, man war ja in Griechenland, oder aber bei McDonald's. Burger oder Pita? Heute war mal wieder ein Burger-Tag.

Schön war auch der Spaziergang auf der Promenade, wo wir in einem kleinen gemütlichen Café noch einen Kaffee tranken, bevor wir uns auf den Rückweg machten. Aber ganz ehrlich, nach Thessaloniki muss ich nicht noch einmal fahren, es sei denn, es betitelt ein griechisches Restaurant bei mir in der Heimat.

Dienstag, 28. Oktober – Istanbul

Man gewöhnt sich zu schnell an alles. Wenn man, wie wir, jeden Tag Sonne hat, bleibt man auch einfach mal, wenn es der Zeitplan erlaubt, den ganzen Tag im Bett und schläft oder schaut sich sinnloses Zeug im

TV an. Heute war so ein Tag, und da wir bereits gestern eine große Stadttour mit allem, was dazu gehörte, unternommen hatten, verpasste ich auch nichts.

Für heute Nachmittag war ein WTD (Watertight-Doors)-Drill angesetzt. Ungefähr alle zwei Monate wurde diese Schulung wiederholt. Watertight-Doors sind wasserdichte Türen. Diese befinden sich auf den Decks eins und zwei. Und sollen, einfach gesagt, bei Wassereinbruch verhindern, dass die einzelnen Sektoren volllaufen. Aber auch im Falle eines Feuers bremsen diese wasserdichten Schotten die Flammen, bevor sie auf andere Bereiche übergreifen. Diese Schotten werden auf Knopfdruck, von der Brücke aus, vor jedem Auslaufen automatisch geschlossen und bleiben es auf See auch. Damit man im Notfall genau weiß, wie man diese Türen zu bedienen hat und wann man diese Türen nicht bedienen oder durch sie hindurchgehen sollte, werden diese Schulungen regelmäßig durchgeführt.

Im Anschluss findet zudem immer wieder ein Fire-Refresher, also ein Auffrischungskurs zum Verhalten im Falle eines Feuers statt. Es werden die einzelnen Feuerlöscher und deren Handhabung erläutert sowie die einzelnen Abläufe, die bei Sichtung eines Feuers einzuhalten sind. Alles in allem dauert so ein Auffrischungskurs immer eine Stunde. Bei besonders eifrigen Offizieren wird auch schon mal eine Feuerbekämpfung simuliert. Das bedeutet, dass man sich in die Handling Area am Bug begibt, wo unter anderem die Taue zum Festmachen des Schiffes verstaut sind, ein C-Rohr ausrollt und mit jeweils zwei Mann aus dem Bug heraus einen schönen Wasserstrahl schießt. So durchgeführt, kann eine Übung auch reichlich Spaß machen!

Donnerstag, 30. Oktober – Rhodos
Farewell ...

Wie jeden Donnerstag warteten die ***Paxarrazi*** bereits auf uns an der Adia Bar, als wir nachmittags zum Dienstantritt erschienen. Es ist schon erstaunlich, wie lange einzelne Menschen warten, nur um ein Erinnerungsfoto von ihrem Lieblings Barkeeper zu bekommen.

Zuerst wurden immer Einzelfotos gemacht, am liebsten gerade dann, wenn wir irgendeinen Drink zubereiteten. Danach folgten mehrere Bilder mit dem Gast zusammen. Im Anschluss kamen die Gruppenbilder an die Reihe. Sie bildeten den Höhepunkt des Fotoshootings. Je nachdem, mit wem man reiste, entweder nur mit der Freundin oder dem Freund, der ganzen Familie oder der Reisegruppe, dauerte es auch schon mal länger, bis alle Bilder im Kasten waren. Natürlich war es damit nicht getan. Die meisten ***Paxarrazi*** verteilten sich zwar auf den frühen Nachmittag, aber am letzten Abend kam immer wieder ein ***Paxarrazo*** aus der einen oder anderen Ecke, um noch ein Bild zu ergattern. Es war wunderbar, ein Gefühl, welches wohl sonst nur Stars in Hollywood vorbehalten ist. Aber hier an Bord des Schiffes waren wir die Stars und wir genossen es.

Natürlich waren wir aber auch im Glanze unseres »Ruhmes« nicht egoistisch und dachten weiterhin als ein Team. Wenn an einem Zacken der Bar ein Gast aufgetauchte um ein Foto zu schießen, schrie der betroffene Kollege meist laut durch die ganze Bar: »Foto …!« Daraufhin ließ jeder augenblicklich die Arbeit liegen, um zum Kollegen zu eilen. Nach ungefähr fünf Sekunden waren mindestens zehn Kollegen versammelt.

Nicht nur sämtliche Barkeeper standen vor der Linse, vereinzelt waren auch ein paar unserer Bar Waiters mit von der Partie. Nach ein oder zwei kurzen Klicks war der Spuk auch schon wieder vorbei und jeder ging seiner Arbeit nach, so als ob nichts gewesen wäre.

Durch diese ganze Fotografiererei wurde nicht nur ich, so kann man es nennen, »kamerageil«. Wo sich auch immer eine Linse zeigte, waren meine Kollegen und ich nicht weit. Sei es auf der Arbeit oder in der gut genutzten Freizeit in der Disco. Wenn das bordeigene TV-Team erschien, konnte man sicher sein, dass wir wieder im nächsten Wochenvideo auftauchten. Diese wurden vom TV-Team an Bord gedreht. Während einer Woche auf dem Schiff wurde auf der Poolparty, in der Disco, auf Ausflügen, beim An- und Ablegen oder bei den verschiedensten Veranstaltungen gedreht. Auch Informationen zu den einzelnen Zielhäfen der Reise waren mit auf dieser DVD. Diese konnte man dann am Ende der Woche käuflich erwerben.

Nun ja, wie gesagt, auch wir waren auf fast jeder DVD der jeweiligen Woche zu finden. Aber man muss zur unserer Entschuldigung sagen, dass wir das nicht immer selbst »provoziert« haben. Es gab auch Tage, da kam unser »Kamera-Kind« einfach so auf uns zu, weil ihm noch ein paar Szenen hinter dem Bartresen fehlten. Eines Morgens zum Beispiel, ich hatte gerade die Bar eröffnet, so um zirka zehn Uhr, kam das Kamerateam gerade um die Ecke, als ein Gast einen Mai Tai bestellte. Sofort wurde die Zubereitung des Drinks mit der Kamera festgehalten. Das Einfüllen der Zutaten, das Shaken bis hin zum Einschenken ins Glas. Wobei ich mir dann, in die Kamera gerichtet, den folgenden Kommentar nicht verkneifen konnte: »Ein Mai Tai um zehn Uhr morgens, ich glaub ich spinn!« Ja, auch das kam im Wochenvideo, … ungeschnitten!

Zweiter Teil

Wer an der Küste bleibt,
kann keine neuen Ozeane entdecken.

Thor Heyerdahl

Freitag, 31. Oktober – Heraklion
Transmed Reise

Endlich! Es war so weit, noch drei Wochen und wir würden unseren ersten karibischen Hafen, Antigua, erreichen. Mein Arm war so ziemlich abgeheilt, so dass ich an Bord bleiben durfte. Ich musste zwar noch einen Verband tragen und den Arm möglichst nicht allzu sehr beanspruchen, aber ich war wieder einsatzbereit.

In einer Woche würden wir endlich von Palma aus in Richtung Karibisches Meer aufbrechen, mit Weg über den »großen Teich«, den Atlantik. Es war alles sehr aufregend, und die Vorfreude wuchs mit jedem Tag. Natürlich stand uns eine Menge Arbeit bevor. Da wir auf unserem Weg nach Jamaika auch in Puerto Rico haltmachen würden, standen USPH-Schulungen und Bar Trainings auf dem Programm. Dafür war extra ein Unikat in Sachen USPH an Bord gekommen. Ein Trainer, der auf unzähligen Schiffen die Crew auf den USPH-Check vorbereitet und diese auch bis dahin begleitet hatte.

Sein Erscheinungsbild war gewöhnungsbedürftig. Er war sehr dick, fast 1,70 m groß, Mitte vierzig und hatte eine Glatze. Er trug im Dienst immer Khakihosen mit Seitentaschen, ein kurzärmliges Hemd aus reiner Baumwolle mit großen Brusttaschen und ein Base-Cap (wohl aufgrund der Glatze). Alles war farblich aufeinander abgestimmt, entweder war die Kombination beige oder schwarz, allerdings niemals gemischt, dazu weiße Turnschuhe mit weißen Tennissocken. In seiner Freizeit zeigte er Farbe, dann war er meistens mit kurzen Khakihosen und einem bunten Hawaiihemd anzutreffen. Jedoch konnte er auf seine Turnschuhe und die Tennissocken scheinbar nicht verzichten. Erwähnenswert wären noch besagte Socken, die er fast bis zu seinen Knien hochzog. Da darf die Frage erlaubt sein, warum er denn nicht gleich Kniestrümpfe wählte? Aber so wirr das auch auf einen wirken mochte, mancher deutsche Pauschaltourist konnte es besser. Da sah man schon des Öfteren gestandene Herren mit weißen Socken, die in Flip-Flops oder Sandalen steckten. Eine Augenweide!

Unser Ziel war es, Puerto Rico mit 100 Punkten wieder zu verlassen. Da zudem alle inspizierten Schiffe mit Namen sowie der erzielten Gesamtpunktzahl im Internet veröffentlicht werden, lag auch dem Reeder viel daran, mit dem bestmöglichen Resultat aus der Inspektion herauszugehen. Allerdings kann man sehr schnell viele Punkte verlieren. Es werden, wie bereits erwähnt, nicht nur Einrichtungen wie Bars, Restaurants und Kombüsen, sondern auch der Rest des Schiffes kontrolliert.

Zu den möglichen Punktabzügen hier ein paar Beispiele:

Im Lebensmittelbereich (Food Handler)

Mitarbeiter

- *4 Punkte* für Verstöße gegen die persönliche Hygiene z. B. nicht gewaschene Hände
- *3 Punkte* für Fehler im Management z. B. Temperaturlisten nicht, falsch oder nur teilweise geführt
- *1 Punkt* für schmutzige Uniformen, Tragen von Schmuck, offene Haare

Lebensmittel

- *5 Punkte* für das Nichteinhalten der vorgegebenen Temperaturen zum Lagern von Lebensmitteln
- *5 Punkte* für Food Re-service, also mehrmaliges Servieren von Speisen
- *5 Punkte* für Toxic Items, Chemikalien in der Nähe von Lebensmitteln. Das kann z. B. ein Kugelschreiber in unmittelbarer Nähe von Früchten sein, da die Tinte als Chemikalie zählt
- *2 Punkte* für nicht oder falsch beschriftete Lebensmittel, für die Aufbewahrung in Originalverpackungen, für nicht saubere Utensilien

Diese Liste beinhaltet auch die Wasseraufbereitung, öffentliche Toiletten, die Public Areas, also die öffentlichen Räume der Gäste, wobei alles vom Licht bis hin zur Sauberkeit überprüft wird, und natürlich auch die Sicherheitseinrichtungen.

Das ganze Manual, also das Handbuch über USPH, ist im Internet einsehbar und umfasst 246 Seiten.

www.cdc.gov/nceh/vsp/operationsmanual/OPSManual2005.pdf

- auf Seite 189 findet man dann auch den *Vessel Sanitation Inspection Report,* mit diesem werden das Schiff und die einzelnen Bereiche überprüft.

Weitere Fragen beantwortet die Seite des *Vessel Sanitation Program,* einzusehen auf:

www.cdc.gov/nceh/vsp/desc/about_inspections.htm

Ich versuchte in Anbetracht dessen, was vor uns lag, Ruhe zu bewahren. Die kommenden Schulungen waren zwar nervig, da sie meist in die Freizeit fielen, aber das nahm man für die Karibik in Kauf. Wir wollten natürlich alle den USPH-Check mit 100 Points bestehen. Es schien sehr stressig zu werden, aber irgendwie war es auch Routine, da wir seit Wochen schon auf den Tag X hinarbeiteten und im übrigen schon kleinere Schulungen bekommen hatten.

Am Abend hatte ich mich beim Essen extra beeilt, um meine kleine Bar, den Digestifstand, vorzubereiten. In den vergangenen Tagen und Wochen hatte ich die Aufgabe übernommen, jeden Tag vor dem Restaurant zu stehen. Man konnte sagen, ich war Chef meiner eigenen kleinen Bar, und ich freute mich sehr über die immer sehr willkommene Abwechslung zur Arbeit in der Main-Bar.

Allerdings sollte dieser Abend (recht) ungewöhnlich verlaufen ... Als ich schon fast mit allen Vorbereitungen fertig war, kam mein Supervisor auf mich zu und meinte, meine Schwester habe ja viel Ähnlichkeit mit meiner Mutter.

» ... ?« Ich verstand nicht, was er wollte oder gar meinte. Ich war verwirrt. Ich fragte ihn, wie er darauf käme und woher er überhaupt wissen wolle, wie meine Mutter oder gar meine Schwester aussähen? Seine Antwort war recht kurz und knapp: »Na, so wie die beiden da drüben!«

Ich drehte mich fragend um und glaubte, es sei ein schlechter Scherz. Ich musterte fragend den Raum. Wen er wohl meinte...? Und plötzlich, sah ich sie!

Am Ende des Raumes stand meine Mutter zusammen mit meiner kleinen Schwester. Leibhaftig. Ich traute meinen Augen nicht. Für einen Moment dachte ich an eine Halluzination. Es war so unwirklich, als hätte man eine Vision. Da trafen plötzlich mit aller Gewalt zwei Welten aufeinander. Die künstliche, neue ADIA-Schiffswelt, in der ich lebte, und die Welt von zu Hause aus der Heimat, die Familie. In diesem Augenblick wurde mir erst der Druck bewusst, der die ganzen Wochen auf mir gelegen hatte und mit jedem Tag unbemerkt gewachsen war. Dieser löste sich beim Anblick der vertrauten Personen wie ein Riesenfels von meiner Seele und ich konnte fühlen, wie er von mir abfiel. Nach einer wie in Zeitlupe verlaufenen Minute, lief ich zu beiden hinüber und nahm sie in meine Arme. Ich war den Tränen nahe, überglücklich.

Sie wollten mich überraschen und das war ihnen wirklich gelungen. Da ich auf dieser Reise Geburtstag hatte, hatten sie kurzfristig entschieden, mich zu besuchen, um mit mir gemeinsam an Bord zu feiern. Zur Feier des Tages öffnete ich eine Flasche Champagner an meiner Digestifbar, und gemeinsam stießen wir auf eine fantastische Woche an.

Samstag, 1. November – Seetag

Das Schöne, oder besser gesagt, das Besondere an der Bordordnung ist, das einem, wenn man an Bord Besuch bekommt, die Möglichkeit eingeräumt wird, in den öffentlichen Restaurants essen zu gehen. Morgens, mittags und abends. Es muss lediglich ein schriftlicher Antrag beim Vorgesetzten eingereicht werden. Das hieß für mich eine Woche lang schlemmen. Der Unterschied zwischen dem Essen der Crew und der Gäste war wie Tag und Nacht, wobei das Essen der Crew dann doch eher die Nacht war. Man konnte es essen und hungern musste keiner, aber in den Restaurants war alles anders, besser. Es gab frisches Brot und frische Brötchen, welche jeden Tag ausgewechselt wurden, meist schon zum Abendbrot. In der Crewmesse blieb das Brot auch schon mal zwei bis drei Tage liegen, zumindest schmeckte es so und fühlte sich auch so an. Und von all dem, was ich auf den Auslagen der Buffets der Gäste so erblickte, konnte man im Crewbereich nur träumen. Es war wie im Schlaraffenland. Wenn es nach mir ging, konnte ich jede Woche Besuch bekommen.

Im Anschluss haben wir uns auf dem Außenbereich der Anytime eingefunden und bei einem Kaffee über meine Erlebnisse in den vergangenen Wochen geredet. Es gab so vieles zu berichten und ich quasselte wie ein Wasserfall.

Gegen Nachmittag sollten wir uns auf dem offenen Meer mit unserem Schwesterschiff der ADIAcarisma treffen. Geplant war, dass die »carisma« zwei Runden um unser Schiff drehen sollte, bevor jedes seine Fahrt fortsetzte. Aber leider hatten die Kollegen in der vergangenen Nacht frontal einen Sturm abbekommen und trotz voller Fahrt aufgrund des Gegenwindes mittlerweile einen halben Tag verloren. Dieser musste wieder aufgeholt werden. Das Ziel unserer »Schwester« war Asien, und da hatten sie noch eine ganze Menge an Seemeilen vor sich. Wir hatten Glück, waren wir doch auf dem Weg nach Dubrovnik im Gegenzug mit starkem Rückenwind gesegnet worden. Somit hatten wir keine Zeit verloren, und auch eine ruhigere Nacht gehabt.

Sämtliche Gäste hatten sich backbords, (links in Fahrtrichtung) mit Handtüchern und Fahnen an die Reling gestellt um die »carisma« zu grüßen. Umgekehrt, seitens der »carisma«, wurden ebenfalls solche Vorbereitungen getroffen. Auf dem Pooldeck wurde ein Countdown runtergezählt, bis das Schwesterschiff sichtbar wurde. Nach einer halben Stunde war es dann endlich so weit, unsere kleine »Schwester« tauchte am Horizont auf und die Stimmung auf dem Pooldeck begann zu brodeln. Vereinzelte Paxe und auch Crewmitglieder, die sich an Deck eingefunden hatten, fingen an zu jubeln. Wir waren nur mit knapp zwölf Knoten unterwegs, die »carisma« allerdings pflügte mit fast 21 Knoten durch die See. Dementsprechend schnell kam sie auch näher. Als wir auf gleicher Höhe waren, schrien und jubelten auf beiden Schiffen gleichzeitig alle Menschen und das Schiffstyphon unterstützte die Geräuschkulisse, man bekam Gänsehaut. Die Stimmung war grandios. Doch leider währte der Augenblick nur kurz. So schnell wie unsere »Schwester« herangekommen war, war sie auch schon wieder verschwunden. Aber was blieb, war eine unglaubliche Erfahrung mit einer ausgelassenen Stimmung an Deck.

Am Abend war ich in der Disco, ich hatte mich mit Jasi verabredet, die bei der Animation war, und ich war ihr gleich an meinem ersten Abend begegnet. Damals war sie mit einem Kollegen an die Bar gekommen und hatte etwas an meinem »Zacken« getrunken. Sie war einmalig schön. Braun gebrannte Haut, lange dunkle Haare, braune Augen und eine traumhafte Figur. Ein Traum auf zwei Beinen – mein Traum. Zudem war sie aufgeschlossen und ein lustiger, lebensfroher Mensch, jemand zum Pferde stehlen. Ich konnte mich jedes Mal in ihren Augen und in ihrem ganzen Wesen verlieren.

Sonntag, 2. November – Dubrovnik

Der Blick aus dem Bullauge dämpfte die Vorfreude auf den Landgang mit meiner Familie. Es war grau und es regnete in Strömen. Aber wenn man schon mal in Dubrovnik angelegt hatte und die wundervolle Altstadt wartete, konnte man darüber auch mal hinwegsehen. Wir fuhren also, dem Regen trotzend, mit dem Shuttle-Bus in die Stadt. Obwohl das Wetter nicht mitspielte, war es ein toller Ausflug. Die wirklich wunderschöne Altstadt mit all ihren alten Fassaden und Gassen, umgeben von einer hohen Festungsmauer half einem, die dicken Regenwolken zu vergessen. Man konnte die Geschichte förmlich spüren, und nach ein paar Stunden hörte es nicht nur auf zu regnen, es kamen auch vereinzelt ein paar Sonnenstrahlen durch das Grau des Himmels hindurch. Als Fazit kann man sagen, diese Stadt ist auch bei Regen und viel Grau einfach sagenhaft und sehenswert.

Zur Unterhaltung der Gäste standen Bine, Ron und die Schlagertörtchen auf dem heutigen Abendprogramm in der Adia Bar. Das bedeutete, dass die Animation sich als Band verkleidete oder besser gesagt tarnte, und alles versuchte, die Stimmung in der Bar zum Kochen zu bringen. Natürlich war alles Playback, aber unsere Animateure waren echt gut, das lag vielleicht auch ein wenig an dem vielen Hochprozentigen, das man sich zwischendurch, getarnt als Apfelschorle, einverleibte. Wodka-Bull ist und bleibt eine der besten »Partydrogen«. Zum Schluss des Abends ließ ich es mir nicht nehmen, wie jedes Mal, zusammen mit Jasi *Tränen lügen nicht* zu performen. Danach folgte ein Paartanz und ich genoss jeden Augenblick davon, so eng mit Jasi zusammen zu sein. Ihr Geruch war süß und brachte mich durcheinander. So langsam begann in mir ein Verlangen zu wachsen, vor dem uns unser Hotman immer gewarnt hatte. »Fangt nichts mit der Crew an«, hörte ich sie sagen. Aber je länger ich Jasi in den Armen hielt, desto mehr verhallten diese Worte …

Montag, 3. November – Korfu

Es ist immer wieder erstaunlich, wie gut die philippinischen Kollegen das ganze Schiff und das Leben an Bord im Griff haben. Wir sprachen intern sogar von der »Philippinischen Mafia«. Egal was, wann und wo man etwas haben möchte, es kann jederzeit besorgt werden. Zum heutigen Schlussdienst stand der Geburtstag eines ebensolchen Kollegen an. Eric, an Bord der selbsternannte König der »Phillis«. Wenn man sich mit ihm gut verstand, standen einem fast alle Möglichkeiten auf dem Schiff offen, und man konnte ein recht angenehmes Leben führen. Am heutigen Abend, es war ungefähr halb eins, brachten drei unserer »Phillis« zwei frisch gebratene Hähnchen mitsamt Beilagen in die Bar. Dazu muss man wissen, dass die Küche schon lange geschlossen hatte und nur noch der Putztrupp unterwegs war. Mir war es ein Rätsel, wie sie das geschafft hatten, zumal es auch offiziell überhaupt nicht erlaubt war. Aber unsere »Mafia« an Bord schien bestens zu funktionieren, und wir machten uns über das zarte Fleisch wie ausgehungerte Löwen her.

Es gab auch andere Geschäfte an Bord, die nebenher liefen. Da war zum Beispiel das Housekeeping. Offiziell gab es die Möglichkeit, an Wechseltagen dem Housekeeping zu helfen, um ein paar Dollar nebenbei zu verdienen, das wurde aber eher selten oder nur ungern angenommen. Das lag daran, dass manche Housekeeper zum Beispiel Kollegen von der Bar dafür bezahlten, einzelne Zimmer für sie zu reinigen. Die Bezahlung unter der Hand war besser, und der Kollege vom Housekeeping konnte sich ein paar schöne Stunden machen.

Aber auch wir hatten mit der Zeit gelernt, wie das Leben an Bord so funktionierte. So machten wir uns ab und zu nach der Disco, mit ein paar Flaschen Heineken ausgestattet, auf den Weg in die Bäckerei. Dort bekamen wir dann nicht nur frische Rosinenbrötchen und Schokocroissants, sondern auch warme Weißbrote frisch aus dem Ofen im Tausch gegen unser Bier. Im Anschluss besuchten wir noch die Jungs, die mit der Aufgabe betraut waren, die Aufschnittsplatten für das Frühstücksbuffet herzustellen, um reichlich Mortadella und Salami für unsere Backwaren abzustauben. Eine Hand wäscht die andere, und das konnte man so ziemlich auf jedes Department an Bord anwenden. Es gab immer jemanden, der etwas hatte, was jemand anders gerade wollte oder brauchte. Doch die größten Deals wurden wohl immer noch mit dem Foto-Team gemacht. Die Fotografen bekamen Cocktails, Longdrinks oder was auch immer sie haben wollten und uns wurden im Gegenzug all unsere Fotos entwickelt und oder auf CD gebrannt. Dieses System funktionierte.

Dienstag, 4. November – Catania

Der »Fußball« Italiens oder aber besser gesagt Sizilien. Eine wunderbare und geheimnisvolle Insel.

Wie jeden Morgen stand ein Landgang mit der Familie an. Wir trafen uns früh an der Gangway und mir steckte die vergangene Nacht noch in den Beinen und auch ein wenig im Kopf. Ich war lange mit Jasi in der Disco gewesen, und im Anschluss waren wir ein wenig über die Decks gezogen.

Wir machten uns zu Fuß auf den Weg in die nahe gelegene Stadt. Der Fischmarkt war sehr schnell ausgemacht, da dieser schon von weitem mit seinem sehr intensiven Geruch auf sich aufmerksam machte. Wir gingen in die überdachte Halle. Es war zwar interessant zu sehen, was man hier so alles aus dem Meer gezogen hatte und nun, mehr oder weniger gekühlt, zum Verkauf anpries. Aber der Fischgeruch erwies sich als sehr penetrant und trieb uns nach kurzer Zeit wieder nach draußen an die frische Luft. Wir folgten den verwinkelten Gassen und staunten über all die Marktstände, die sich vor uns ausbreiteten. So ziemlich jedes Haus hatte eine Verkaufsfläche und es wurde von Blumen über Zigaretten bis zu allgemeinem Schnickschnack mit allem gehandelt. Am auffälligsten allerdings war der Laden des Schlachters.

An dieser Stelle sei gesagt, dass es gegen elf Uhr vormittags schon recht warm geworden war und das frische Fleisch ungekühlt auf den Tischen und zum Teil an der Fassade aufgehängt zum Verkauf angeboten wurde. Das Gesundheitsamt in Deutschland hätte diesen Laden vermutlich sofort dichtgemacht. Zwischen all den baumelnden Schweine- und Kuhhälften und anderen Teilen diverser Tiere stand ziemlich genau in der Mitte ein großer Holztisch und dahinter der Schlachter. Dieser zerlegte mit einer Zigarette im Mundwinkel gerade ein Schaf, wobei er auch gleichzeitig mit einem Kunden um den Preis für eine Schweinehälfte feilschte. Ein wirklich surreales Bild ... Nun gut – andere Länder andere Sitten.

Der Rest der Stadt war dann doch wieder aufgeräumter und es gab zahlreiche Sehenswürdigkeiten und viele Edelboutiquen, die den guten Modegeschmack der Italiener unterstrich. Ein »Schnäppchen« zu ergattern war zwar nicht ganz billig, aber es lohnte sich allemal. Pizza und Mode, darauf verstehen sich die Italiener hervorragend.

Heute war der vierte November, der Tag vor meinem Geburtstag. Ich hoffte, dass ich vielleicht die Möglichkeit bekam, früher Feierabend zu machen, um mit meiner Mutter, meiner Schwester, Freunden und Kollegen reinfeiern zu können. Wir hatten, muss man dazu sagen, den ganzen Abend schon ordentlich vorgeglüht und auch meine Familie war gut dabei, es war eine wirklich ausgezeichnete Stimmung. Diese wurde umso besser, als mir mein Supervisor um kurz nach Mitternacht mitteilte, dass ich gehen könne. Nachdem ich mich umgezogen hatte, traf ich mich um kurz nach halb eins mit allen in der Disco, um mit Champagner anzustoßen. Danach war es an der Zeit, die mittlerweile zur Tradition gewordene Geburtstagsbowle zuzubereiten. Das Rezept ist einfach und reicht für viele Gäste:

Man nimmt eine Champagnerbowle und füllt in diese Eiswürfel und Limettenstücke von zirka fünf Limetten. Dann fügte man mindestens einen Liter Wodka, gerne auch mehr, zwanzig Dosen Red Bull und eine gute Handvoll große Strohhalme hinzu. Dann heißt es nur noch – Cheers!

Mittwoch, 5. November – Neapel
Mein Börsdai

Nach der Feier, die bis in die frühen Morgenstunden gedauert hatte, und wenig Schlaf fand ich mich mit meiner Schwester und meiner Mum in den Straßen Neapels wieder. Eine fantastische Stadt, die geradezu zu pulsieren scheint. Geprägt von einer atemberaubenden Architektur. Aber das war nicht der einzige Grund unseres Landganges.

Neapel war und ist die Stadt der Pizza. Wenn man irgendwo überhaupt eine Originalpizza bekommt, dann hier. Inmitten des wogenden Lebens an einer Piazza fanden wir ein kleines Restaurant, in dem wir eine Pizza bekommen haben, die bis heute die beste war, die ich je gegessen habe. Ein knusprig dünner Boden, der mit frischen, saftigen Zutaten wie Mozzarella, Tomate und italienischer Salami belegt war. Obenauf kam am Tisch noch frisches Olivenöl. Um das Ganze abzurunden, gab es als Dessert einen Espresso mit einer braunen Grappa.

Am heutigen Abend war Premiere der Crew-Show und ich konnte, nachdem mein Arm wieder voll einsetzbar war, bei *Lord of the Dance* und *Grease* mitwirken. Die ganze Show kam super bei den Zuschauern an und wir als Crew konnten die Gäste mal wieder von unseren, wie es schien, zahllosen Talenten überzeugen. Für die Zukunft waren noch ein paar Vorstellungen angesetzt, jeweils auf verschiedenen Reisen.

Der Rest des Abends verlief dank meiner seit dem gestrigen Abend herrschenden Hochstimmung recht schnell. Zudem hatte eine ältere Dame, die bereits die ganze Woche mit ihrer Freundin an meinem »Zacken« saß, mitbekommen, dass ich heute meinen 24. feierte und war auf die Schnelle im Bordshop gewesen, um mir ein Geschenk zu besorgen. Und mein Supervisor ließ mich sogar wieder eher Feierabend machen. Das nutzte ich natürlich aus, um noch einmal mit meiner Family und Freunden auf den vergangenen Tag anzustoßen.

Als sich die Disco immer mehr leerte, nahm mich Jasi an die Hand, und wir verließen die Disse. Wir liefen das Treppenhaus hinunter und alberten herum. An einer ruhigen Ecke im Treppenhaus blieben wir stehen und ich kitzelte sie so sehr, dass wir auf den Boden fielen. Ich lag auf ihr, die Zeit schien plötzlich stillzustehen. Die Luft knisterte und war erotisch aufgeladen, man konnte es regelrecht spüren. Wir schauten uns an, wobei sie meine Hände festhielt. Wir kamen uns immer näher und dann … Plötzlich wurde die Tür aufgerissen und mehrere Jungs aus dem Deckdepartment erschienen im Treppenhaus. Da wir immer noch auf dem Boden lagen, mussten die vier sich ein wenig umständlich an uns vorbeischlängeln. Wir lachten und waren wenig später wieder allein. Ich schaute ihr tief in die Augen, folgte den ihren und musterte sie eindringlich. Aber dann, in dem Moment, als ich wieder die Chance bekam sie zu küssen, wich ich ihren Lippen aus. Ich wandte meinen Kopf ab, und machte aus mir unerklärlichen Gründen irgendeine belanglose Bemerkung. Mann, was war los mit mir? Warum tat ich das? Damit war dieser Moment zerstört, und alles weil … weil ich mich nicht getraut hatte? Weil ich mich nicht traute, den letzten Schritt zu gehen? Mir kam keine plausible Antwort in den Sinn. Als dann auch schon wieder die Tür zum Treppenhaus aufgestoßen wurde und wieder ein paar angeheiterte Kollegen neben uns auftauchten, beschlossen wir aufzustehen und den anderen in die Crewmesse zu folgen.

Damit war dieser Moment, Jasi zu küssen, vorbei. Ich machte mir noch Stunden später Vorwürfe, dass mich in letzter Sekunde der Mut verließ. Hatte ich mir doch zum Geburtstag, mehr als alles andere auf der Welt, solch einen Moment mit ihr gewünscht ...

Donnerstag, 6. November – Seetag

Auch die schönste Reise und Woche geht einmal zu Ende. Heute war wieder Farewell, allerdings war dies kein normaler Farewell-Abend. Zum einen war dies der letzte Tag mit meiner Familie, zum anderen würden wir morgen Abend endlich in Richtung Karibik aufbrechen, wobei die fünftägige Atlantiküberquerung mit all den Bar- und USPH-Schulungen die arbeitsreichste Zeit werden sollte.

Was kann man als Fazit des Besuches von meiner Mum und meiner Schwester sagen? Er war für mich eines der schönsten Erlebnisse an Bord. Der Besuch hatte meiner Psyche richtig gut getan und das Beste war, dass dies die Heilung des Ellbogens beschleunigt hatte. Der einzige Nachteil war, dass ich mich selber ein wenig unter Stress gesetzt hatte, indem ich versuchte, zwei Welten synchron zusammenzubringen.

Auf der einen Seite hatte ich meinen festen Tagesablauf, was das Arbeiten, Drills und Schulungen anging, zum anderen das »Privatleben«, welches aus Feiern und dem Pflegen sozialer Kontakte bestand. Das alles nahm mich sehr in Anspruch und ich wollte so viel Zeit wie irgend möglich mit meinem Besuch verbringen. An einigen Tagen war es ein großer Spagat, da niemand zu kurz kommen sollte und es dann doch hin und wieder nötig wurde, um den ganzen Tag reibungslos ablaufen zu lassen. Ich war traurig, ab morgen wieder »allein« zu sein und mich wieder einmal von meiner Familie verabschieden zu müssen. Aber ich war auch froh, dass ich wieder mehr Zeit und weniger selbstgemachten Stress haben würde.

Freitag, 7. November – Palma
Transatlantik Reise

Um ganz sicher zu gehen, hatten die Bordärzte für mich einen Termin bei einem deutschen Arzt, der im deutschen Konsulat ansässig war, vereinbart. Da der Termin um halb elf war und meine Mum mit meiner Schwester um neun Uhr den Transfer zum Flughafen hatte, konnte ich mich noch in aller Ruhe von ihnen verabschieden. Im Anschluss machte ich mich auf den Weg zum Konsulat. Dort bekam ich das endgültige ärztliche Okay und somit die Erlaubnis, an Bord bleiben zu dürfen. Ich war heilfroh, dass sich alles doch noch zum Guten gewendet hatte. Der Schleimbeutel war ohne viel Aufwand wieder verheilt und somit war eine OP vom Tisch.

Ich war gebucht für die Überfahrt in die Karibik.

Nach diesem erfreulichen Amtsbesuch machte ich mich auf den Weg ins Porto Pi, das Einkaufszentrum direkt am Hafen. Dort traf ich mich mit Julia und Tommy, um noch ein paar Hamsterkäufe zu erledigen. Schließlich wussten wir nicht, ob wir unsere Hygieneartikel auch in der Karibik bekommen würden. Des weiteren brauchten wir noch Waschmittel, neue weiße Söckchen passend zur Uniform und natürlich wie in jeden Hafen – Magnete.

Magnete waren so etwas wie Trophäen, die wir in jedem Hafen kauften. Zum einen waren es schöne kleine Souvenirs von all den Destinationen, zum anderen konnten wir damit all unsere Erinnerungsfotos an den Kabinenwänden befestigen. Da wir auf einem Schiff waren, waren wir ja mehr oder weniger von Wänden aus Stahl umgeben, und Magnete waren die beste Lösung, um alles Mögliche an der Wand zu fixieren. Natürlich wollten wir auch noch einmal ausgiebig mittagessen und taten das mit einem Burger King-Menu. Als Dessert gab es dann leckeres Gebäck von Dunkin' Donuts. Zurück auf dem Schiff stand am frühen Nachmittag wieder einmal ein Bartraining an. Heute hatten wir Warenkunde.

Nach zwei Stunden waren wir durch die Warenkunde leicht angeheitert und machten uns gut gelaunt auf, nachdem wir uns umgezogen hatten, um unseren Arbeitstag zu starten.

An Wechseltagen wie heute bezog ich immer früh meine Position am Marktrestaurant, da zusätzlich ein Aperitif angeboten wurde. Das hieß für mich wieder einmal für mindestens vier Stunden mein eigener »Chef« zu sein. Der Apero fing um achtzehn Uhr an und ging dann nahtlos ab halb acht in den Digestif über. Und auch heute beendete ich nach unzähligen Krokodil-Spielchen meinen Markteinsatz mit reichlich Promille im Blut. Allerdings war dies mittlerweile normal und man konnte mit ruhigem Gewissen sagen, dass wir mit zirka 1,2 Promille noch als *voll nüchtern* galten. Ja zugegeben, es gab Tage, da hat man sich gefragt, was werden würde, wenn man wieder zu Hause war? Würde man dann einfach mit dem Trinken aufhören können? Man tat es mit einem einfachen **JA** ab, schenkte sich noch einen Drink oder Schnaps ein, um wieder auf andere Gedanken zu kommen, und machte mit der Arbeit weiter!

Das war auch die Zeit, in der ich meine Vorliebe für Whiskey entdeckte. Früher gab es für mich nur *Jim* und *Jack*, die auch hier gute Freunde von mir waren. Aber die Welt des »Schottischen Goldes« ist so vielfältig, dass ich bis heute die besten Tropfen sammele. Wein und Whiskey sind sich in ihrer Vielfalt und Einzigartigkeit sehr ähnlich. Wobei ich für Wein kein Gespür habe, hingegen bei Whiskey alle meine Sinne frei entfalten kann.

Sonntag, 9. November – Cádiz

Was macht das Bar Department, wenn es in Andalusien in der Stadt Cádiz ist? Natürlich einen Ausflug nach Jerez de la Frontera, um Sandeman einen Besuch abzustatten. Zusammen mit unserem Bar-Trainer machten wir, das waren insgesamt vierzehn Kollegen von der Bar und ich, uns auf den Weg zu einer ausführlichen Führung durch die Welt der Sherry-Produktion und dessen Lagerung. Im Anschluss gab es noch ein Tasting, bei dem wir sämtliche Produkte, die Sandeman im Angebot hatte, probierten. Selbstverständlich ließen wir keine Flasche aus. Zudem wurden uns auch Longdrinks angeboten, die den Sherry auch der Jugend nahebringen sollten. Bestandteil war Sherry Medium Dry zu drei Teilen, vermischt mit sechs Teilen Sprite. Herrlich süffig und genau da lag die Gefahr. Man neigte dazu, doch mehr zu trinken, als man sollte. Um dann nicht ganz beschwipst über die Gangway zurück an Bord zu »torkeln«, hielten wir uns, nachdem wir den Souvenirshop bei Sandeman gestürmt hatten, an McDonald's.

Montag, 11. November – Madeira

Madeira war unser letzter Stopp vor der langen Überfahrt. Heute würden wir Europa endgültig verlassen und vor uns lagen fünf Seetage, die uns quer über den Atlantik direkt nach Antigua führen sollten, den ersten Hafen in der Karibik und auch der erste Kontakt mit Land, nach mehreren Tagen auf hoher See. Die Stimmung an Bord war ausgelassen und aufgrund des doch höheren Durchschnittsalters an Bord verliefen die Abende um einiges ruhiger als noch während der Zeit im Mittelmeer.

Zum Auslaufen gab es auf dem Pooldeck eine »Goodbye Europe«-Party. Ich hatte frei und mir eine Leisure Card besorgt, um bei diesem Anlass anwesend sein zu können. Die Bar hatte einen Sektausschank vorbereitet und ungefähr 1100 Gläser platziert, die zwanzig Minuten vorher eingeschenkt wurden. Die Küche war mit einem riesen Buffet vertreten und lief mit frischen Berliner Pfannkuchen durch die Menge. Der DJ hatte auf der Bühne seine Technik aufgebaut und lieferte zu dem ganzen Treiben die passende Musik.

Nachdem wir den Hafen verlassen hatten, ließen alle an Deck versammelten Passagiere einschließlich der Crew Luftballons steigen, an denen Karten befestigt waren, auf die jeder seine Wünsche für die Zukunft geschrieben hatte. Diese sollten alle in Erfüllung gehen, zumindest wenn man diesem Brauch Glauben schenkte.

Da heute auch Karneval war, gab es am Abend eine Crazy-Pool-Party. Dazu war auch die gesamte Belegschaft eingeladen, eine Leisure Card war nicht nötig. Für die Crew wurde ein eigener Bereich mit Bar aufgestellt, wo die Hotel-Offiziere den Ausschank übernahmen. Wir von der

Bar mussten zwar alle arbeiten, konnten aber für zirka eine halbe Stunde, immer im Wechsel, in Uniform an Deck und mitfeiern. Wir hatten dafür meist Dreiergruppen gebildet. Nachdem wir das dritte Mal an der Reihe waren, uns unter das feiernde Volk zu mischen, machten sich die wirklich guten Getränkemischungen bemerkbar, die uns von unseren Vorgesetzten gereicht wurden. Dies hatte zur Folge, dass wir unsere geplante Zeit um einiges überzogen und immer weniger Lust verspürten, zurück an die Bar zu gehen, wo ohnehin niemand verweilte, da augenscheinlich alle auf dieser Party waren. Abgesehen von vielleicht ein oder zwei älteren Passagieren, die die Ruhe in der Adia Bar vorzogen und sich bei einem Bier mit leiser Backgroundmusik entspannten. Die Party war spitze. Aus diesem Grund beeilten wir uns an diesen Abend so gut wir konnten mit dem Schlussdienst, damit wir so schnell wie möglich in der Disco aufschlagen konnten um weiterzufeiern.

Freitag, 14. November

Transatlantik

… der dritte Tag auf See

Wir waren mittlerweile seit drei Tagen auf See und langsam merkte man, dass bei vielen Paxen die Stimmung zu kippen drohte. Aber es gab reichlich Ablenkung seitens der Animation und auch sonst blieb kein Wunsch offen.

Es wurden verschiedene Workshops angeboten. Wenn man es denn wollte, wurde man den ganzen Tag beschäftigt, unterhalten und abgelenkt. Allerdings konnten sich wohl einige der Gäste nicht so wirklich mit den vielen Seetagen anfreunden. Vielleicht hatten sie das auch alles auf die leichte Schulter genommen. Nun, da sie mit der vielen Freizeit konfrontiert wurden, merkten die meisten jedoch dass sie mit dieser nichts anfangen konnten. Da wünschten sich einige, doch recht bald festen Boden unter die Füße zu bekommen, um endlich dem Schiff zu entfliehen.

An dieser Stelle muss man sagen, dass große und lang andauernde Transreisen nur etwas für Menschen sind, die viel Ruhe und Freizeit zu schätzen und zu nutzen wissen. Vor allem muss man auf dem Schiff mit sich selbst etwas anfangen können. Allen anderen sei der Rat gegeben, doch von vornerein von solchen Reisen über große Ozeane Abstand zu nehmen. Diese sollten doch lieber das Flugzeug nutzen.

Ich fand es großartig. In meiner Freizeit genoss ich in vollen Zügen das Crew-Sonnendeck und war erstaunt, wie ruhig der große Atlantik vor uns lag. Aber es gab bei solchen Reisen scheinbar nur zwei Möglichkeiten, entweder fünf Tage raue oder bewegte See oder einen verdammt großen, ruhigen »Teich«. Von Tag zu Tag wurde es wärmer und wir gewannen jeden weiteren Tag eine Stunde, da wir nachts die Uhr eine Stunde zurückstellen konnten. Dies wirkte sich besonders stark auf das Nachtleben aus, weil wirklich jeder von der Crew die zusätzliche Zeit in der Disco zu nutzen wusste, ich natürlich eingeschlossen.

Da wir uns täglich Puerto Rico näherten, wurde der Ton in Sachen USPH, Hygiene, Sauberkeit und Putzen immer schärfer. Der Schiffsrat wurde sichtlich nervöser. Hofften doch alle, die Crew so weit geschult und gedrillt zu haben, dass wir mit einem akzeptablen Ergebnis den Hafen wieder verlassen würden. Besonders meinem doch so geliebten Barmanager schien der Druck sehr zuzusetzen. Er litt unter Schuppenflechte, allerdings kam das erst jetzt so richtig zum Vorschein. Sein Gesundheitszustand dies betreffend wurde kontinuierlich und sichtbar schlimmer. Als wir Madeira verließen, hatte man nur ganz leichte Rötungen ausmachen können, vereinzelt kratzte er sich auch mal. Eigentlich nichts Besonderes. Nun, am dritten Tag auf See, war der Juckreiz aber bereits so schlimm, dass er sich ständig an den Armen, am Bauch und auch schon am Halsansatz schaben musste. Wobei die roten Stellen erheblich zugenommen hatten. Wir machten uns bereits über ihn lustig und äfften ihn nach. Das sah dann so aus, dass einer anfing, sich nur leicht an der Hand zu kratzen, den rechten und den linken Arm miteinbezog bis hin zum Hals und Oberkörper, um dann schließlich im großen Finale am ganzen Körper gleichzeitig in einem heftigen und hektischen Kratzanfall zu enden. Ja, es war gemein. Allerdings, weil er menschlich mehr als nur eine Null war, war es wirklich saukomisch und jeder musste lachen. Man konnte nur Vermutungen darüber anstellen, wie es am Tag vor der Inspektion um ihn stehen würde.

Normalerweise hätte dieser Tag wohl wie die beiden vorher geendet, wenn ich nicht einen Umweg über die Crewmesse gemacht hätte. Jasi bezüglich war ich mir meiner Gefühle vor ein paar Tagen noch nicht sicher gewesen, tat es aber damit ab, dass es wohl besser war, nur befreundet zu sein. Wir waren uns zwar bereits nähergekommen, aber seitdem war nichts weiter passiert und ich glaubte auch nicht mehr daran, dass sich vielleicht mehr ergeben würde. Ich hatte meine Chance gehabt, und hatte diese ziemlich vermasselt!

Gerade, als ich die Messe verlassen wollte, lief mir plötzlich Jasi über den Weg ... Wir schauten uns eine kurze Zeit an. Dann ergriff sie meine Hand. »Komm mit«, sagte sie. Erfreut, aber doch leicht verdutzt und ohne etwas zu erwidern, folgte ich ihr. Sie führte mich durch die Gänge über das Treppenhaus bis zum Crew Sonnendeck vorne am Bug. Es war eine wundervolle Nacht. Es war warm, der Vollmond spiegelte sich auf dem schier unendlichen Atlantik und man konnte jeden einzelnen Stern am Himmel ausmachen. Nachdem sie mich in eine Ecke gelotst hatte, die von der Brücke nicht einsehbar war, stellte sich vor mich und meinte, dass sie einfach nur mit mir rumknutschen wolle, ohne Hintergedanken.

Oh Himmel – *DANKE*, mir war alles recht. Innerlich platzte ich gerade vor Glück! Wir kamen uns immer näher und dann … spürte ich ihre zarten Lippen auf meinen. Sie waren warm und weich und schmeckten süß, wie Honig. In meinem Kopf schienen hunderte Raketen in den Himmel zu steigen, um dort in einem riesigen Feuerball zu explodieren. Es war ein magischer Moment, der ewig zu dauern schien. Ihr Geruch war einfach betörend. Wir verbrachten Stunden damit, uns lange und leidenschaftlich zu küssen.

Mitten auf dem Atlantik unter Sternen bei Vollmond mit einer perfekten und wundervollen Frau. Es war perfekt, alles war perfekt! Die Nächte auf See auf einem Schiff sind die schönsten, die es gibt. Es existiert nichts Vergleichbares, es ist magisch. Bis heute ist dieser Tag, diese Nacht, dieser Augenblick, Jasi gewidmet, der für immer ein Teil meines Herzens gehören wird. Denn sie wird immer ein Teil meines Herzens sein!

Montag, 17. November – St. John's

Land, nach fünf Tagen auf See endlich – Land. Aber nein … Das ist kein Land ... das ist besser als Land ... das ist die **KARIBIK**

Es war 11:35 Uhr, ich stand vorne am Bug und schaute auf die Pier. Wir hatten es geschafft, wir waren angekommen. Antigua, meine erste karibische Insel. Es war unglaublich und unwirklich zugleich, endlich angekommen zu sein. Auf dem Kai sah man eine Band spielen. Die rhythmische Musik der Karibik, Klänge, die es nur hier gibt. Hervorgerufen durch die Steel Pan, auf der die Band spielte. Das sind im eigentlichen Sinne Trommeln, die traditionell aus Ölfässern hergestellt werden. Wenn man das erste Mal an einer karibischen Insel landet und das Erste was man hört, so wie ich, diese Trommeln sind, dann hat man hier wirklich einen Traumstart. Dazu der Ausblick auf Palmen und reichlich Sonne.

Antigua ist die größte der ehemals britischen Inseln über dem Winde. Besonders stolz ist man auf die mit Palmen gesäumte Küstenlinie, wo man an jedem Tag eines Jahres an einem anderen Strand baden kann. Antigua ist die Insel der 365 Strände. Alle, auch die Hotelstrände, sind öffentlich zugänglich. Es gab nur einen Wehmutstropfen, ich konnte nicht an Land. Zumindest nicht jetzt und wenn, dann auch nicht für lange. Ich hatte die Mittelschicht. Das hieß von zwölf bis sechszehn Uhr Dienst. Und dann bis zwanzig Uhr frei. Das Problem allerdings war, dass wir den Hafen um achtzehn Uhr bereits wieder verlassen würden, zudem war der Landgang der Crew immer eine Stunde vor Auslaufen beendet. Das bedeutete, dass wir uns alle um siebzehn Uhr wieder an Bord einfinden mussten. Falls man nicht pünktlich an der Gangway eincheckte, zog das eine Strafe nach sich. Man nannte dies auch Penalty. Man musste pro Minute, die man zu spät kam, einen US-Dollar bezahlen. Allerdings war das Höchstmaß 45 Minuten, danach gab es zusätzlich eine Abmahnung und einen gepflegten Einlauf vom Staff Captain, der der disziplinarische Vorgesetzte der gesamten Besatzung ist.

Ich hatte Glück und konnte dank eines Kollegen um kurz nach vier das Schiff verlassen. Geschafft, ich war nun wirklich mit beiden Beinen auf meiner ersten Insel in der Karibik, Antigua. Es war kaum zu fassen, und gleich hier, direkt im Hafen, gab es eine kleine Bar, in der ich auch rasch auf ein paar Kollegen traf. Ich hatte zwar nicht viel Zeit, aber die Stunde, die ich hatte, wollte ich so gut wie möglich nutzen. Ich bestellte ein *Carib,* DAS Bier in der Karibik überhaupt, und war froh, hier sein zu dürfen. Nach dem vierten Bier war ich dann auch bereit länger zu verweilen und der Security an der Gangway später einfach 50 Dollar in die

Hand zu drücken. Ich wollte einfach nicht schon wieder zurück und all das dort aufgeben.

Nun gut, letzten Endes waren wir dann doch auf die Sekunde genau wieder an Bord. Wir beschlossen aber, uns eine Leisure Card zu besorgen und dann mit ein paar Drinks auf der Außenterrasse der Anytime Bar das Auslaufen zu verfolgen. Auch wenn ich nicht viel Zeit an Land verbringen konnte, so hatte ich zumindest die eine Stunde, die ich hatte, so gut es ging ausgenutzt.

Dienstag, 18. November – San Juan
USPH Inspektion, Puerto Rico

Puerto Rico ist die kleinste Insel der Großen Antillen und wird gerne auch als der 51. Staat der USA bezeichnet. Der Name »Reicher Hafen«, Columbus entdeckte die Insel 1493 auf seiner zweiten Amerika-Reise, hat auch heute noch seine Berechtigung. Nicht umsonst gilt San Juan als eine der schönsten Metropolen der Karibik. Bei den vielen tausend Besuchern ist die über ihre Landesgrenzen hinweg bekannte Altstadt besonders beliebt. Als Gesamtensemble steht sie unter Denkmalschutz.

Es war kurz nach Mitternacht und wir hatten noch neun Stunden Zeit, bis die *US Coast Guard* an Bord kommen würde, um uns in den Hafen von Puerto Rico zu eskortieren. Bis auf wenige Ausnahmen hatten sich die meisten Gäste bereits zum Schlafen auf ihre Kabinen zurückgezogen und wir, berücksichtigte man den vergangenen Tag, waren bereits seit 24 Stunden damit beschäftigt, alles USPH-tauglich zu machen.

In den vergangenen Wochen waren wir eingehend auf den heutigen Tag vorbereitet worden, was die Reinigung der Bar und die Handhabung des Equipments betraf. Und nun hatte man auf dem Schiff allein für das Bar Department drei Kabinen geblockt, um dort alles unterzubringen, was negative Punkte einbringen konnte. Fast das gesamte Equipment wurde an den Bars ausgetauscht. Ein klein wenig verarscht kam man sich dann schon vor.

Ein paar wenige Gläser und ein Minimum an Utensilien wurde in den einzelnen Getränkestationen gelassen, alles andere verschwand auf den

Pax-Kabinen. Die Barkeeper, die extra geschult und für den morgigen Tag eingeteilt waren, waren angehalten möglichst nur Flaschen an die Gäste rauszugeben. Frisches Obst und alles, was mit Sahne zu tun hatte, sollte eigentlich gar nicht angeboten werden. Notfalls müsse man den Gästen die Situation erklären und sie mit Gutscheinen vertrösten. Das war immer noch das beste Mittel, falls sich der eine oder andere Pax beschweren und kein Verständnis zeigen sollte. Alle anderen Barmitarbeiter hatten, solange sich die Inspektoren an Bord aufhielten, in ihrer Kabine zu bleiben, bis die gesamte Prozedur beendet war. Einzige Ausnahme bildeten die Mahlzeiten, die wir ja in der Crewmesse einnehmen mussten, und die Durchzählung aller an Bord befindlichen Personen durch die US-Beamten. Dafür mussten wir später kurz das Schiff verlassen und uns bei den Behörden im Hafenterminal melden.

Wir bekamen Gott sei Dank von allen Departments reichlich Unterstützung. Die Scouts polierten Gläser, die Animation durfte die Mixer und Blender auseinandernehmen und jedes Detail des Innen- und Außenlebens bis hin zu den einzelnen Schrauben säubern, während wir uns auf das gründliche Zerlegen und Reinigen der Bar konzentrierten. Es war kein Ende in Sicht und alles wurde dreifach kontrolliert und mindestens genauso oft geputzt. Brauchte man während eines »normalen« GC ungefähr eine halbe Stunde für die eigene Getränkestation, so hatte man an diesem Abend eine Stunde länger mit dieser zu tun. Das Kühlhaus und die gesamte Pantry wurden so weit ausgeräumt, dass man beiden eine Chlorspülung verabreichen konnte, die man noch am nächsten Tag riechen sollte! Spricht man von üblichen 100 ppm auf fünf Liter Wasser, so waren es heute 1.000 ppm, mindestens!

Es gab keine Ecke am Boden, an den Wänden oder gar an der Decke, die nicht doppelt gesäubert und oder poliert wurde. Zu allem Überfluss wurde ich zudem noch mit einem Kollegen an eine andere Bar beordert, um die Jungs dort tatkräftig zu unterstützen. Diese lagen im Zeitplan reichlich zurück und hatten Hilfe mehr als dringend nötig. Wir beide hatten also nicht nur eine, sondern gleich zwei Bars einer kompletten Endreinigung unterzogen.

Um sieben Uhr früh durften wir beide dann eine Frühstückspause einlegen, sollten uns aber eine halbe Stunde später wieder in der Adia Bar einfinden, um diese zu bewachen. Keiner, aber nun wirklich keiner, sollte, vielmehr durfte, auch nur in die Nähe des auf Hochglanz gebrachten Tresens kommen. Das war auch nötig, weil die Bar der Haupttreffpunkt auf dem Schiff war. Hinzu kam, dass die meisten Gäste daran vorbeigingen, um zum Frühstücken ins Marktrestaurant zu gelangen.

Während wir also im Gastraum auf und ab gingen und draußen bereits ein Schiff der *Coast Guard* auftauchte, machte ich eine vernichtende Entdeckung.

Tageslicht ...
Das war gerade heute Fluch und Segen in einem!

An einer Sitzgruppe entdeckte ich Kaffeeflecken und Spritzer. Ich alarmierte sofort Ben und nach einer kurzen Begutachtung des »Tatortes« schritten wir zur Tat, indem wir mit Wasser, Lappen und Spülmittel bewaffnet den Flecken zu Leibe rückten. Noch beim Putzen sah ich, dass auch eine von den Säulen, die um die Tische und Stühle herum standen, mit Kaffeeflecken beschmutzt war. Leider durfte ich nach dem ersten Wischen feststellen, dass das Gelb, in dem die Säulen gestrichen waren, kein Dunkel- sondern in Wirklichkeit ein Hellgelb war.

Hier auf der Steuerbordseite (rechts) war der Raucherbereich der Bar. Das erklärte alles. Das Nikotin hatte diesen Farbunterschied von hell- nach dunkelgelb verursacht. Ben und ich tauschten kurz einen panischen Blick. Ohne auch nur eine weitere Sekunde zu verlieren, wischten wir alle Säulen mitsamt der Deckenkonstruktion, die ebenfalls eigentlich hellgelb war, ab. Nach einer zwanzig Minuten andauernden, blitzartigen Reinigungsaktion hatten wir sämtliche Kaffeeverunreinigungen beseitigt, und auch das gesamte Nikotin. Erleichtert ließen wir uns in die Sessel fallen. Hätten das die Inspektoren gesehen, hätte das mit Sicherheit Punkteinbußen bedeutet. Wir fühlten uns wie Helden. Es würde uns zwar keiner danken, aber wir waren stolz auf unsere Leistung.

Noch während am Fenster der erste Teil der Pier auftauchte, erschien die eingeteilte Frühschicht und unsere Wachaktion war beendet. Endlich! Ich war tierisch müde, auch Ben konnte sich kaum noch wach halten. Wir begaben uns auf direktem Weg zu unseren Kabinen. Kurz bevor ich vom Highway in mein Treppenhaus abbiegen konnte, welches nach Genova und zu meiner Kabine führte, tauchte plötzlich ein eins neunzig großer, muskelbepackter, schwarz gekleideter Mann am Ende des Highways auf.

Er hatte ein Pistolenhalfter am Bein und hielt ein Sturmgewehr in seinen Händen, welches er vor seiner Brust trug.

»Oh ... mein ... Gott ...!« schoss es mir durch den Kopf. Das war einer der Männer von der *US Coast Guard*. Ehe dieser auch nur auf die Idee kommen konnte, mir irgendwelche sicherheitsrelevanten Fragen zu stellen, denn dazu war dieser durchaus berechtigt, huschte ich das Treppenhaus zu meiner Rechten hinunter und lief zu meiner Kabine. Endlich im Bett schaltete ich den Fernseher ein, froh, dass wir die ganze USPH-Sache bis hierher gut überstanden hatten.

Ich konnte nicht wirklich schlafen, da ständig Durchsagen über die Schiffslautsprecher durch das Zimmer dröhnten. Es war mehr oder weniger eine Art Halbschlaf, in dem ich mich befand. Und richtig einzuschlummern war auch deshalb nicht möglich, weil ich immer noch auf die Durchsage wartete, die die Crew dazu aufrief, sich im Hafenterminal bei den US-Behörden zu melden, die mit der Zählung aller an Bord befindlichen Seelen betraut war.

Gegen Mittag war es dann so weit und ich begab mich mit meinem Pass in eine Lagerhalle direkt neben der Pier, um mich bei den Beamten vorzustellen. Auf die Frage des *US Department of Homeland Security* Mitarbeiters, warum ich denn kein Visum habe, antwortete ich nur barsch, dass ich für diesen kurzen Landgang ja wohl keines bräuchte. Der Blick war fast unbezahlbar, aber ehe er noch was antworten konnte, hatte ich meinen Pass schon wieder an mich genommen und mich zügig auf den Weg Richtung Gangway gemacht.

Unser Dienst begann nach Verlassen des Hafens um achtzehn Uhr. Das Erste, was wir zu erledigen hatten, war die gesamte Lieferung der Bar aus der Provision abzuholen. Da wir den kompletten »stock«, also den Warenbestand, extra für heute auf fast null und somit auf nur das Nötigste reduziert hatten, mussten wir mehr als vier voll bepackte Trollies heraufholen und verräumen. Dann, wir kämpften gerade mit dem dritten Wagen, ertönte eine Durchsage über die internen Lautsprecher: »... haben wir mit 99 Punkten bestanden, wobei der Bereich Hotel 100 Punkte erreicht hat.«

Unfassbar, wir hatten es geschafft! Der einzige Grund, warum wir mit dem Schiff den Hafen nicht mit voller Punktzahl verlassen konnten, war die Wasseraufbereitung gewesen. Diese hatte nicht hundertprozentig nach den USPH-Vorgaben funktioniert. Dafür hatte der Bereich Hotel, (mit Housekeeping, Bar und Gally – *dt. Kombüse/ Küche*) 100 Punkte bekommen und somit ohne Beeinträchtigung bestanden. Es gab, wie uns später mitgeteilt wurde, zwar die eine oder andere Sache, die bemängelt worden war, aber da diese Mängel umgehend behoben worden waren, gab es keinen Punktabzug.

Unglaublich, es war vollbracht. Die Reederei konnte stolz auf uns sein. Allerdings warteten wir nicht auf ein Dankesschreiben, sondern köpften ein paar Flaschen Champagner und feierten.

Mittwoch, 19. November – La Romana

Isla Saona, so hieß das Ziel, welches wir für den heutigen Tag auserkoren hatten. Wir, das waren Ben, Jan und ich von der Bar, Mel vom Showensemble, Thomas vom Foto-Team sowie Katy vom Spa. Wir hatten alles privat übers Internet gebucht, um nicht mit den Paxen zusammen reisen zu müssen. Einmal am Tag, für ein paar Stunden, wollten auch wir einfach mal unter uns sein und uns fühlen, als hätten wir Urlaub. Vor allem wegen der vergangenen stressigen Tage war dies eine willkommene Abwechslung und Belohnung zugleich. Wir fuhren also mit einem Großraumtaxi in Richtung Bucht, wo der Startpunkt lag, um zur Isla Saona zu gelangen.

Die Isla Saona liegt an der Südostspitze der Dominikanischen Republik im *Parque Nacional Del Este* und ist nur wenige Kilometer von der Küste entfernt. Man fuhr für gewöhnlich mit einem Speedboat. Natürlich konnte man sich auch für eine Katamaran-Tour entscheiden, aber so viel Zeit hatten wir nicht. Schon allein die Fahrt an der Küste entlang war unbeschreiblich. Im Wechsel fuhren wir an Traumresorts, dann wieder an einsamen Stränden vorbei und zwischendurch auch an Mangrovenwäldern. Unser Bootsführer hatte uns zwar angeboten, hier und da zum Tauchen oder Schwimmen eine Pause einzulegen, aber wir wollten einfach so schnell wie möglich zur Insel.

Ich dachte eigentlich, dass wir mit einem Speedboat unterwegs waren, so wie unsere Gäste auch, aber nach einer guten halben Stunde mit

Vollgas wurde ich eines Besseren belehrt. Mit ungefähr der vierfachen Geschwindigkeit rauschten die Paxe in den echten Speedboats an uns vorbei und wir ärgerten uns, dass wir zwar mit einem schnellen aber doch nur normalen Motorboot unterwegs waren. Allerdings hielten die Paxe alle zehn Minuten mal hier, mal da an, um schwimmen und schnorcheln zu können. So waren wir zwar nicht die schnellsten, aber letztlich doch noch vor denen am Ziel.

Die ganze Fahrt über wollte man sie eigentlich alle hundert Meter unterbrechen, weil jedes Mal ein noch schönerer Strand auftauchte, es war fast so, als könne man das gar nicht mehr toppen. Als wir aber die letzte Kurve und den finalen Kurs auf unser Ziel nahmen, bot sich uns ein Bild, welches unwirklich erschien.

Hellblaues, türkises Meer, ein schneeweißer Strand und Tausende von Palmen. Es war die reinste »Tapete«. Man hatte den Eindruck in einer Kulisse zu sein, die Hollywood hier errichtet hatte. Man konnte sich beinahe vorstellen, dass der Hintergrund der Palmen eine bemalte Wand war, in die eine Tür eingelassen war, die, wenn man sie öffnete, den Blick auf den Backstagebereich eines Filmsets offenbarte. Ich konnte meinen Mund gar nicht mehr schließen und starrte wie gebannt auf diese Szenerie. Das Erste, was ich machte, als wir das Boot verließen und durch das warme Wasser auf den Strand zuliefen, war die erstbeste Palme anzufassen, um mich zu vergewissern, dass diese auch wirklich echt und nicht aus Pappmaché war. Sie war echt, alles war hier echt! Es war wie in einem wahr gewordenen Traum. Der perfekte Ort. Als wir dann wenig später noch von einem Einheimischen frische Kokosnüsse mit einem guten Schuss Rum für jeweils einen Dollar kauften, waren wir einfach nur zufrieden.

Leider endet jeder Traum im Paradies einmal, auch wenn er Wirklichkeit ist. Nach fünf Stunden Aufenthalt fuhren wir gemächlich mit unserem »Speedboat« zurück Richtung ADIA.

Donnerstag, 20. November – Seetag

Normalerweise hatte ich heute erst am späten Nachmittag Dienstbeginn. Allerdings wurde ich nach nur ein paar Stunden Schlaf aus meinen Träumen gerissen. Mein Supervisor war am Telefon, wir sollten SOFORT in die

Bar kommen. Na super, das war es also gewesen mit dem Schlafen. Ich verfluchte ihn. Die Kollegen der Frühschicht waren doch in der Bar, musste man dann noch die Spätschicht aus dem Bett klingeln? Ich kann es nun wirklich nicht ausstehen, wenn Vorgesetzte in voller Panik alles unnötig mobilisieren. So auch an diesem stürmischen Morgen …

Wir hatten am gestrigen Abend zwar alles sturmsicher gemacht, da die Brücke eine Meldung an alle Bereiche durchgegeben hatte, dass es zu stärkeren Stampf- und Rollbewegungen kommen könne, und so ziemlich die gesamte Bar in Plastikfolie eingewickelt und alles aus den Regalen geräumt. Aber anscheinend war dies nicht genug gewesen. Die Sirupflaschen und ein paar Gläser hatten sich, obwohl sie recht gut in Folie »eingetütet« worden waren, selbstständig gemacht. Der komplette Boden in der Bar war mit Sirup und Scherben übersät. Allerdings war das alles auch nicht so schlimm, wie es unser SV geschildert hatte. Nach einer Stunde war alles aufgeräumt, aufgebaut und die Bar pünktlich für die Gäste geöffnet.

Zurück in meiner Kabine blieb ich vor dem Bullauge stehen. Gerade wenn die See stürmisch war, war es besonders schön hinauszuschauen. Man war sozusagen mittendrin im Meer und doch sicher davor geschützt. Auf Deck zwei, wo ich untergebracht war, lag die Kabine zur Hälfte im Wasser. Die Wasserlinie verlief direkt auf halber Höhe der Kabine, man war also theoretisch mindestens bis zur Hüfte im Wasser. Es hatte etwas von einer Waschmaschine, denn ständig wurde eine Welle ins Bullauge gespült, die einmal kreisförmig am Fenster vorbeirauschte. Selbst die Geräusche waren ähnlich, wenn doch um einiges wilder und intensiver. Ich liebte es, dem Meer so nah zu sein, besonders wenn es sich mal wieder von seiner raueren Seite zeigte.

Am Abend hatte sich das Wetter noch nicht wirklich beruhigt und dementsprechend leer war es auf dem Schiff. Die meisten Gäste hatten sich auf die Kabinen zurückgezogen und ließen sich wohl das Abendbrot noch einmal durch den Kopf gehen, man könnte auch sagen, sie »wuschen« sich das Gesicht. Besonders ulkig ist ja, dass, sobald auch nur die kleinsten Rollbewegungen auszumachen sind, das Housekeeping in allen Treppenhäusern Kotztüten verteilt. Es hängen dann wirklich jeden Meter links und rechts im Geländer diese weißen, schlichten und wenig ansehnlichen Tüten. Gut, besser die Tüten hängen und liegen da rum als Erbrochenes.

Nach einem frühen Feierabend, da die Bar ab Mitternacht total verlassen war, beschloss ich eine Runde übers Pooldeck zu laufen, um ein wenig raue, salzige Abendluft zu schnuppern. Da unsere Bibliothek auch auf dem Oberdeck lag, kam ich automatisch an dieser vorbei und bemerkte dass sich eine Wandverkleidung, wohl durch die Schiffsbewegungen, aus der Halterung gelöst hatte. Also beschloss ich diese wieder zu befestigen. Das war nicht weiter schwer, da diese einfach nur gesteckt werden musste und auch sofort wieder einrastete. Beim Verlassen der Bücherei lief mir eine leicht grün angelaufene Person über den Weg. Die Frau beklagte sich bei mir über das Wetter, als ob ich das abstellen könnte, und fragte mich aufgrund meiner offensichtlich guten körperlichen Verfassung, warum ich denn nicht seekrank würde. Ob es da ein Geheimnis gäbe. Ich antwortete ihr: »Ich habe keine Zeit dafür, ich muss ja arbeiten.« Damit ließ ich die Frau mit leicht verdutzt fragendem Blick stehen und setzte meinen Spaziergang übers Deck fort.

Freitag, 21. November – Ocho Rios

Ocho Rios ist auf den ersten Blick ein wirklich kleines beschauliches Städtchen, um nicht Dorf zu sagen. Unser Ziel war der Strand, der direkt an der Bucht lag, wo auch unser Schiff festgemacht hatte. Der Weg dahin war länger als erwartet, da man erst das Hafengelände verlassen musste. Nur um dann auf einer Parallelstraße wieder zum Ufer zu gelangen. Aber die Mühe lohnte sich. Der Strand war nahezu menschenleer und auch Paxe sah man keine. Das Einzige, was man sah, waren Sand, Palmen, das Schiff in einem »sicheren« Abstand und vor allem eine kleine süße, leicht alt wirkende Beach-Bar.

Dort ließen wir uns nieder und bestellten Coladas. Es waren mehr Frozen Drinks und keine Coladas wie wir sie kannten, der Geschmack dafür war aber einfach genial. Es war absehbar, dass wir wohl mit einem leichten Schwips zurück zum Dienst kommen würden, da es auf keinen Fall bei nur einem Cocktail bleiben sollte.

Die Inhaberin wurde von uns »Big Mama« getauft. Sie war eine grandiose und liebvolle Gastgeberin. Sie erzählte uns, dass sie sogar schon einmal eine Zeit lang in Deutschland gewesen sei, und sah aus, wie der

Name schon sagte, wie die »Big Mama« in dem gleichnamigen Film. Mittlere Größe, recht rund und eine ziemlich dunkle Hautfarbe. Sie trug einen schlichten lila Wickelrock und ein eng anliegendes dunkles T-Shirt. Ihr Haar, zu Rastern geflochten, hatte sie zum Teil unter eine bunte Mütze gesteckt. Man musste sie einfach mögen, sie war auf jeden Fall ein Unikat. Dazu kam noch ihre typische jamaikanische Lebenseinstellung, die alles zulässt, nur keinen Stress.

Dritter Teil

Das Glück besteht nicht darin,
dass du tun kannst, was du willst,
sondern darin, dass du auch immer willst,
was du tust.

Leo Tolstoj

Samstag, 22. November – Montego Bay
Endlich.. wir sind angekommen!

Montego Bay auf Jamaika, unser neuer Basishafen für unsere zwei Routen, die uns nach Mittelamerika und durch die Karibik führen sollten. Die Bucht, in der wir lagen, war malerisch. Mangroven, Palmen, türkises Wasser und in der Ferne sah man Berge. Dazu eine leichte Brise. Also, was fängt man(n) mit seiner freien Zeit an, wenn man(n) erst am Nachmittag wieder zur Arbeit erscheinen muss? Die Tasche packen, ein Taxi rufen und zum Beach fahren …

Doctor's Cave Beach Club hieß das Ziel. Ein Strand, bei dem man Eintritt bezahlen musste. Allerdings bekam die Crew einen Rabatt und auch mit den Taxifahrern ließ es sich über bessere Fahrpreise verhandeln. Schließlich kamen wir jetzt jede Woche, und dieser Ort sollte unser zweites Crew Deck werden. Ein wunderschöner, überschaubarer Strand. Palmen, eine Bar und sogar ein Restaurant, es war super. Selbstverständlich feierten wir die Ankunft und das Ende der Transatlantikreise, standesgemäß könnte man sagen, mit Red Stripe Jamaican Lager. Aber das war nicht der einzige Grund um anzustoßen. Ich hatte vor einer Woche Bergfest gehabt. Jetzt lagen noch knapp drei Monate mit Sonne, Sand, Palmen vor mir. Ja gut, arbeiten musste ich auch noch, aber das versuchte ich zu verdrängen.

Zwischendurch war ich auch schon ziemlich an meine Grenzen gestoßen, und die ersten drei Monate kamen mir zwischendurch schon wie sechs vor, wenn nicht noch länger. Die Arbeit ging mir nicht immer leicht von der Hand. Der Tag hatte mindestens zehn Stunden, das waren schon 70 in der Woche und aufgrund von Nebenjobs kam man meist auf ungefähr 300 Stunden im Monat. Das war eine ganze Menge. Da kann man schon mal behaupten, dass man nach einem halben Jahr, zumindest nach Stunden gerechnet, auf nahezu ein ganzes Arbeitsjahr kommt. Und das, wie ich glaube schon mal erwähnt zu haben, ohne einen Tag frei zu haben. Hier arbeitete man sieben Tage die Woche. Außerdem wollte ich endlich aus der Adia Bar raus und in eine andere Bar wechseln. Es war ja alles schön, vor allem die Kollegen waren super, hatten sie sich doch meiner angenommen und mir sehr viel über den Job als Barkeeper beigebracht. Dennoch wollte und brauchte ich einen Tapetenwechsel. Sechs

Monate an nur einer Bar zu arbeiten kam nicht in Frage und ich hoffte die Bar wechseln zu können, bevor mein Vertrag endete. Wenn man mich fragen sollte, an welche Bar ich stattdessen wollte, würde ich die Pool Bar angeben.

Vermutlich lag es daran, dass das Team nur aus drei Leuten bestand. Dem Supervisor, einem Keeper und einem Utility, der aber auch mehr als Barkeeper eingesetzt wurde. Man bekam die Jungs nur selten zu Gesicht und lernte sie als Neuaufsteiger meistens erst nach Wochen kennen. Deswegen waren die Jungs da oben irgendwie was Besonderes. Die Arbeitszeiten waren ein wenig besser, aber das Beste war, dass die Pool Bar in der Regel, wenn keine Poolparty stattfand, ab neunzehn Uhr geschlossen hatte. Das hieß, dass man schon eher mit dem GC anfangen konnte und somit meist noch vor Mitternacht fertig war und früh in die Disco gehen durfte. Um auf seine Stunden zu kommen, musste man an Abenden, an denen keine PP oder ein GC war, noch in einer anderen Bar seinen Dienst verrichten, aber auch nur bis maximal ein Uhr. Falls ich also an die Pool Bar kommen sollte, würde ich abends laut Dienstplan an der Ocean Bar arbeiten. Die gemütlichste und schönste Bar auf dem Schiff, direkt am Heck. Ein wesentlicher Punkt war natürlich auch das Trinkgeld, welches, wie man sich erzählte, aufgrund von erheblich weniger Kollegen höher ausfiel. Denn jede Bar teilte das Trinkgeld, die »Tips« unter sich auf. An der Pool Bar bekam man demnach schon mehr Tips, weil man ja nur zu dritt den Laden schmiss. Dazu kam zusätzlich noch etwas Trinkgeld von der Bar, an der man am Abend fest eingeteilt war. Und die Ocean Bar machte immer reichlich Trinkgeld.

Übrigens, wussten Sie es schon?

TIP = Tipping but

Tipping is not a town in China!

Darüber sollte manch einer mal nachdenken …

Montag, 24. November – Cozumel

24 Stunden

9:30 Uhr

Nach einem kurzen Kampf mit dem Wecker, entschließe ich mich doch aufzustehen. Es ist wirklich erstaunlich, aber ich komme nach nur vier Stunden Schlaf besser aus der Koje als nun nach fast acht! Ich rolle mich also aus dem Kasten, stolpere nach drei Schritten ins Bad und nehme eine kalte Dusche.

9:45 Uhr

Bevor ich mich auf den Weg in die Crewmesse mache, schnappe ich mir meine Wäsche und gehe auf Deck eins in den Waschsalon. Zum Glück sind die meisten Maschinen frei und ich kann gleich zwei Ladungen Wäsche anstellen.

9:50 Uhr

Zum Glück findet man auch wenn man länger schläft immer noch etwas zum Frühstücken. Ich nehme mir ein »Philli Brötchen«, das sind kleine, weiche, süße Hefebrötchen, und finde zu meiner Freude auch noch zwei Rosinenbrötchen. Zusammen mit Butter und Marmelade kann man damit durchaus was anfangen. Kaffee gibt es rund um die Uhr aus der Maschine und somit habe ich alles zusammen. Obwohl der Kaffee aus der Messe nicht den besten Ruf genießt, erfüllt er seinen Zweck, und zwar wach zu machen.

10:30 Uhr

Das Standardwaschprogramm, braucht nur knapp 40 Minuten und schon wandert alles in die über den Waschmaschinen befestigten Trockner. 30 Minuten, dann ist alles trocken.

10:35 Uhr

Zurück auf der »Kabinski«. Ich räume schnell das Nötigste auf. Für heute sind Cabin Checks angekündigt und da sollte möglichst alles ordentlich erscheinen. Sie werden meistens von vier Schiffsoffizieren durchgeführt. Dem Crew Purser, einer Krankenschwester, einem Sicherheitsoffizier und manchmal ist auch der Barmanager oder jemand anderes dabei. Wenn der erste Blick ins Zimmer zufriedenstellend ist, wird meist nicht genauer nachgeschaut. Obwohl unsere Offiziere schon recht gründlich sind und sich häufig nicht durch den ersten Eindruck abwimmeln lassen.

Was hat man nicht schon an Verbotenen gefunden:

Essen, Wasserkocher, Bügeleisen, Campingkocher, Geschirr, allerhand Besteck, volle Aschenbecher, Haufen von dreckiger, stinkender Wäsche, Diebesgut, nicht angemeldete Spirituosen (das ist wichtig für die Deklaration beim Zoll) und vieles mehr. Das alles hat zur Folge, dass man auf die Brücke zitiert wird und eine Penalty (Geldstrafe) bezahlen muss. In besonders extremen Fällen bekommt man auch eine Abmahnung und einen ordentlichen Einlauf vom Captain persönlich.

Allerdings brauche ich nicht alles perfekt sauber zu machen, schließlich kommt einmal in der Woche das Housekeeping und macht die Kabinen sauber. Wenn man dann auch keine Lust hat sein Bett neu zu beziehen, legt man dem Housekeeper einfach zwei Euro auf das Kopfkissen und dann erledigt dieser das für einen. Legte man 5 €, 10 €, 20 € oder noch mehr für den Kollegen auf das Bett, wird sogar schon mal die Wäsche gewaschen und gebügelt, aufgeräumt, Schuhe geputzt und richtig ordentlich sauber gemacht. Da fehlt nur noch der neue Anstrich … Nun ja, wollen wir mal nicht übertreiben. Aber auch beim Klopapier kann man sich somit über mindestens drei Rollen freuen. Nicht zu vergessen, dass man wenigstens drei Handtücher bekommt, davon zwei große.

Wenn man allerdings nichts hinterlässt, ist es ein wenig wie im Knast. Dann findet man nur sein abgezogenes Bett vor, auf dem ein kleines und ein großes Handtuch mitsamt der Bettwäsche liegen. Obendrauf eine Rolle Toilettenpapier. Es hat also jeder etwas von diesem Trinkgeld.

11:00 Uhr

Der Trockner ist fertig. Schnell alles zusammenlegen und die Uniform sowie ein paar Hemden bügeln und wieder zurück auf die Kabine. Natürlich könnte ich die Uniform auch in der Wäscherei abgeben und reinigen lassen, allerdings dauert das mindestens 24 Stunden und nicht immer kann man so lange auf seine Uniform warten.

11:25 Uhr

Mittagessen. Um elf ist Rushhour in der Crewmesse und die klingt erst nach halb eins wieder ab. Allerdings will ich auf das heutige Steak, welches auf dem Speiseplan steht, nicht verzichten und zudem will ich noch vor zwölf an Land.

11:50 Uhr

Ich packe schnell meine Tasche für den Strand. Sonnencreme, Handtuch und ein paar Dollar, das ist die Standardausrüstung.

11:55 Uhr

Fünf Minuten später bin ich auch schon runter vom »Kutter« und sitze im nächsten Taxi zum Beach. Die nächsten dreieinhalb Stunden besteht das Leben aus Biertrinken, Relaxen, Sonnen und Schwimmen. Dann, nachdem es mir so vorkommt, als hätte ich einen ganzen Tag frei gehabt, geht es bestens gelaunt und wieder ein bissel mehr gebräunt zurück auf den »Frachter«.

15:35 Uhr

Nach einer Dusche, um den ganzen Sand und die Sonnencreme abzuspülen, schlüpfe ich in eine der zahlreichen Abenduniformen

15:50 Uhr

Treffen mit den Kollegen auf Deck acht, in der *Designated Smoking Area* im vorderen Treppenhaus, auf eine schnelle Zigarette vor dem Dienstantritt. *Designated Smoking Areas* sind Bereiche auf dem Schiff, in denen das Rauchen für die Crew erlaubt ist.

15:59 Uhr

Ich liebe den Geruch, der mir jeden Tag, wenn ich unsere Pantry betrete, in die Nase steigt. Es ist der Geruch von frisch gepressten Limetten und anderen Citrusfrüchten, gepaart mit einem kleinen Hauch von Chlor, aber das ist mehr eine Fußnote. Dieser »Duft« ist ein fester Bestandteil meines Alltags, er gibt mir ein geborgenes, vertrautes Gefühl. Nach einem ersten Espresso, der mittlerweile ebenfalls ein fester Bestandteil meines Arbeitsablaufs geworden ist, mache ich mich als Zweites daran, meine Station für den anstehenden Abend vorzubereiten.

Das Eis, welches wir für die Zubereitung der Getränke brauchen, wird in die Wannen, die exakt in der Mitte der Station eingelassen sind, gefüllt. Dann braucht es noch Obst, welches zum Großteil als Garnitur verwendet wird. Dieses ist bereits in der Frühschicht von unserem Utility geschnitten worden. In kleinen Plastikbehältern haben wir so Orangen, Zitronen, Limetten (in Scheiben, geviertelt und in Keilform geschnitten), Cocktailkirschen und frische Minze immer griffbereit. Wenn dann sämtliche Utensilien wie Shaker, Eisschaufel, Obstzangen, Rührlöffel und -gläser, Barsieb (Strainer), ein Barstößel, Barmatten und der Bar Caddy (in diesem befinden sich Servietten, Cocktailrührer aus Plastik und Trinkhalme (lange für große Cocktails und kurze für z. B. Caipirinha und Longdrinks)) an ihrem Platz sind, fehlt nur noch das Speedrack, in dem jeweils zehn Flaschen unserer Standardspirituosen stehen. Dazu zählen unter anderem: Wodka, brauner und weißer Rum, Tequila, Gin, Triple Sec, Campari, Bourbon, Baileys, Blue Curacao und noch eine Flasche Zitronensaft. Anschließend werden alle anderen bereits geöffneten Stationen auf deren Vollständigkeit überprüft. Die Kühlschränke werden aufgefüllt, und dann ist es auch schon wieder Zeit für das Dinner.

18:00 Uhr

Halbe Stunde Pause. Das Abendessen ist allerdings nicht gerade ein Gaumenschmaus und somit begnüge ich mich mit belegten Broten und Salat. Es gibt da so eine verlässliche Regel an Bord. Wenn das Mittagsessen klasse war, kann man das Abendbrot meist vergessen. Andersherum ist es allerdings auch möglich. Unterm Strich gibt es also zumindest einmal am Tag in der Messe, mal abgesehen vom Frühstück, was Vernünftiges zu beißen.

18:30 Uhr

Nach einer gemütlichen Zigarette geht's zurück an die Bar, um dort nach einem Espresso wieder den Gastgeber für unsere Gäste zu spielen.

19:00 Uhr

Ich bereite alles für meine kleine Bar vor dem Markrestaurant vor. Ich schnappe mir die verschiedenen Flaschen mit Bitter, Anis, Likör, Grappa, Whiskey und Cognac. Alles da, und auf geht's mit dem *Kroko* im Gepäck Richtung »Markt«.

19:30 Uhr

Ich bin bereit und die ersten Gäste lassen nicht lange auf sich warten. Schnell wird ausgemacht, um wie viele Getränke gespielt wird. Dann geht es los. Der Gast darf anfangen und drückt den ersten Zahn

… *ZACK.*

Volltreffer, gleich der erste Zahn war der *defekte*. Und schon habe ich den ersten Jägermeister intus.

21:45 Uhr

Leicht angeheitert packe ich alles zusammen und mache mich mit Ben, der mir beim Abräumen geholfen hat, nach, naja sagen wir mal zwei Sambuca auf Eis gemütlich auf den Weg zurück in die Bar.

22:00 Uhr

Zigarettenpause

22:08 Uhr

Die letzten Vorbereitungen an meiner Station. Das Mise en Place ist wichtig, damit ich sicher sein kann, dass alles aufgefüllt und bereit ist für den Ansturm der Gäste, die gleich nach der Show aus dem Theater kommen werden.

22:35 Uhr

Die Gäste kommen ... Nach fünf Minuten ist die Bar umringt mit Gästen. Ich nehme drei, vier, nein fünf Bestellungen gleichzeitig an. Keiner muss länger als fünf Minuten auf seine Bestellung warten und ich helfe sogar meinem Kollegen an der rechten Station ein wenig aus.

Wenn es so richtig voll ist, und man nur noch Menschen sieht, wenn man sich in der Bar einmal umschaut, dann macht es am meisten Spaß. Dann kann man sagen, wie gut man ist. Und die zufriedenen Gesichter der Gäste geben einem Recht und befriedigen das Gastgeberherz.

0:30 Uhr

Die Bar leert sich immer mehr. Die Top-40 Band versucht zwar noch mit schwungvollen Liedern die restlichen Gäste zum Tanzen zu motivieren, allerdings sind die Gäste, wie es scheint, bis auf wenige Ausnahmen, zu müde.

Wir fangen an, die meisten Stationen zu schließen. Schnell packen wir die Säfte und Früchte auf kleine Trollies und schaffen es in die Pantry, wo unser Utility alles anständig verräumt. Das Eis in den Stationen wird mit heißem Wasser ausgewaschen und zum Schluss wird alles einschließlich der Flaschen mit Chlorwasser abgewischt und somit gereinigt und desinfiziert.

1:50 Uhr

Feierabend. Schnell noch eine Zigarette und dann schleunigst auf die Kabine, umziehen. Die *Anytime* wartet.

2:10 Uhr

Anytime Bar – DISCO …

5:10 Uhr

Das Licht geht an und wir torkeln (nur leicht) in Richtung Aufzüge, um nach einer tollen Nacht für ein paar Stunden noch ins Bett zu kommen.

Dienstag, 25. November – Belize

Wer oder was ist eigentlich Belize? Also …

Belize ist ein kleines Land an der Karibikküste von Mittelamerika und grenzt an Mexiko und Guatemala. Vor der Unabhängigkeit im Jahre 1981 hieß das Land British Honduras. Ein Großteil der Fläche ist mit Urwald bedeckt. Vor der Küste erstreckt sich auf einer Länge von knapp 300 Kilometern das zweitgrößte Korallenriff der Welt. Diese herrliche Unterwasserwelt steht unter Naturschutz. In Belize hat der Umweltschutz ohnehin einen hohen Stellenwert. Ein Fünftel des Landes sind Nationalparks.

Zugegeben, Tauchern mag dieser Teil der Weltkugel dank eines der größten Riffe der Welt wohl bekannt sein, denn das kristallklare Wasser macht Schnorcheln und Tauchen hier zu einem Genuss. Aber ich konnte diesen Landstrich nicht einordnen. Ich kannte Costa Rica, Mexico, Honduras und Panama, aber ehrlich gesagt, von Belize mit der gleichnamigen Hauptstadt hatte ich noch nie etwas gewusst oder gar gehört.

Die ganze Stadt erwies sich als genauso schön wie unscheinbar. Viele Bauten erinnern zwar an die Kolonialzeit und sind wirklich sehenswert, allerdings waren dies auch schon die Höhepunkte. Dies war wohl auch einer der Gründe, welcher uns nach der kleinen Sightseeing-Tour durch die beschauliche Stadt schließlich veranlasste, am Hafen in einem Restaurant mit Bar einzukehren, um den ganzen Trubel im Hafen bei ein paar Getränken zu beobachten.

Belize …

Ohne Worte, schaut es euch besser selbst einmal an.

Am heutigen Abend hatte ich bereits wieder ein paar süße Mädels kennengelernt. Natürlich an meiner kleinen Bar (wie meistens), vor dem Marktrestaurant. Ich legte meine Pausen für das Dinner für gewöhnlich immer so, dass ich pünktlich zum Aufbau der Digestifs wieder im Dienst war, damit kein anderer Kollege mir meinen Posten streitig machen konnte. An Tagen, an denen ich mich leicht verspätete und jemand anderes bereits mit der Aufgabe betraut worden war, konnte es schon mal zu einer Auseinandersetzung mit meinem Bar Supervisor kommen. Schließlich war der Stand vor dem Markt *meine* Bar und ich ließ mich nicht gern ersetzen. Meistens gewann ich diese Gott sei Dank sehr selten vorkommende Diskussion.

Vielleicht waren die ganzen Mädels auch der Grund, warum ich so gern den Digestifstand machte. Schließlich lernte ich jede Woche jemanden dort kennen. Jede Woche war irgendetwas noch besser. Da glaubte ich doch immer wieder eine perfekte Bekanntschaft gemacht zu haben, die man nicht toppen konnte. Doch jede Woche wurde ich eines Besseren belehrt. Irgendetwas war immer besser als an dem Mädchen, welches ich noch für so unglaublich perfekt hielt. Neue Woche neues Glück. Es kam einem Börsenkurs gleich, der immer weiter nach oben stieg. Jedes Mal, wenn man glaubte, das wäre die Spitze, ging es weiter nach oben. Eine wirklich unglaubliche Zeit.

Diese Woche hatte ich Laura mit ihren Freundinnen getroffen. Es schien, als ob ich bei Laura das erste Mal meinen Grundsatz über Bord werfen würde. Es war mehr oder weniger ein Leitspruch, dem fast jeder an Bord zu folgen versuchte. Mal mit mehr, mal mit weniger Erfolg. Dieser Leitspruch besagte, dass man niemals zu früh mit einer Frau etwas anfangen sollte. Das hieß im Klartext, bei einer einwöchigen Reise, die immer am Samstag endete, sollte man frühestens am Mittwoch mit der Frau in die Kiste steigen. Spätestens allerdings in der letzten Nacht, die diese Person an Bord war, dem Farewell-Abend. Wenn man zu früh mit der Frau schlief bestand die Gefahr, dass man im schlimmsten Fall für den Rest der Woche eine Klette am Bein und nur noch wenig Chancen bei anderen Mädels hatte. Natürlich gab es Ausnahmen von dieser Regel und Laura war eine. Sie war jemand, der gerne zu einer Klette werden durfte. Auf jeden Fall eine Augenweide, und sie hatte zwei Wochen gebucht. Wenn ich es also richtig anging, hatte ich meine Bekanntschaft für die nächsten zwölf Tage sicher.

Mittwoch, 26. November – Puerto Cortés

Honduras bietet, wenn man nicht gerade einen Ausflug zu den Mayahinterlassenschaften – den Ruinen – in Erwägung gezogen hat, generell keinen sehenswerten Höhepunkt. Die Armut ist wie in keinem anderen Land auf dieser Route dem Hafen regelrecht aufgedrückt. Leider ist dies nicht nur ein erster Eindruck, den man eventuell fälschlicherweise bekommt. Honduras ist nach Haiti eines der ärmsten Länder Mittelamerikas. Auch die Kriminalität ist ein größeres Problem. Das wurde besonders anschaulich, als wir uns durch die Hafenstadt bewegten.

Vor dem Starbucks, der gleich ein paar hundert Meter neben dem Hafen lag, stand ein bewaffneter Polizist, den man wohl eher vor einem Banktresor randvoll gefüllt mit Gold oder vor irgendeinem Regierungsgebäude vermutet hätte. 1,85 m groß, eine Uniform wie die eines US-Polizisten. Am Gürtel trug er eine Pistole und Pfefferspray. Außerdem mehrere Magazine mit Ersatzmunition. Über seiner Schulter hing ein MG und in seinen Händen hielt er eine Pumpgun. Man kann wohl sagen, dass dies einer der bestbewachten Starbucks auf der ganzen Welt war. Es gab einem das Gefühl von Sicherheit. Allerdings schwand dieses Gefühl bei dem Gedanken – *Wenn man einen Coffee Shop so schützen musste, war man dann wirklich sicher?!*

Auf dem Rückweg entdeckten wir dann etwas Unglaubliches. Etwas, das wohl nur hier in der Karibik möglich war. In einer Seitengasse stand ein »Opa« mitten auf der Straße. Er war augenscheinlich schon sehr alt. Seine Rasterzöpfe reichten bis zur Mitte seines Rückens und waren mehr grau als schwarz und auch seine Haut schien einen grauen Schimmer gepaart mit dunkelbraun zu haben. Er schwankte leicht und seine beiden Arme hingen wie leblos an ihm herunter. In seiner linken Hand allerdings hielt er den längsten und dicksten Joint, den ich jemals gesehen habe. Dieser muss geschätzte gute zwanzig Zentimeter in der Länge gehabt haben und einen Durchmesser von bestimmt vier Zentimetern. Dieser Opi war genauso »breit« wie alt. Ich glaube, selbst Bob Marley wäre bei diesem Anblick baff gewesen.

Freitag, 28. November – George Town

George Town – ein Traum in Weiß.

Gegen Mittag machte ich mich mit meinen Kollegen Alex, Jens und einem Großteil des Show-Ensembles auf, um die Insel zu erkunden. Da es keinen Hafen gab, der groß genug für Kreuzfahrtschiffe war, wurden unsere Tenderboote zu Wasser gelassen und eingesetzt. Mit diesen gelangten wir auf das ersehnte Festland oder besser gesagt die Insel der Steuerträume. Heute gilt die Hauptstadt George Town als fünftgrößter Finanzplatz der Welt. Die meisten international tätigen Banken, auch die größten deutschen, sind hier mit Filialen präsent. Begünstigt wird dieser Wirtschaftszweig durch vorteilhafte Rahmenbedingungen wie die hier herrschende Steuerfreiheit. Die Cayman Islands gelten als Steueroase, man könnte sie auch die US-amerikanische Schweiz nennen.

Der Strand war unglaublich. Es herrschte eine Lufttemperatur von 30 Grad Celsius und eine Wassertemperatur von 31 Grad Celsius. Zum Abkühlen brauchte man demnach nicht ins Meer. Der Sand war so weich, dass man das Gefühl hatte über Seide zu laufen, dazu kam noch das warme Wasser, welches einem sanft die Füße umspülte. Es war unbeschreiblich. An einer Strandbar wurde uns aber klar, dass diese Insel nicht zu den billigen Reisezielen gehört. Pro Bier waren satte zehn Cayman Dollar (KYD) fällig, das entspricht je nach Börsenkurs ungefähr sechs Euro. Das Essen, welches wir bei Kentucky Fried Chicken bestellten, war dafür relativ preiswert. Es gab auch kleine gemütliche Restaurants direkt am Hafen, mit einem grandiosen Ausblick über die Bucht und die auf Reede liegenden Schiffe. Allerdings zahlte man dort für einen zwar recht guten, aber nicht billigen Hamburger mit Beilage saftige 25 KYD, also fast 22 EUR. Getränke kamen da noch mal extra.

Samstag, 29. November – Montego Bay

Was macht man, wenn man die Umgebung um seinen Basishafen mit wenig Zeit erkunden will? – Man nimmt ein Taxi und bezahlt den Fahrer mit einem guten Trinkgeld. Unser Fahrer war ein lustiger und vergnügter Geselle mit braunen Rasterzöpfen. Wir teilten ihm lediglich mit, dass wir eine kleine Rundfahrt machen wollten und dafür ungefähr zwei Stunden einplanen könnten. Wie meistens in der Karibik war die Antwort: »Yo man, No prob!« Was so viel wie kein Problem heißt.

Die Fahrt startete am Hafen, vorbei an kleinen Siedlungen immer Richtung Airport. Der Flughafen lag direkt am Meer. Man konnte vom Schiff aus wunderbar die landenden Flugzeuge beobachten. Von dort aus führte eine Straße vom Fuße eines kleinen Berges bis nach oben. An einer kleinen Bar hielten wir und genossen einen traumhaften Ausblick auf den Airport, die Bucht und einen Teil von Montego Bay. Eigentlich hatten wir als nächstes Ziel die Stadt gewählt. Aber unser Fahrer mahnte uns, nicht allein und zu Fuß durch Montego Bay zu laufen. Es sei für Weiße zu gefährlich. Deswegen bot er an, mit uns durch die meisten Straßen und Gassen zu fahren. Es war die richtige Entscheidung. Ab und zu sollte man einem Taxifahrer trauen. Schon allein die Blicke, die man uns zuwarf, während wir langsam so dahinfuhren, waren nicht immer freundlich und wenn, dann waren diese mit reichlich Skepsis vermischt. Ich für meinen Teil war froh im Auto zu sitzen, in einer sicheren Zone, zumal wir die Türen verschlossen hatten. So konnten wir ohne Gefahr Downtown Montego Bay und auch andere Teile der City besuchen. In den Vororten war es dann auch wieder möglich unbehelligt spazieren zu gehen und wir sahen uns noch einen Markt an. Auf diesem bekam man alles, was irgendwie mit dem Wort Souvenir in Verbindung gebracht werden konnte. T-Shirts, Handtücher, Magnete, Sonnenbrillen, Rum und wirklich tausende unterschiedlichster »Staubfänger«. Ketten, Anhänger, Muscheln, Karten, Briefmarken und Getränke. Natürlich alles in den hellsten und grellsten Farben, die man sich denken kann. Hauptsache bunt war das vorherrschende Motto. Eins muss man an dieser Stelle aber auch anmerken. Zu 95 Prozent sind die Souvenirs auf allen karibischen Inseln gleich, der einzige Unterschied besteht darin, dass sich der Name ändert und der jeweiligen Insel entspricht.

Ich vermute mal, dass es nur einen Hersteller gibt, und der produziert für die gesamte Karibik. Die restlichen fünf Prozent sind dann inseltypische Produkte, als da wären: Rum Cake, einfacher Rum oder Ähnliches. Halt was die Insel gerade ausmacht.

Sonntag, 30. November – auf See

Ich war in den vergangenen Tagen ein klein wenig verwirrt gewesen und hatte einen Konflikt mit meinem Herzen geführt, hatte mich nun aber dann doch, ganz für Laura entscheiden.

Warum? Nun, ich hatte insgeheim gehofft, dass aus mir und Jasi doch noch etwas mehr werden würde. Allerdings musste ich leider feststellen, dass dem nicht so war. Sie war mittlerweile mehr oder weniger mit Ben zusammen und ich musste mich mit dem Titel »Guter Freund« zufrieden geben. Vermutlich war dies aber auch das Beste. Das sagte mir mein Bauchgefühl, obwohl ich bis heute nicht ganz davon überzeugt bin.

Wie auch immer, die Sache mit Jasi war eine Sackgasse und gerade deshalb ließ ich Laura nun meine volle Aufmerksamkeit zukommen. Da hieß es nun Nägel mit Köpfen machen. Ich hatte beschlossen, da ich aufgrund meiner Frühschicht nachmittags frei hatte, mich mit ihr zu treffen. So kam es, dass wir so ziemlich den ganzen Nachmittag im Außenbereich der Anytime verbrachten, um uns besser kennenzulernen.

Manchmal bereut man schon, dass gewisse Personen nur ein oder zwei Wochen an Bord verweilen. Manchmal denkt oder spürt man, dass, wenn man sich an Land kennengelernt hätte, vermutlich auch mehr als nur eine Affäre daraus geworden wäre. Gerade in den ersten Wochen an Bord musste ich diesbezüglich einiges an Lehrgeld bezahlen. Das Beste ist, wenn man sich keine Gedanken macht und einfach den Augenblick genießt, beziehungsweise die Woche, und danach wird das Kapitel abgehakt.

Ich war am Anfang voller Euphorie gewesen, den Kontakt zur Person X zu halten. In ein paar Monaten würde man sich wiedersehen. Schon damals hatte unser Security Officer zu mir gesagt, ich solle mich nicht verrückt machen. In spätestens vier Wochen würde die ganze Sache im Sand verlaufen. Ich wollte ihm nicht glauben, allerdings, was weiß ein Greenhorn wie ich schon. Die Erfahrung von etlichen Jahren an Bord, die er zweifellos hatte, sollte Recht behalten. In der Regel, so erwies es sich in 99 Prozent aller Fälle, hörte der Kontakt nach drei bis vier Wochen auf. Zum einen weil es einfach keinen Sinn hatte. Wer wollte schon auf einen Seemann warten? Zum anderen hatte man die Bekanntschaften auch schnell durch andere ersetzt. Die Zeit war kostbar, also warum sollte man diese verschwenden und nur wegen irgendeiner Frau, die irgendwo vielleicht auf einen wartete oder auch nicht, in Keuschheit verfallen? Gerade auf einem Clubschiff war das gar nicht möglich. *Ich meine, wer macht schon, wenn er im Schlaraffenland lebt, eine Diät? Oder wer bringt Sand mit zum Strand?*

Wir waren alle hier um Spaß zu haben und viele der Frauen waren auch nur auf das Eine aus. Besonders Offiziere hatten da gute Karten. Gerade diese waren eine begehrte Urlaubsbeute von Singlefrauen. Zugeben, sie waren nicht immer Singles, aber darum ging es ja auch nicht. Man wird überrascht sein, dass ein paar nur aus diesem Grund überhaupt einen Urlaub gebucht hatten. Aber gleich an zweiter Stelle kamen die Barkeeper und die Biker. Gott, man hätte auch viele von uns als Schlampen bezeichnen können, aber was soll's. Schön war's!

Dienstag, 2. Dezember – Colón

Laura … Ja, den ganzen Tag drehten sich meine Gedanken um diese Frau. Ich war seit unserem letzten Treffen wie auf einem anderen Stern. Nein, ich war nicht verliebt, hatte mich auch nicht in sie »verguckt«, es war einfach ein Gefühl, das man mit all dem verwechseln konnte. Es war ein Kribbeln in mir, es war ein Verlangen, diese Frau zu bekommen, wie ich es auch schon bei anderen hatte, aber es war trotzdem anders. Tiefer, stärker …

Wir trafen uns auf Deck drei, und nach einer langen, festen Umarmung küssten wir uns sehr lange und intensiv. Der Kopf war frei, Raum und Zeit verschwammen zu einem Brei der Gleichgültigkeit. Da die unterste Ebene aber nicht der ruhigste und geeignete Platz war, um intim zu werden, zogen wir übers Schiff, um uns schließlich oben auf dem Sonnendeck niederzulassen. Es war zugegeben eine raue Nacht hier draußen. Wie immer auf dieser Route von Costa Rica über Panama nach Kolumbien war es regnerisch und stürmisch. Allerdings, und das machte es nicht ganz so ungemütlich, war es auch nachts noch warm.

Wir suchten und fanden einen recht windgeschützten Bereich und legten uns auf eine Sonnenliege. Der Wind fegte über uns über das Pooldeck hinweg, und in der Schiffsbeleuchtung sah man die Gischt zusammen mit dem Regen tanzen. Unsere Leiber waren zu einem Knäuel verschlungen und wir erkundeten gegenseitig unsere Körper. Ihre Haut war zart und die Küsse waren weich und schmeckten süß. Ihr warmer Atem auf meinem Nacken ließ mich völlig aus dieser Welt gleiten und mein Verlangen wuchs mit jeder ihrer Berührungen. Die See wurde rauer und es war sicher, dass uns hier draußen niemand über den Weg laufen oder gar überraschen würde. Ich zog sie bis auf die Unterwäsche aus und ihr Atem begann heftiger zu werden. Ihr Oberkörper bebte, als ich sanft mit meiner Zunge ihre Brüste berührte. Meine Hand glitt zwischen ihre Beine und fühlte eine wohlige Wärme, und mit jeder weiteren Bewegung begann ihr Atem schwerer zu werden. Mittlerweile waren wir ziemlich durchnässt vom Regen, was uns aber nicht im Geringsten störte. Wir küssten uns, während das Wasser über unsere Gesichter und unsere Körper rann. Sie zog mich aus, sanft mit einer gewissen Härte und einem starken Verlangen. Sie lag unter mir mit gespreizten Beinen, ihr Blick war gläsern, sie atmete rhythmisch. Der Regen auf der Haut schimmerte im Licht. Als ich in sie eindrang, stöhnte sie leise. Unsere Körper verschmolzen zu einem.

Wir liebten uns. Lange. Heftig.

Wir vergaßen völlig die Welt um uns herum.

Bevor es gänzlich hell wurde, wir mussten Stunden hier verbracht haben, gingen wir auf ihre Kabine und wärmten unsere nassen und mittlerweile auch zitternden Körper. Wir lagen eng umschlungen im Bett und leidenschaftlich küssten und liebkosten wir jeweils den anderen, bis wir schließlich einschliefen.

Mittwoch, 3. Dezember – Cartagena

Ich verbrachte jede freie Minute mit Laura. Schlafen zählte nicht. Die paar Stunden Schlaf, die ich in den letzten drei Tagen bekommen hatte, konnte ich an zwei Händen abzählen. Zugegeben, ich hätte nachmittags in meiner freien Zeit oder am Abend ins Bett gehen können, aber dann hätte ich keine Zeit mit Laura und auf den Partys verbringen können. Klar, irgendwann würde ich auch wieder schlafen, aber nicht solange sie an Bord war. Ich wollte jede Sekunde mit ihr genießen, aufsaugen. Die Zeit war kostbar und verging an Bord rasend schnell, besonders wenn man eine Frau wie sie als Begleitung hatte. Allerdings war sie den Schlafentzug nicht so gewöhnt und diesen Abend musste ich ohne sie in der Disco verbringen, was aber nicht bedeuten sollte, dass ich alleine war. Ich hatte genug Kollegen und Freunde an Bord, und zusammen ließen wir es auch in dieser Nacht krachen. Wir gaben in der Disco alles, so als ob es das letzte Mal wäre, dass man feiern würde. So lief aber ziemlich jede Party ab, ob nun »normaler« Discoabend oder Mottoparty. Es war immer, beziehungsweise häufig, exzessiv.

So kam es, dass wir kurz vor der Morgendämmerung über das Pooldeck liefen. Wir, das waren Tom, Jasi, Anja und meine Wenigkeit. Wir wollten, und das war das Tolle an unserer Idee, nackt baden in einem der Whirlpools an Deck. Allerdings war es mittlerweile zu spät dafür, oder besser gesagt zu früh. Denn das Deckdepartment hatte bereits begonnen, wie jeden Tag in aller Früh, die Jacuzzis sauber zu machen, und somit befand sich in keinem einzigen mehr Wasser. Notgedrungen mussten wir also von unserem Plan absehen und diese spontane Idee ausfallen lassen.

Donnerstag, 4. Dezember – auf See

Da ich wie immer in den letzten Wochen aufgrund meiner Frühsicht den Nachmittag frei hatte, verbrachte ich diesen zusammen mit Laura. Auf ihrer Kabine! Man, das war ja so was von verboten … Allerdings wusste man nach einer gewissen Zeit, wie weit man den Bogen spannen durfte. So weit, dass man gerade noch im legalen Bereich unterwegs war, aber auch so weit, dass man schon mit einem Fuß im Büro des Hotmans stand, um sich seine Abmahnung abzuholen. Es war erlaubt, wenn man eine Leisure Card hatte, sich im Pax-Bereich aufzuhalten. Somit auch auf den Gängen zu den Pax-Kabinen. Es durfte nur keiner mitbekommen, wie man in diese ging oder aus ihnen herauskam. Ebenso die Aufzüge im Pax-Bereich. Eigentlich immer ein Tabu. Aber nachts, mein Gott, wen störte es denn, wenn wir volltrunken die Lifte benutzten. Besser Lift fahren als besoffen die Treppe runtertorkeln! Aber das wäre auch keine Entschuldigung gewesen, wenn man uns erwischt hätte. Offiziell durfte man jedenfalls nicht volltrunken durch die Gegend laufen, auch nicht nach einer Party. Warum? Na ganz einfach, im Falle eines Notfalls, der ja bekanntlich durchaus mal nachts eintreten kann, muss die Crew jederzeit in der Lage sein, die Sicherheitsrolle auszuüben. So, jetzt mal unter uns – an so manchen (vielen) Tagen hätte einfach nichts passieren dürfen, wenn man unseren Promillegrad als Anhaltspunkt genommen hätte. Vermutlich wären wir dann nicht wirklich dazu in der Lage gewesen und wenn, dann nur sehr eingeschränkt. Ich meine, wir waren zwar meist schön voll und weggeballert, aber wir waren auch im »Training« und konnten so einiges vertragen. Oft waren wir in dieser Verfassung nach ein paar Stunden Schlaf, es waren so zwischen ein und drei Stunden, wieder völlig fit. Aber wie dem auch sei, es gab keinen Notfall, und wirklich verboten ist Volltrunkenheit nicht, aber erlaubt?

Fakt ist, die Schiffsoffiziere waren ebenfalls nicht mit Cola pur auf den nächtlichen Veranstaltungen unterwegs. Und Fakt ist auch, man darf alles. Nun ja …, fast alles. Obwohl in der Bordordnung vieles verboten oder untersagt wird. Man darf sich nur nicht erwischen lassen. Nach ein paar Wochen hat man den Bogen raus, wo, wie und wann man etwas machen oder nicht machen darf. Was keiner weiß, macht keinen heiß …! Oh, bevor ich es vergesse, es ist übrigens strengstens untersagt, etwas mit Gästen anzufangen.

Heute Abend sollte wieder eine Crewshow stattfinden. Deshalb waren am frühen Nachmittag noch einmal Proben. Ich war sehr stolz, mitmachen zu dürfen und froh, dass alles so gut und (fast) reibungslos ablief. Aber auch dieses Mal hatten wir die Show mit Bravour gemeistert und sie war von Anfang bis Ende ein voller Erfolg. Wir bekamen riesigen Beifall und die Theaterbesucher waren außer sich vor Begeisterung.

Freitag, 5. Dezember – George Town

Welch freudige Überraschung ...

Der Tag konnte gar nicht besser anfangen. Aufgrund der schlechten Wetterlage in Ocho Rios, dort regnete und stürmte es, verlegte der Kapitän unsere Route und steuerte stattdessen die Cayman Islands an. Was Besseres hätte er gar nicht tun können. Wann immer man die Möglichkeit hatte auf die Caymans zu kommen, konnte man sich als glücklich bezeichnen. Im Vergleich zu Ocho Rios waren diese Inseln ohne jeden Zweifel vorzuziehen. Natürlich verbrachten wir den Nachmittag am Beach mit Carib. Aber vorsicht, es schmeckt auch nur dort. Unter Palmen, am weißen Strand mit der *Caribbean Sea* zu Füßen. Fragt mich nicht warum, es ist einfach so! Auch auf die Gefahr mich zu wiederholen, wenn man bei 31 Grad Celsius Luft- und einer Wassertemperatur von 32 Grad Celsius am Wasser entlangspaziert, bringt das zwar keine Abkühlung, aber es ist einfach aufgrund der Wärme und des weichen Sandes als ob man über Seide spaziert.

Es war der letzte Abend für Laura. Wir wollten den eigentlich zusammen in irgendeinem Bett verbringen, allerdings war das Wetter zu gut, um auf dem Pooldeck allein zu sein. Auf ihre Kabine konnten wir nicht, dort wollte ihre Cousine ungestört bleiben, und ich überlegte angestrengt, welche Örtlichkeiten denn alternativ in Frage kämen. Wir streiften also auf der Suche nach einem ruhigen Plätzchen über das Schiff, angetrieben von dem menschlichen Urinstinkt, dem Verlangen.

Nach einer gefühlten Ewigkeit fanden wir etwas. Das Theater. Vielmehr den Backstagebereich, um noch genauer zu werden, eine Nische im hinteren Teil mit einem gepolsterten Boden. Es gibt vermutlich bessere Unterkünfte für eine Liebesnacht, aber diese war so ziemlich die einzige, die in Frage kam. Wir hatten eh nur Augen für uns, da spielte die Behausung nur eine untergeordnete Rolle. Bis zu diesem einen Augenblick.

Wir waren beide splitterfasernackt, als wir Schritte hörten. Unser Atem stockte, als sie näher kamen. Verflucht, was war das? Wer konnte das sein? Ich sah mich um. Als ich in der Tür, die in diese Nische führte, im schwachen Licht einen Kontrollpunkt der Fire-Patrol erblickte, erschrak ich ... Verfluchter Mist! Ich sah mich schon beim Hotman, gar auf der Brücke dem Kapitän gegenüber sitzend, um mir dort eine Ansage inklusive Abmahnung abzuholen. Die nahenden Füße waren nur noch ein paar Meter entfernt und wir hielten die Luft an, wagten es weder zu atmen noch uns zu bewegen. Wir versuchten uns so klein wie möglich zu machen.

Die Schritte erreichten die Nische und verharrten.

Stille.

Nichts passierte.

Es erschien mir wie eine Ewigkeit. Jeden Moment aufzufliegen, entdeckt zu werden, schien unausweichlich. Dann, kaum wahrnehmbar ... ein Piepton. Dann war da wieder diese Stille.

Etwas später entfernten die Schritte sich! Wir atmeten auf. Der Typ von der Fire-Patrol musste uns einfach gesehen haben. Hatte aber allem Anschein nach nichts unternommen. Stattdessen, vermutlich mit einem breiten Grinsen im Gesicht, einfach auf dem Absatz kehrt gemacht und seinen Rundgang fortgesetzt.

Natürlich war aufgrund dieses Zwischenfalles an Sex nicht mehr zu denken. Nachdem wir noch eine Zeitlang abgewartet hatten, um sicher zu gehen, dass wirklich keiner mehr in der Nähe war, verließen wir unser Versteck, um den restlichen Teil der Nacht an Deck unter dem klaren Sternenhimmel zu verbringen. Eng umschlungen lagen wir die letzten Stunden an Deck. Die Ungewissheit, ob man sich jemals nach ihrer Abreise wiedersehen und was passieren würde, versuchten wir zu verdrängen ...

Samstag, 6. Dezember – Montego Bay

Laura und ich blieben bis zu ihrem Transfer zum Flughafen im Theater. Dort, in der letzten Reihe im oberen der zwei Decks, die das Theater bildeten, lagen wir eng umschlungen zwischen den Bänken. Es war zwar ein unbequemer Ort, aber wieder einmal der einzige, wo wir um diese Zeit trotz anderer Menschen ungestört sein konnten. Die meisten Paxe hielten sich, wenn überhaupt, nur kurz im Theater auf und wenn, dann auch nur in dem unteren Bereich, um ihr Handgepäck dort zwischenzuparken.

Ja, vielleicht wäre dies eine der Bekanntschaften gewesen, die, wenn man sich an Land kennengelernt hätte, auch zu etwas mehr geführt hätten. Aber wären wir uns denn an Land überhaupt begegnet und wenn ja, wäre es jemals zu so viel Nähe gekommen, ja, zu dem Sex und zu dieser Leidenschaft? Es war also wie es war, etwas Einzigartiges. Was ich nur hier an Bord, auf See erleben durfte und konnte. Dass diese »Beziehungen« nur ein oder zwei Wochen dauerten, war der Preis, den man dafür bezahlte.

Zum Abschied hatte mir Laura ihren Lieblingsring geschenkt. Ein schlichter, breiter, silberner Ring, der mir sogar passte und auch einem Jungen stand. Allerdings nahm mich das doch mehr mit, als ich es vermutet hätte. Aber an dieser Stelle, selbst wenn's nicht so aussah, als würde es funktionieren, vertraute ich voll und ganz auf meine *Drei-Tages-Regel*:

Egal, wie sehr der vermeintliche Liebeskummer an mir nagte, zu 97,5 Prozent konnte ich mir sicher sein, in drei Tagen über den Berg zu sein. Warum nur 97,5 Prozent? Nun, bei den restlichen zweieinhalb Prozentpunkten dauerte es schon mal ein oder zwei Tage länger. Diese Regel gilt bis heute in jeder Lebenslage und nicht nur in Beziehungssachen, auch in allen anderen Bereichen des Lebens. Man darf sich einfach nur nicht gegen das Universum stellen, sondern man muss drauf vertrauen, dass es so, wie es ist, richtig und gut ist! Und seien wir mal ehrlich, am Strand darf man nie traurig darüber sein, dass gerade etwas Sand vom Meer fortgespült worden ist. Es gibt noch viel mehr, mehr als man erkunden kann. Tja, und auch heute kam wieder »neuer Sand« oder besser gesagt »Frischfleisch« an Bord. Eine neue Woche, eine neue Reise, neues Glück. Wieder einmal wurden die Karten neu gemischt. Es war Samstag, das hieß, auch wenn ich mich noch nicht danach fühlte oder es wahrhaben wollte, spätestens am Dienstag würde ich wieder eine neue Eroberung haben.

Es ist, wie es ist, und das war so eine Sache, die ist, wie sie ist. Einfach logisch und den Gesetzen des Schiffes folgend!

Sonntag, 7. Dezember – auf See

Es gibt sie auch auf einem Schiff, Momente und Tage, an denen man entspannen und allein sein kann. Dies war so ein Tag. Ab und an ist es sinnvoll, sich einfach mal dem Nichts hinzugeben. Ich hatte noch immer Frühdienst und somit standen mir sechs Stunden Freizeit am Nachmittag zu, von zwölf Uhr mittags bis sechs Uhr am Abend. Das war unter anderem ein Grund, warum die Frühschicht so beliebt war. Besonders für Landgänge bot sich dieser Turnus an. Wie neugeboren fühlte man sich, wenn man den ganzen Nachmittag vorne am Bug auf dem Sonnendeck gewesen war, in der Sonne gelegen und reichlich Zeit im Jacuzzi verbracht hatte. Das war ganz nach dem Motto – *Manchmal ist weniger mehr!*

Mittwoch, 10. Dezember – Puerto Cortés

Was soll ich sagen? … Gestern, bei meinem Digestifstand, habe ich mal wieder jemanden kennengelernt – Nadja!

Oh Himmel… Wieder einmal übertraf diese Woche die vergangene. Es wurde immer und immer besser, ich konnte es nicht glauben. Was also die Frauen anging, war dies, wie bereits einmal erwähnt, ein Börsenkurs, der stetig nach oben stieg. Jede Woche überbot die vorherige. So auch diesmal …

Eine geheimnisvolle, atemberaubende Schönheit, direkt aus dem Orient, wie aus 1001 Nacht. Schöner und interessanter anzusehen als jedes Model auf dieser Erde. Anmutig, elegant und betörend!

So kam es, dass wir für den heutigen Tag beschlossen hatten, bei Wendy's in der Stadt Mittag zu essen. Ich war ja nicht das erste Mal in diesem Örtchen, aber man konnte sich einfach nicht an dieses Elend hier gewöhnen. Schon auf dem Hafengelände konnte man es mit der Angst zu tun bekommen. Überall lungerten scheinbar Kriminelle, die nur darauf warteten, die Touristen auszunehmen.

Bei einer einsamen Taxifahrt auf eigene Faust musste man fast schon Angst haben, dass der Fahrer einen in den Dschungel kutschierte. Und wenn man Glück hatte, nachdem er einem die Urlaubskasse abgenommen hatte, einfach in der Wildnis stehen ließ. Es konnte auch schlimmer kommen. Nein, dass hier war gewiss kein Ort auf dieser Erde, dem ich unbedingt einen dritten Besuch abstatten wollte. Aber jetzt, da wir schon mal hier waren, nämlich Nadja, eine Freundin von ihr, zwei Fotografen vom Schiff und ich, konnte man auch ein Mittagsessen riskieren. Ich meine, schließlich waren wir als Gruppe unterwegs.

Ohne Zweifel, die einzigen Gründe das Schiff zu verlassen, abgesehen von den alten Ruinen im Urwald, waren der bestbewachte Starbucks und die weniger gesicherten »Außenposten« von Pizza Hut und Wendy's. Das Essen war aber, wie man es erwartet hatte, ziemlich gut. Besonders wenn man bedachte, dass wir zurzeit nicht den besten Crew-Koch hatten. Es gab auch ein Internetcafé im Ort. Das war ein erstrangiger Grund für die Besatzung von Cruise Linern an Land zu gehen. Denn bei uns an Bord löhnte man als Crewmitglied, sechs Euro die Stunde, während man hier im Café nur einen US-Dollar für eine volle Stunde bezahlte. Aber mehr Gründe gab es nun wirklich nicht!

Donnerstag, 11. Dezember – auf See

Dezember, was war doch gleich im Dezember noch mal gewesen?!

X-Mas …!

Man, wenn ich nicht von meiner Schwester einen Adventskalender bekommen hätte, hätte ich fast gar nicht gemerkt, dass wir uns momentan schon in der Vorweihnachtszeit befanden. Und nächsten Sonntag war schon der dritte Advent. Wie sollte man es auch merken? Draußen herrschten Temperaturen um die 30 Grad Celsius und das Einzige, was an Schnee zumindest farblich erinnerte, waren die weißen Sandstrände. Klar, auf den Inseln waren die Häuser und Straßen ebenfalls zur Saison passend geschmückt. Die bunten Weihnachtsfarben gingen in dieser tropischen Welt, die eh bunt war, leicht unter. In Deutschland, wo alles weiß und grau war, hatte die Weihnachtsdekoration jedenfalls eine weitaus höhere Chance um aufzufallen. Da konnte sich diese gut von dem tristen Hintergrund abheben.

In der Karibik aber verschmolz alles zu einem großen, bunten Haufen. Es war schön, aber halt nicht dasselbe wie in der kalten Heimat. Insofern wollte bei mir keine richtige Weihnachtsstimmung aufkommen. Und Weihnachtsbäume sowie die restliche festliche Dekoration wurde an Bord erst spätabends am 23. Dezember aufgebaut, für volle drei Tage. Nach den Feiertagen sollte alles in der Nacht auf den 27. wieder in den Kisten verschwinden. Also wie sollte man da in die richtige festliche

Stimmung versetzt werden? Ich war neugierig und fragte einen der Hoteloffiziere, warum das denn so gehandhabt werde. Daraufhin erhielt ich als Antwort, dass die meisten Urlauber ja der Weihnachtszeit entfliehen wollen. Deshalb seien sie ja hier bei uns an Bord. Ja ne, ist klar. Gott, was für eine dämliche Antwort war das denn? Die meisten waren echt dümmer als die Paxe. Vielleicht hatte er ja ein wenig Recht, aber das galt doch bestimmt nicht für alle. Naja, ändern konnte man es eh nicht, also warum aufregen.

Ein Gutes hatte es aber. Ich musste mir dieses Jahr keinen Stress mit all den Geschenkebesorgungen machen. Ich hatte allerdings, muss ich gestehen, zwei kleine Päckchen bekommen. Meine Mum hatte sie mir mitgebracht, als sie an Bord zu Besuch war. Ich musste mir also für das nächste Fest was Gutes einfallen lassen. Zumindest sollte ich ein paar Geschenke dort lassen, falls ich wieder an Bord eines der ADIA-Schiffe sein sollte. Für dieses Jahr war ich aber wirklich mal ganz froh dem ganzen Trubel entkommen zu sein. Allerdings merkte man so allmählich, dass an Bord vielen von uns die Familien zu fehlen begannen. Es lag so etwas Bestimmtes, Bedrückendes in der Luft, man fühlte es.

Freitag, 12. Dezember – George Town

SEETAG?!

Ich dachte, ich trau meinen Augen nicht, als ich nach dem Aufstehen aus dem Bullauge sah. Geplant war für heute eigentlich ein schöner langer Tag am Strand, mit BBQ und reichlich Carib. Deshalb war ich schon zeitig aufgestanden. Es war fast halb neun, ganz und gar nicht eine Zeit, die einem Barkeeper entsprach. Für Landgang nahm man eben einiges in Kauf. Aber wir fuhren immer noch. Das konnte nicht sein, was war los? Wir sollten doch schon lange auf Reede liegen.

Zehn Minuten später erhielt ich die Antwort über die Kabinenlautsprecher. Der Captain meldete sich persönlich. Er entschuldigte sich bei den Passagieren, aber aufgrund des Seegangs an der Tenderanlegestelle im Hafen sei es nicht möglich, an Land zu gehen. Die Wellen dort seien einfach zu hoch, um ein ungefährliches Anlegen und somit ein sicheres Ein- und Aussteigen der Gäste zu gewährleisten.

Was? Zu hohe Wellen? Ich schaute aus meinem »Panoramafenster«, das im Englischen übrigens Porthole genannt wird. Die See war ruhig. Gut, ein wenig Wellenbewegung konnte ich ausmachen. So sah es aber immer aus, wenn wir hier waren. Allerdings hatte der Captain, auch wenn ich es nicht verstehen konnte, wohl seine Gründe, schließlich hatte er die Verantwortung für das Schiff und alles, was sich darauf befand!

Trotzdem war den Tag über nicht nur meine Stimmung im Keller, auch den Gästen konnte man ansehen, dass ihnen diese Entscheidung sehr sauer aufgestoßen war.

Samstag, 13. Dezember – Montego Bay

Die letzte Nacht hatte ich ziemlich lange mit Nadja verbracht. Wir hatten nicht miteinander geschlafen, aber wir lagen an Deck und machten rum. Knutschen, bis der Arzt kommt. Ich hatte ihr zuliebe sogar mein über alles geliebtes Zungenpiercing herausgenommen. Sie war die erste Frau, die das Piercing als störend empfand. (Hätte nicht gedacht, dass es so etwas gibt). Wir blieben, bis wir Montego Bay im Dunste des Frühnebels ausmachen konnten. Gemeinsam beobachteten wir die Lichter am Horizont, wie diese langsam näher kamen und genossen die Zeit, die wir noch zusammen hatten.

Bar Workshop

Ab und an bekamen wir eine Schulung. Ich war dankbar dafür. Obwohl ich doch schon einiges gelernt hatte, so wusste ich auch, dass da noch viel Potential in mir steckte, und ich freute mich über jede Chance, die sich mir bot, um noch besser zu werden. Für heute waren knappe drei Stunden einkalkuliert. Es standen zuerst Produktschulungen zu den einzelnen Spirituosen auf dem Plan. Natürlich nicht alle, das hätte den zeitlichen Rahmen gesprengt, aber wir hatten aus jeder Getränkegattung etwas dabei. Angefangen von Bitter und Anis über Weinbrand und Cognac bis hin zu Rum und Whiskey.

Danach mussten wir auf Zeit diverse Cocktails zubereiten. Erst einen und dann zwei. Zum Schluss sollten es dann drei sein. Die Vorgabe war jedes Mal einfach und klar. Pro Drink durften wir maximal eine Minute brauchen. Wir schafften es alle, allerdings war es bei mir schon recht knapp. Aber geschafft ist geschafft! Und beim Pouring-Test konnte ich ebenfalls punkten. Pouring? So nennt man das Ausschenken der Spirituosen, Säfte und Sirups. Und der Ausgießer auf den Flaschen heißt Pourer. Ich war sehr zufrieden mit meiner Leistung, genau wie unser Ausbilder. Am Ende des Workshops bekamen wir alle ein Zertifikat, das uns die bestandene Prüfung und Teilnahme bestätigte.

Montag, 15. Dezember – Puerto Limón

Pooldeck, 8:25 Uhr. Die Sonne lachte und ich schwitzte bereits im Neoprenanzug. Heute fing der Open-Water-Tauchkurs an, den ich mit drei anderen Kollegen gebucht hatte. Ich hatte erst überlegt, ob ich das Geld dafür wirklich ausgeben sollte. Allerdings brauchte ich nicht allzu lange zu überlegen. Schließlich zahlte die Crew auch hier nur die Hälfte. Sprich, ich hatte den ganzen Open-Water-Kurs für nur 250 Euro erstanden. Viel Geld, aber im Vergleich zu 500 Euro, den Preis, den die Gäste zahlten, ein sehr gutes Angebot. Und tauchen wollte ich schon immer mal richtig lernen. Seit ich vor einigen Jahren einmal einen Schnuppertauchgang in Tunesien unternommen hatte, war dieser Gedanke immer wieder durch meinen Kopf geschwirrt.

Nun war es endlich so weit. Es standen vier Pooleinheiten und vier Open-Water-Tauchgänge sowie Theoriestunden auf dem Ausbildungsplan. In dieser Zeit sollte man alles erlernen, was man als Taucher über und unter Wasser zu wissen und zu beachten hatte. Zudem musste man eine schriftliche Prüfung ablegen. Die Tauchgänge im Meer waren Schulung und manchmal auch Prüfung in einem. Ich hoffte ja, den Schein schnell in der Tasche zu haben, allerdings brauchte ich auch immer ausreichend Zeit, was in Anbetracht der Dienstzeiten oder des IPM-Planes nicht immer so einfach zu organisieren war. Aber Zeit hatte ich letzten Endes ja noch genug. Schließlich war ich noch bis Mitte März auf dieser Kreuzfahrt gebucht.

Eigentlich hatte ich ab heute auch wieder ernsthaft mit Sport im Fitnessbereich anfangen wollen. Aber wenn ich mal ehrlich war, würde das keine Zukunft haben. Ich hatte es mir zwar fest vorgenommen, allerdings das auch schon, seit ich aufgestiegen war. Zu Hause war ich mindestens viermal die Woche im Studio gewesen, aber hier bisher nur ein- bis zweimal im Monat. Nee, so hatte das weder Sinn noch Zukunft! Ich wollte es mir bis dahin nicht eingestehen, aber viel Hoffnung, dass ich am Ball bleiben würde, hatte ich nicht. Andererseits wer hatte schon ein Studio mit so einer grandiosen Aussicht? Das Meer direkt vor einem mit der endlosen Weite. Eigentlich ja ein Traum. Ich hoffte, dass mir das als Ansporn ausreichen würde, um in mir die Motivation aufrechtzuerhalten.

Dienstag, 16. Dezember – Colón

Als wir heute den Hafen von Colón verließen, dachte ich mir, es sei eine gute Idee, das Auslaufen von Deck sechs zu verfolgen. Schließlich hatte ich Mitteldienst. Am Bug angekommen, ich dachte an nichts Böses, stand dort bereits mein BM. Der stand vorn an der Spitze und schaute in die Ferne. Toll, aber dadurch ließ ich mich von meinem Vorhaben, mir das Auslaufen anzuschauen, nicht abbringen. Ich nahm mir vor ihn so gut es ging zu ignorieren. Wenn ich es mir genau überlegte, hatte ich den auch längere Zeit schon nicht mehr gesehen.

Seit der USPH-Inspektion war er recht selten anzutreffen gewesen und tat nur noch das Nötigste. Man sah ihm förmlich an, dass er ziemlich mitgenommen war. Seinen Schuppenflechten schien es nur ganz langsam besser zu gehen. Es hatte sich auch rumgesprochen, dass er am kommenden Samstag in Montego Bay absteigen würde. Wohl gemerkt, für immer. Er hatte bereits die Kündigung eingereicht. Der Grund war krankheitsbedingt. Und jetzt da er schon zum zweiten Mal ein Schiff in Puerto Rico durch die Inspektion begleitet hatte, war die Luft raus, die Energie aus ihm gewichen.

Also starrten wir zusammen in die Ferne. Dann, nach ein paar Minuten kam er auf mich zu. Der genaue Inhalt unseres Gespräches ist mir entfallen, aber es ging unter anderem ums Tauchen. Er hatte ebenfalls vor einem Jahr seinen Tauchschein gemacht und somit hatten wir ein Thema, worüber wir beide sprechen konnten. In der darauf folgenden Stunde redeten wir auch über andere Sachen. Teils belangloses Zeug, teils aber auch über sehr wichtige, interessante Sachen, zum Beispiel über die Arbeit. Über den ganzen Ablauf in den Bars und ja, sogar über ihn selber unterhielten wir uns. Über seine Ansichten und Schwächen als Mensch. Wie gesagt, ich kann und will hier nicht jede Einzelheit wiedergeben, aber am Ende unsere Unterhaltung hatte ich ein anderes, ein besseres Bild von ihm. Er war nicht mehr dieses Arschloch, das ich kennengelernt hatte, als ich aufgestiegen war. Nein, er hatte sich geändert. Ob es nur daran lag, dass er nun keine Uniform mehr trug, oder ob es noch andere Gründe gab, ich weiß es nicht. Zumindest konnte ich ihm nach dieser einen Stunde seine Ungerechtigkeit mir gegenüber verzeihen!

Und irgendwie war das wichtig gewesen, wichtig für mich. So konnte ich dieses Kapitel abschließen. Er sprach auch ansatzweise über unseren neuen BM, der da kommen sollte. Dieser war aber kein *Er*, sondern eine *Sie*. Ich war gespannt auf die neue Zeit, die jetzt anbrach.

Mittwoch, 17. Dezember – Cartagena

Cartagena ist eine wunderschöne Stadt mit einer noch schöneren Altstadt. Der neuere Teil mit den Stränden und den Hochhäusern gilt als das Miami Beach Kolumbiens. Allerdings ist die Altstadt schneller zu erreichen, da der Hafen näher an dieser liegt. Wir waren nicht das erste Mal auf Landgang in dieser Gegend. So wussten wir, dass man nicht die erstbesten Taxis nehmen sollte, die am Ausgang des Cruise Terminals stehen. Sondern man musste ein Stück weiter gehen, um an der Straße ein günstiges »normales« Taxi zu bekommen. Dieser kurze Weg zwischen Taxistand und Straße war aber nicht leicht zu bewältigen. Kaum hatten die Fahrer uns erblickt, stürmten sie auch schon auf uns zu. Nicht nur, dass sie sich untereinander fast in die Wolle bekamen, auch uns beschimpften sie auf übelste Weise, als wir nur abwinkten und weiter Richtung Straße eilten. Unfreundlich bekommt hier eine wirklich ganz neue Dimension!

An der Hauptstraße angekommen sahen wir auch schon einige wartende Taxis. Hier war der Ablauf um einiges entspannter und der erste Wagen, der anhielt war somit unserer. Es dauerte ein wenig, dem Fahrer zu verstehen zu geben, dass wir weder an der Festung noch an Schmuckläden seiner Verwandtschaft interessiert waren, sondern einfach nur in die Stadt wollten. Zu der Sippe wird man meistens ohne zu fragen hinkutschiert. Dort muss man dann zumindest guten Willen zeigen und einmal das Geschäft betreten, um den Fahrer und seinen Vetter ruhig zu stellen.

In der Stadt zückten wir dann alle paar Meter die Kamera. Dieser Ort ist wirklich superfotogen. Bunte Häuser in allen möglichen Farben. Balkone mit vielen Pflanzen und Blumen und reichlich gemütliche Restaurants und Straßencafés, die zum Verweilen einladen. Nach einem Fotoshooting mit »Sid« – dem Faultier aus dem Animationsfilm »Ice Age« (oder war es sein Bruder?) – auf dem Arm für einen US-Dollar, wohl gemerkt mit der eigenen Kamera, ging es weiter. Beiläufig fragte man sich, hatte »Sid« eigentlich Läuse, Flöhe oder gar etwas anderes? Man hatte ihn einfach, ohne darüber nachgedacht zu haben, am sich gedrückt. Nun denn, ändern konnte man es nicht mehr, und Anzeichen eines Insektenbefalls zeigte auch keiner von uns.

Nochmal Glück gehabt ...!

In einem beschaulichen Restaurant kam dann der nächste Aha-Effekt. Kaum dass wir Platz genommen hatten, tauchte ein Straßenverkäufer nach dem anderen auf. Gott, wir hatten einen superausblick in alle Richtungen, aber kommen sahen wir die nie. Sie standen plötzlich ohne Vorwarnung am Tisch und fragten jeden einzelnen von uns, ob wir nicht Tücher, Zigaretten, Souvenirs, Pflanzen und was weiß ich nicht alles kaufen wollten. Die Krönung war aber ein Musiker, der ebenso wie die Verkäufer plötzlich auftauchte und ohne weiteren Kommentar einfach zu singen begann. Begleitet von seiner Gitarre gab er zwei Lieder zum Besten. Klar, die Musik war okay und sie gefiel uns auch, sie untermalte unseren Tag in Kolumbien gut. Als er aber aufhörte zu spielen, verschwand er nicht, sondern hielt seine Hand auf und wollte Geld. Augenscheinlich von jedem einzelnen, denn er ging von Stuhl zu Stuhl mit ausgestreckter Hand. Diese dreiste Art kam überhaupt nicht gut bei uns an. Keiner gab ihm auch nur einen Cent, worauf er aber immer ungehaltener wurde. Damit er endlich abzog und wir in aller Ruhe weiteressen konnten, gab einer von uns ihm fünf US-Dollar in der Hoffnung, dass dies reichen würde ... Es reichte!

Ich muss sagen, Cartagena ist eine der schönsten Städte auf dieser Erde, ganz ehrlich. Das steht außer Frage. Die Altstadt ist abwechslungsreich, der Baustil ist faszinierend und alles leuchtet in den schönsten und buntesten Farben. Aber nur, und ich betone hier ausdrücklich nur, ohne deren Bewohner. So viel Dreistigkeit, Hinterhältigkeit, Beschimpfungen und dergleichen hab ich an keinem anderen Ort bisher erlebt. Ich kann ja verstehen, dass die Menschen aufgrund ihrer Armut versuchen, wann immer es geht etwas zu verdienen. Dass es aber auch anders, friedlicher und freundlicher geht, das beweisen ziemlich viele andere Städte auf dieser Welt, in denen es auch genauso viel Armut gibt!

Klar, es geht auch hier anders. Das habe ich auf anderen Landgängen erlebt. Aber leider scheinen das die Ausnahmen zu sein. An dieser Stelle möchte ich meinem Taxifahrer danken, der mich vor ein paar Wochen nicht nur günstig, sondern auch vollkommen freundlich in der ganzen Stadt umhergefahren hat. Er war zudem ein guter Reiseführer und nahm sich Zeit, mir seine Stadt zu erklären. Auch gab er mir die Möglichkeit längere Fotostopps an besonders schönen und sehenswerten Stellen einzulegen. Ein Superkerl! Wären mehr Menschen so wie er, dann wäre dieser Platz auf Erden nur zu empfehlen. Danke Juan …

Donnerstag, 18. Dezember – auf See
Deck 7; Pax Cabin 7154 …

Ryke war ein Kollege von uns, nicht von der Bar, sondern aus dem Restaurant. Aber wir machten da keinen Unterschied, da wir uns alle, und damit meine ich alle Departments, einfach super unter- und miteinander verstanden. Ryke war auf Urlaub an Bord und hatte für zwei Wochen eine Balkonkabine gebucht. Es ist schon etwas Besonderes, wenn ein Mitglied der Crew hier Urlaub macht. Es ist nicht die Sache an sich, dass er hier auf Urlaub ist, es ist vielmehr der Aspekt, dass wir während der Zeit die Möglichkeit bekommen, auf einer Pax-Kabine zu feiern. Und wenn es eine mit Balkon ist, dann steht eigentlich fast jeder in der Schlange an, um auf die nicht vorhandene Gästeliste zu kommen.

Überhaupt waren Cabin-Parties immer gut und extrem ausgebucht. Wir hatten da mal eine spontane Versammlung nach einer Studio 54 Party. Die Anytime hatte bereits das Putzlicht eingeschaltet und so kam es, da wir noch feiern wollten, dass wir uns alle bei Carolin in der Kabine trafen. Nein, auch sie hatte nur eine Standard Crew-Kabine, in der maximal sechs Leute problemlos Platz fanden. Nur an diesem Abend waren wir insgesamt zwölf. Es gab keinen freien Zentimeter mehr und auch in den Betten tummelten sich diverse Personen. Zu trinken gab es reichlich und mit Musik, die aus den Boxen einer Anlage kam, war alles bestens. Es ging sogar so weit, dass wir uns gegenseitig mit Rettungsweste und Taucherbrille inklusive Schnorchel ablichteten. Carolin fiel dann noch, weil sie sich aufgrund eines Lachanfalls nicht mehr halten konnte, aus ihrem Hochbett. Dabei riss sie eine Blume samt Vase herunter, die auf dem Fernseher zum Liegen kam. Zum Glück war aber kein Wasser mehr in der Vase gewesen und der Fernseher überlebte. Selbst Carolin kam ohne wirklich nennenswerte Blessuren davon. Nach dem ersten Schock, es fällt ja nicht immer einer aus dem Bett, lachten wir alle lauthals los. Der Abgang, den sie da hingelegt hatte, hatte schon verdammt merkwürdig und ulkig zugleich ausgesehen. Zum Schluss der Party lagen wir sogar auf dem Flur, was wohl auch daran lag, dass wir da rauchen konnten, ohne gleich den Rauchmelder auszulösen.

Heute waren wir also endlich mal auf einer Pax-Kabine zum geselligen Miteinander. Vor allem so ein Balkon hat auf einem Schiff schon seinen besonderen Reiz. Während der Fahrt über dem Meer zu thronen, das hat was. Es war eine sternenklare Nacht. Wobei man anmerken sollte, dass wir draußen eine Windstärke von *Beaufort 8* hatten. Eine unwirkliche Szenerie ... Da waren der Vollmond und der schwarze, klare Sternenhimmel. Unter, vor und hinter uns war die aufgewühlte, tobende See. Dazu kamen noch vereinzelte Gischtwolken, die alle paar Minuten an der Bordwand entlangflogen. Jedes Mal, wenn wir die Köpfe über den Rand des Balkons streckten, erwischte uns eine volle Breitseite salziges Meerwasser. Das war schon heftig, befanden wir uns doch sehr weit oben auf dem siebten Deck. Aber die Party war super. Frauen, Alkohol und eine ausgelassene Stimmung prägten das Bild in der Kabine. Bis heute wundere ich mich, dass es keine Beschwerden seitens der anderen Anwohner gab.

Freitag, 19. Dezember – Ocho Rios

Eigentlich sollte man denken, dass auf einem Schiff meist nur die beschäftigt werden, die ihr Handwerk im Schlaf beherrschen. Diejenigen, die mit zu den Besten ihres Faches zählen.

Falsch!

Das konnte ich heute mal wieder am eigenen Leib … Sorry, an meinen eigenen Haaren spüren. Ich bekam gegen Mittag einen Termin bei unserem Friseur. Ein Männerhaarschnitt ist, wenn ich das mal so sagen darf, keine besonders große Herausforderung für einen Hairdresser. Ich teilte also der lieben Dame aus dem Beauty Salon mit, wie ich es haben wollte. Es sollte einfach wieder kurz werden. Sozusagen einmal Spitzen schneiden. Da ich zu der Zeit eine Art »Iro« trug, also die Haare in der Mitte als »Pyramidenform«, dachte ich mir, dass ein wenig Blond in den Spitzen einen netten Effekt erzielen würde. An dieser Stelle sei noch angemerkt, dass ich von Natur aus eine dunkelblonde bis braune Haarfarbe habe. Nun denn, ich war zuversichtlich, auch diesmal wieder mit einer schicken Frisur den Laden zu verlassen.

Falsch!

Nachdem der Schnitt prima gelungen und ich schon recht glücklich war, folgte noch das Blondieren. Diese Färbung sollte ja nur leicht in den Haarspitzen auf dem Kopf zur Geltung kommen. Allerdings ging dies mehr als nur in die Hose. Da ich ihr voll vertraute, las ich in einem Magazin und ließ sie einfach machen. Bereute das aber recht schnell, als ich merkte, dass die Farbe nur auf dem »Iro« aufgetragen worden war, und zwar ausschließlich dort! »Verdammt, ich bin doch kein Punk – ich bin Barkeeper!«, stieß ich hervor und blickte in das verständnislose Gesicht meiner Friseurin. Das durfte doch alles nicht wahr sein und ich hoffte, dass es vielleicht nicht allzu schlimm aussehen würde.

Falsch!

Als die Paste herausgewaschen war, blickte ich auf einen gelblichen Streifen, der sich einmal von vorn nach hinten erstreckte. Leider war ein Zurückfärben nicht möglich, da bereits andere Kunden warteten. Ja, und Gäste haben nun mal Vorrang vor der Crew. *Always guests first*! Also blieb mir nichts anderes übrig, als 24 Stunden mit dieser »Verunstaltung« herumzulaufen.

Als ob es nicht schon genug gewesen wäre, mich den Blicken und blöden Sprüchen meiner Kollegen aussetzen zu müssen, sollte es noch besser kommen. Ich hatte bereits wieder meine Position am Marktrestaurant bezogen und war froh, dass die Gäste doch gleichgültiger als meine Kollegen reagierten und nur ein leichtes Grinsen zeigten. So ahnte ich nichts Böses, als plötzlich unser Club Direktor (CD) mitsamt Hotman an »meiner« Bar vorbeikam.

»SCHEISSE, das hat mir gerade noch gefehlt!«, dachte ich. Zwar verstand ich mich ganz gut mit unserem obersten Chef im Hotelbereich, auch mit unserem Hotman wohl gemerkt, und beide waren überaus zufrieden mit meiner Arbeit, aber nun stand ich hier vor ihnen, mit der dümmsten und peinlichsten Frisur, seit ich denken konnte! Gott, war mir das unangenehm, um nicht zu sagen peinlich ... Ich sagte ihm, bevor er etwas äußern konnte, dass ich bereits einen Termin für den nächsten Tag hätte und es dann wieder rückgängig gemacht würde. Er sagte erst nichts. Dann grinste er und meinte, an mich gewandt, als sie schon weitergehen wollten: »Na, Gott sei Dank!«

Oh Mann, war ich erleichtert. Hatte ich doch mit einer weitaus extremeren Reaktion seitens des CD gerechnet.

Samstag, 20. Dezember – Montego Bay

Nachdem ich gleich als Erster in der Früh beim Friseur gewesen war und meine Naturhaarfarbe wieder zurückbekommen hatte, saßen wir nun beim Frühstück in der Messe. Hauptthema war unser neuer BM beziehungsweise unsere Barmanagerin. Wie meistens machten sich viele darüber einen Kopf, wie es mit der Neuen werden würde. Besser oder schlechter? Würde sie vieles ändern oder alles beim Alten belassen? Die Liste der Fragen war schier endlos. Zudem traute man ihr nicht über den Weg, da ihr ein wenig von ihrem Ruf bereits vorausgeeilt war. Man munkelte und erzählte sich, sie habe sich ja nur hochgeschlafen, und eine große Zicke sollte sie auch sein. Mann, das waren ja tolle Neuigkeiten. Wenn man dem Glauben schenkte, würde es ja nicht so super weiterlaufen. Gerade ich erhoffte mir endlich eine erhebliche Verbesserung in diesem Bereich vom Management! Drum beschloss ich, wie auch mein Zimmerkollege, ruhig zu bleiben, abzuwarten.

Ich kam gerade mit Frauen in Führungspositionen erfahrungsgemäß bestens aus. Wir würden es bald herausfinden. Sie wurde um neun Uhr dreißig erwartet und würde heute auch schon direkt den Dienst unseres alten BM übernehmen. Dieser war bereits am Morgen als einer der Ersten von Bord gegangen und bereits auf dem Weg zum Airport. Eine Übergabe gab es in dem Sinne also nicht. War vermutlich auch nicht nötig, da die neue Chefin unseres Departments direkt von der »vitalis« eingeflogen wurde und somit noch gut mit der Materie vertraut war. Zudem würde eine Übergabe so fern es möglich war durch den Hotman durchgeführt und begleitet.

Montag, 22. Dezember – Cozumel

Die erste größere Amtshandlung unserer neuen BM war das Gruppenbild vor dem Bug des Schiffes auf der Pier. Dieses war betitelt: *Bar Department X-Mas Cozumel, Mexico*. Termin war um acht Uhr an der Gangway, komplett in weißer Hose und weißem Hemd. Zusätzlich wurde jedem von uns noch eine Weihnachtsmannmütze ausgehändigt. Ein geniales Bild, alle in Weiß vor dem weißen Bug, mit roter Weihnachtsmütze. Im Hintergrund noch das blaue Meer und ein paar Palmen. Wirklich, ein gelungenes Foto.

Nach dieser Aktion machte ich mich auf, da ich erst am Nachmittag wieder Dienst hatte, den Hafen und das Drumherum zu erkunden. Cozumel ist ein bezaubernder Ort. Auf den Straßen sieht man viele alte Käfer fahren. Normale Varianten, Cabrios und auch Pickups und Versionen der Marke Eigenbau. Wirklich interessant. Ein Stückchen die Straße hinunter kam man zu einem Strand mit Bar und BBQ. Nach mehreren Telefonaten mit Freuden aus der Heimat, der einen oder anderen Margarita und einem leckeren Essen legte ich mich in eine der vielen Hängematten, die zwischen den Palmen am Strand gespannt waren, und ließ meinen Gedanken freien Lauf.

Ich konnte wirklich dankbar sein, wegen meines Jobs so viele wunderschöne Plätze auf dieser Welt zu erleben.

Mittwoch, 24. Dezember – Puerto Cortés
Heiligabend

Gestern Abend, beziehungsweise es war ja um 2:40 Uhr in der Nacht schon fast wieder morgens, hatten wir, nachdem wir die Bar geschlossen hatten, noch unseren Adia Bar Weihnachtsbaum aufgestellt und geschmückt. Er war sehr klassisch geworden, mit roten und goldenen Kugeln sowie einem leuchtenden Stern an der Spitze. Dazu gesellten sich reichlich Lutschstangen und farblich passendes Lametta. Auch alle anderen Bereiche des Schiffes hatten in der vergangenen Nacht ihre Festtagsdekoration bekommen. Es war nicht so viel wie in der Heimat, aber es reichte doch aus, um auf dem ganzen Schiff eine weihnachtliche Stimmung zu verbreiten.

Am Nachmittag fand achtern auf dem zweiten Crew-Deck, welches auf dem fünften Deck lag, unsere Bar-Department-Weihnachtsfeier statt. Auf unserem Programm stand Wichteln und Essen. Das Essen hatten wir schon ein paar Tage vorher in der Galley bestellt. Es gab Fingerfood … Nudeln und gebratener Reis, dazu Hähnchenflügel, Mozzarella Sticks und Jalapeno Poppers (Peperoni mit Cheddar- und Frischkäsefüllung). An Getränken hatten wir Bier und Softdrinks und wer wollte, bekam auch Kaffee. Natürlich gab es auch weihnachtliches Gebäck. Gut, es war jetzt kein Essen, welches typisch für diesen Tag ist, aber es war genau, was wir unbedingt essen wollten. Zudem sollte für die nächsten drei Tage, über die Feiertage, in der Crewmesse reichlich Essen aufgetischt werden. Der Plan hing bereits aus, und da lief einem das Wasser im Munde zusammen. Für heute Abend standen ganz klassisch Bockwürste mit Kartoffelsalat auf dem Plan, außerdem frisches Brot und reichlich kalte Speisen, von Fisch bis hin zu diversen Fleischsorten. Auch am Dessert wurde nicht gespart. Wir hatten reichlich Eiscreme und Puddingvariationen auf dem Buffet stehen.

Der ganze Bereich war superschön dekoriert worden und man wünschte sich fast, dass es immer so sein sollte. Auch der creweigene Weihnachtsbaum brauchte sich nicht zu verstecken. Leuchtend und passend geschmückt.

Morgen am ersten Weihnachtstag sollte es dann Gans mit Rotkohl und Klößen geben. Daneben Platten mit Lachs, Forellen und allerlei anderen kalten Speisen bis hin zu Salaten und Desserts wie Tiramisu und vielem mehr. Die Getränkekarte wurde ebenfalls über die Feiertage erweitert. Zu den üblichen Getränken wie Kaffee, Tee und Softdrinks wie Cola, Fanta, Wasser, Sprite und Säften gab es Weiß- und Rotwein sowie Bier vom Fass. Unglaublich. So konnte man eine Crew richtig glücklich machen. Mit dem Essen steigt oder fällt nun mal die Moral an Bord. Auch für die asiatische Besatzung wurde reichlich und mehr als sonst aufgetischt. So viel konnten wir einfach nicht essen, aber wir würden alle versuchen unser Bestes zu geben!

Um kurz vor 22 Uhr hieß es Standby im Backstage Bereich des Theaters. Aus allen Departments an Bord waren Mitglieder der Crew zusammengekommen, wie es Tradition an Bord war, um Weihnachtslieder zu singen. Wir hatten bereits ein paar Tage vorher mit den Proben begonnen und auch die gestrige Generalprobe war bis auf kleine Unstimmigkeiten ganz gut verlaufen. Da standen wir nun und freuten uns alle auf unseren Auftritt. Auf dem Programm stand *Stille Nacht, Heilige Nacht*, zudem die englische Version von Stille Nacht – *Holy Night* – als Duett gesungen von Jasi und Emalio, einem philippinischen Kollegen aus der Galley. Und was natürlich auch nicht fehlen durfte: *The Twelve Days of Christmas*. Hierbei wurden wir in zwölf Gruppen eingeteilt, die aus jeweils zwölf verschiedenen Abteilungen stammten, und jede hatte eine Strophe zu singen. Es war wirklich schön und stimmungsvoll. Sehr weihnachtlich, um es einfach auszudrücken …

Donnerstag, 25. Dezember – auf See

Weihnachten/ Christmas

Für mich ist dieser Tag der einzige und wahre Tag, an dem Weihnachten ist. Ganz wie in Amerika, wo es nur diesen Tag gibt und nicht wie in Deutschland und in ein paar anderen Teilen der Welt noch ein zweiter hinterhergeschoben wurde. Mann, warum tut man so etwas? Ich glaube, wenn man den Leuten, die sich für den zweiten »Feiertag« ausgesprochen haben, noch mehr Freiraum gewährt hätte, so hätten wir, zumindest in Deutschland, noch einen dritten Weihnachtstag. Ich hab dafür kein

Verständnis. So schön die Feiertage auch sein mögen, ich denke da eher »weniger ist mehr!« Für den Großteil der Bevölkerung mag das ja nicht zutreffen und anders sein. Aber egal, ich würde es beim Heiligabend und dem einzig wahren Christmas Day belassen, dem 25.12.!

Ich hatte am Morgen meine Geschenke ausgepackt und meine Family am frühen Nachmittag angerufen. Okay, ein wenig hatte ich es vermisst, mit meiner Familie gemeinsam den gestrigen Abend zu verleben, aber es würde ja noch mehr Weihnachtsfeste geben, an denen ich wieder mit ihnen zusammen sein würde, deswegen war ich auch nicht wirklich sehr bekümmert, und ich hatte ja meine »neue« Familie um mich: Die Crew hier an Bord. Wir waren eine echt tolle Gemeinschaft, in der einer zum anderen hielt. Der Essensplan hatte für den heutigen Tag und Abend nicht zu viel versprochen. Im Gegenteil, es wurde noch mehr aufgetischt als erwähnt worden war.

Zum Mittagessen gab es Wild mit Preiselbeeren, Spätzle und Salat. Dazu auch schon reichlich kalte Platen mit Obst, diversen Fischsorten und weiße und braune Mousse au Chocolat. Zudem lagen überall Christstollen und Lebkuchen herum. Dazwischen, gut verteilt, Wall und Erdnüsse mit Mandarinen. Abends gab es, wie bereits erwähnt, Gänsebraten mit Rosenkohl, Rotkohl, Klößen und Soße. Dazu all die anderen Leckereien. Damit wir das auch alles wirklich genießen konnten und es ein beschauliches Dinner werden konnte, hatten wir nicht wie üblich eine halbe Stunde, sondern eine ganze Stunde Zeit um zu essen und zu trinken.

Freitag, 26. Dezember – George Town

9:40 Uhr war Treffpunkt in der Messe. Ein Crewlandgang stand auf der Tagesordnung. Zu insgesamt knapp zwanzig Personen enterten wir das Tenderboot und machten uns auf den Weg, um dem Hard Rock Café einen Besuch abzustatten. Nach einem kleinen Snack sowie dem einen oder anderem Souvenir aus dem HRC-Shop wollten wir weiter zum *Seven Miles Beach* fahren. Ein traumhafter Tag, der da vor uns lag.

Strahlend blauer Himmel mit 33 Grad Celsius Lufttemperatur. Vom Wasser will ich erst gar nicht reden. Aufgrund der hohen Preise auf der Insel hatten wir Vorsorge getroffen und uns eine der großen blauen Kühlboxen besorgt, die auf den Poolparties verwendet wurden, um Getränke an den mobilen Bars zu kühlen. Diese hatten wir mit Bier, diversen Softdrinks, ein paar Sandwiches und Obst gefüllt. So ausgerüstet waren wir am Strand mit allem versorgt.

Heute war Weihnachten auch schon wieder vorbei. Das bedeutete, die gesamte Dekoration, die Weihnachtsbäume und alles, was dazu gehörte, verschwand aufs Neue in den Kisten und schließlich im Trockenlager der Provision. Aber wirklich alles? Nein, nicht alles verschwand in der heutigen Nacht! Ein Weihnachtsbaum durfte bleiben ... Es war der Baum des Captains, der Baum des Schiffes. Dieser hatte seinen Platz ganz oben am Mast, dem höchsten Punkt des Schiffes. Dort durfte dieser noch bis zu den Heiligen Drei Königen verweilen.

Sonntag, 28. Dezember – auf See

GES ... 10:20Uhr ... die Sonnenbrille auf der Nase und das Crew-Cap tief ins Gesicht gezogen, die Rettungsweste fest anliegend, festes Schuhwerk und warme Kleidung. Ja, so standen wir an »jedem verdammten Sonntag« auf unseren Stationen und vollführten unseren wöchentlichen Pax-Drill. Routine mochte es ja mittlerweile sein, aber wirklich dran gewöhnen? Nein, irgendwie nicht, nee ...! Man konnte auch meinen, man sei in »und täglich grüßt das Murmeltier« gefangen. Aber zum Glück war es nicht ganz so schlimm wie im Film, und es ging dann doch irgendwie weiter. Aber lästig waren diese Übungen schon, zumal wir teilweise zwei davon pro Woche hatten, dann natürlich ohne Gäste. Nicht alle Passagiere verstanden dass diese Übung ihrer eigenen Sicherheit dienen sollte. Damit diese im Notfall wussten, wo ihre Musterstation genau lag und wie ungefähr im Notfall gehandelt werden sollte, wurde diese Übung durchgeführt.

Nun lag es an uns, die besagten Drill-»Blaumacher« aus ihrer Kabine zu holen. Meist war das schon peinlich für die fehlenden Gäste, da der Kapitän dann häufig eine Durchsage mit folgendem Inhalt machte: »Die Gäste aus den Kabinen 3114, 4103, 7225 und 7114 werden gebeten sich umgehend auf ihrer Musterstation zu melden. 1158 Menschen warten auf ihr erscheinen!« Meist wurden die Spätankömmlinge dann mit tosendem Applaus auf ihrer Station begrüßt. Auch die Stationen, an denen die Paxe vorbeimussten, grölten und klatschten. Damit wusste nun jeder, ja fast jeder, wer hier alles aufgehalten hatte. Schön! Einfach schön so etwas …

Montag, 29. Dezember – auf dem Weg nach Colón

Sturm!

Wir hatten, wie meistens, Sturm auf diesem Abschnitt der Route. Allerdings war es dieses Mal besonders schlimm. Die meisten Gäste hatte es schon » dahingerafft « und es schien, als würden sich 70 Prozent in ihren Kabinen aufhalten. Die Bar war für diese Uhrzeit, es war so ungefähr kurz nach 23 Uhr, schon reichlich leer und verlassen. Sogar die Restaurants waren an diesem Abend nicht übermäßig besucht gewesen. Das sollte schon was heißen. Essen war ja neben schlafen und in der Sonne braten die Hauptbeschäftigung unserer Gäste und das bis zu fünfmal täglich. Da gab es Frühstück und Mittag, dann am Nachmittag Kaffee & Kuchen. Darauf folgte meist ein Snack in der Pizzeria, um sich dann am frühen Abend wieder für das Dinner zurechtzumachen.

Mann, ich empfehle ja niemandem zur Haupttischzeit, die so zwischen *18:30 Uhr & 20 Uhr* liegt, ins Restaurant zu gehen. Wenn man nicht rechtzeitig kam um anzustehen, hatte man kaum Chancen einen Platz für zwei oder drei Personen zu bekommen. Denn bereits eine Viertelstunde vor Öffnung des Restaurants standen die Paxe, und ich übertreibe nicht, in einer Schlange an, die bis in unsere Bar hineinreichte. Das entsprach einer Länge von gut und gern fünfzehn Metern und sogar auch mehr. Klar, wir hatten zwei Buffet-Restaurants, aber selbst beim zweiten staute sich die Reihe im Treppenhaus, lange vor Öffnung der Futterstelle, manchmal bis zu zwei Decks hinunter. Wenn man es aber dann irgendwie doch geschafft hatte einen Tisch mit Stuhl zu erhaschen, kam der zweite, viel gefährlichere Akt.

Das Buffet.

Der Gang am Buffet entlang entsprach so in etwa dem Verkehr einer Hauptstraße zur besten Rushhour. Wenn man dann noch einen Teller in der Hand hielt, war man Staatsfeind Nummer eins. Besser gesagt, man fühlte sich wie in einem Gehege mit Raubkatzen, denen man versuchte das Fleisch zu entreißen. Schlimm, wirklich schlimm, was an einem Buffet zur Stoßzeit so abgeht, muss ich sagen. Ja, ich habe so manche Situation erlebt, da wünschte ich mir Karate zu beherrschen. Es war der pure Nahkampf. Man musste sich also vorher im Klaren darüber sein, auf was man sich da einließ. Ich für meinen Teil hatte, als ich das erlebt hatte, entschieden, zu einem späteren Zeitpunkt wiederzukommen. Zu einem Zeitpunkt, zu dem die meisten »Bestien« ihr Futter bekommen hatten.

Nun, heute Abend war alles sehr übersichtlich. Für uns war das eine willkommene Abwechslung. So kam es, dass wir an diesem Abend um ein Uhr die Bar abschlossen und auf die glorreiche Idee kamen, dem Sturm auf dem Außendeck einen Besuch abzustatten. Also gingen wir zu fünft auf Deck sechs und ignorierten dabei die Schilder, die an den Türen, die nach draußen führten, befestigt waren – mit folgender Aufschrift:

Aufgrund des schlechten Wetters ist der Außenbereich geschlossen!

Ja egal..! Wie auch immer, dachten wir. Wegen des starken Windes war es nicht einfach die Tür aufzubekommen, aber mit vereinten Kräften drückten wir zu dritt und traten ins Freie, in den Sturm.

Ui ..., es war wirklich stürmisch heute Abend! Da hatte das Schild nicht gelogen. Es herrschte eine Windstärke von mindestens *Beaufort 10*. Langsam kämpften wir uns an der Wand angelehnt bis nach vorne zum Bug. Unser Ziel war das Crew-Sonnendeck, aber so weit ließ uns der starke Gegner wind gar nicht kommen. Als wir den weniger überdachten und geschützten Bereich des Außenbereichs erreichten, der einmal um das ganze Schiff herumführte, ging es nur ganz schwer weiter und wir entschieden uns an der Seite stehen zu bleiben.

HAMMER ...!!

Die Naturgewalten sind nicht zu unterschätzen. Dennoch hatten wir reichlich Spaß. Wir ließen einer nach dem anderen die Wandhalterung los und versuchten langsam aus den Windschatten zu treten. Genau in der Mitte des Weges, der hier eine leichte Linkskurve zum Bug machte, standen wir. Ohne uns festzuhalten konnten wir uns in einem knappen 45 Grad Winkel vornübergebeugt in den Wind legen. Der Wind peitschte uns um die Ohren, und wenn man unsere Gesichter so ansah, konnte man auf den Fotos, die wir machten, leicht den Eindruck von Fallschirmspringern bekommen. Der heftige Gegenwind, der um unsere Köpfe pfiff, verformte unsere Gesichter zu Fratzen. So etwas hatte ich bis dahin nur bei Leuten gesehen, die im freien Fall mit über 200 km/h unterwegs Richtung Erde waren. Wir breiteten die Arme aus und manchmal hätte es uns fast davongeweht. Allerdings hatten wir alle ein gutes Auge auf den jeweils anderen und konnten ein völliges Wegfliegen verhindern.

Zurück im windgeschützten Innenbereich kamen wir an der Rezeption, auch liebevoll *Rezi* genannt, vorbei. Judith, unser Night Auditor rief uns, als wir gerade vorbeihuschen wollten, zu sich herüber. Sie hatte gerade einen Anruf von ganz aufgeregten Gästen aus einer Außenkabine bekommen, dass es sich so anhörte, als spielten draußen Kinder. Ob wir denn etwas gesehen hätten oder ob uns irgendetwas aufgefallen sei. Wir schauten uns alle an und brachen in schallendes Gelächter aus. Als Judith uns dann fragend ansah, klärten wir sie darüber auf, das wir bis eben gerade vorne am Bug gewesen waren und wir es wohl gewesen sein mussten, die die Gäste gehört und für Kinder gehalten hatten.

Mittwoch, 31. Dezember – Cartagena
Silvester
& Overnight

Oh Mann, das fing ja gut an heute.

Eigentlich sollten wir schon spätestens seit heute Morgen an der Pier in Cartagena liegen. Stattdessen kämpften wir immer noch gegen den Sturm an, der uns seit Tagen fest in seinen Fängen hielt. Unter ganz normalen Umständen wäre eine Verspätung leicht zu verschmerzen gewesen, schließlich konnte man für das Wetter ja nichts. Aber wir hatten alle zwei Wochen Loading und das war auch unser größtes Problem, welches wir zur Stunde hatten. Loading bedeutet, Ware / die Ladung an Bord nehmen.

In unserem Fall waren das in der Regel acht große Überseecontainer. Darin war alles, was wir für die nächsten zwei Wochen an Proviant und Bordversorgung so brauchten, verstaut. Die Logistik allein zu erklären würde den Rahmen jetzt sprengen, aber so viel sei gesagt. Es wurde alles aus Deutschland via Containerschiff hierher, nach Kolumbien, transportiert. Eine Verspätung hatte zur Folge, dass wir länger im Hafen bleiben mussten, um alles unterzubringen, dazu kamen dann wieder neue Liegegebühren. Aber auch das wäre noch zu verkraften gewesen. Was das alles wirklich heikel machte, war, dass wir heute voraussichtlich erst am späten Nachmittag in Cartagena eintreffen würden und heute wohlgemerkt Silvester war.

ALLES, aber nun wirklich alles, was wir für den heutigen Abend brauchten, befand sich noch in den Containern, die auf der Pier bereitstanden und auf uns warteten. Am dringendsten war der Container mit dem Champagner und dem Sekt. Das war mit Abstand das Wichtigste überhaupt.

Wären wir am Morgen wie geplant eingelaufen, hätten wir die Ladung aufgenommen, die Bars hätten ihre komplette Silvesterorder, also die Bestellung, erhalten und alles wäre ganz easy abgelaufen. Wir hätten gegen Abend den Hafen wieder verlassen und die Nacht auf See verbracht. Aber so hingen wir mit allem hinterher. Wir mussten daher doppelt so viele Leute fürs Loading bereitstellen wie üblich. Diese fehlten natürlich wieder beim Aufbau der Poolparty. Es war zum Verzweifeln. Jetzt hieß es, sich zu sammeln, zu organisieren und perfekt als Team zu funktionieren. Gleich nach dem Festmachen des Schiffes musste der »Schampus-Container« entladen und umgehend auf alle Bars und besonders auf das Pooldeck verteilt werden. Damit würde dann schon eine von vielen Hürden genommen. Wobei diese mit leichtem Abstand eine der größten war.

Die ganze Pyrotechnik war zum Glück schon am Tag zuvor in Panama an Bord gebracht, auf Deck sechs am Bug installiert und vorbereitet worden, so dass das Feuerwerk schon mal gesichert war. Damit kamen wir aber zur zweiten größeren Änderung des Tages. Da wir noch weit bis in den späten Abend mit dem Loading zu tun haben würden und der Sturm auf See zwar schwächer werden, aber noch länger anhalten sollte, entschloss sich der Kapitän dazu, Silvester und somit die ganze Nacht im Hafen liegen zu bleiben. Overnight in Cartagena … bestens! Da wir auch das Okay von der Hafenbehörde bekamen, unser bordeigenes Feuerwerk im Hafen abzufeuern, gab es für uns gleich zweimal Feuerwerk. Unseres und das von Cartagena. Da man vom Schiff einen herrlichen Ausblick über die ganze Skyline hatte, sollte dies wirklich unvergesslich werden.

Das Pooldeck glich einem Ameisenhaufen, der in einem totalen Durcheinander zu versinken drohte. Bei genauerem Hinsehen konnte man aber feststellen, dass jeder genau wusste, was er tat. Der Perlwein wurde verteilt, ausgepackt und auf Eis gelegt. Sämtliche mobile Poolparty-Stationen, also die mobilen Bars, wurden aufgebaut. Eine Zigarren-Lounge und eine riesen Champagner/ Sekt-Bar entstanden, während die Animation mit vereinten Kräften das gesamte Pooldeck in eine blinkende, glitzernde

Party-Location verwandelte. In dem ganzen Hin und Her bauten die Bühnentechniker zusammen mit dem DJ und der Top-40 Band aus der Adia Bar die Bühne auf, auf der erst die Band und später der DJ auftreten sollten. Zudem war das Showensemble aufgeschlagen, um mit dem Soundcheck zu beginnen. Die Deckstewards kämpften in dem Gewühle mit den Sonnenliegen und versuchten, diese in Rekordzeit an die Seite zu schaffen. Ich weiß nicht, wie wir es schließlich zuwege brachten, dass um 22:30 Uhr nicht nur alles aufgebaut, verräumt und dekoriert war. Auch standen wir geduscht und umgezogen an beziehungsweise hinter unseren Stationen.

Ich war schon seit einer Stunde an der Schampus-Ausgabe tätig und tat mein Bestes, jedem seinen Champagner- oder Sektflasche auszuhändigen oder glasweise auszuschenken. Um 23:10 Uhr war ein Hochschauen aufgrund der Masse an Menschen, die bei uns an der Ausgabe anstanden, beinahe unmöglich und das verschlimmerte sich erst recht, als es nur noch 30 Minuten bis Mitternacht waren. Ich dachte, dass wir niemals alle versorgt bekämen, bevor der Countdown und das Feuerwerk losgehen würden.

Doch es war kaum zu glauben, um exakt fünf vor zwölf hatte sich die Schlange an unserem Tresen aufgelöst und es waren alle bedient. Nun standen alle über das gesamte Pool- und das darüberliegende Deck verteilt und warteten auf den Countdown, der das Neue Jahr einläuten sollte. Ich schnappte mir, nachdem ich noch schnell das eine oder andere Glas an ein paar verspätet eingetroffene Gäste ausgeteilt hatte, eine Flasche Moët & Chandon, stellte mich zu den meinen Kollegen vor den Tresen und köpfte die Flasche, während der Countdown angestimmt wurde …

zehn …
neun …
acht …
sieben …
sechs …
fünf …
vier …
drei …
zwei …
eins …

HAPPY NEW YEAR!!!

Donnerstag, 1. Januar – Cartagena
Neujahr – New Year's Day

Es war gigantisch. Während nicht nur an Land, sondern auch auf dem Schiff auf die Sekunde genau das Feuerwerk losbrach und den gesamten Himmel erleuchtete, untermalte der DJ die ganze Szenerie mit einer eigens für diesen Abend vorbereiteten und komponierten Musik. Ohne Worte ...

Es war einfach sagenhaft, überwältigend, bewegend, es war so vieles gleichzeitig ... Ich wusste gar nicht, wo ich zuerst hinschauen sollte. Unser Feuerwerk war schon riesig, aber das von Cartagena schien unseres überbieten zu wollen. Die Raketen stiegen in den Himmel und tauchten abwechselnd den Nachthimmel in die verschiedensten Farben. Erst blau und rot, dann wurde er weiß, ging von gelb in grün über, um dann erneut in einem Blau zu erleuchten.

Nach einem zehnminütigen Feuerwerk und einem gelungenen Finale fielen wir uns in die Arme und wünschten einander ein frohes Neues Jahr. Es ist unglaublich, aber ich weiß ehrlich nicht mehr, wie viele weibliche Besatzungsmitglieder ich in dieser Nacht in den Armen hielt, es wechselte schein- und fühlbar alle sechzig Sekunden. Zumal auch mir bisher eher unbekannte Kolleginnen darunter waren. Und mit jeder wurden Küsschen ausgetauscht, es war ein Meer von Küssen, das mich von allen Seiten her einnahm. Gott, ich fühlte mich einfach nur sauwohl, angekommen und glücklich in einem.

Damit wir alle auch ein wenig mitfeiern konnten, vereinbarten wir, dass sich jeder für ungefähr eine halbe Stunde unter das Volk mischen konnte. Schließlich war der große Ansturm an unserem Sparkling-Tresen vorbei, und es kamen nur noch vereinzelt Gäste um etwas zu bestellen. Als wir also noch zusätzlich zu dem Champagner ein paar Longdrinks intus hatten, kamen wir auf die glorreiche Idee, allesamt in den Pool zu springen. Ein paar Sekunden später klatschten wir auch schon ins Wasser. Das hatte so einen Spaß gemacht, dass wir sogleich triefnass übers Pooldeck liefen um uns »Opfer« zu suchen, die wir in den Pool schmeißen konnten, um daraufhin selbst hinterherzuhüpfen. Das war wirklich eine sehr graue Zone, in der wir uns hier mal wieder bewegten. Denn eigentlich war es uns untersagt, den Pool für die Gäste zu benutzen, in diesen gar in voller Uniform zu springen, war schon fast eine Todsünde. Um uns also sicher sein zu können, keine Abmahnung oder etwas dergleichen zu bekommen, versuchten wir, unsere Hoteloffiziere, BM, Hotman (Unsere Hotwoman war leider letzte Woche abgestiegen), CD und einige andere, die unser Treiben leicht amüsiert beobachteten, zu überreden, sie auch einmal in den Pool schmeißen zu dürfen. Die meisten verneinten. Aber als wir auf den Hotman trafen, hatten wir Glück. Zwar durften wir ihn nicht reinschmeißen, aber er erklärte sich bereit, einmal mit uns zusammen hineinzuspringen. Also legte er Jackett und Schuhe ab und machte mit uns einen Satz in die Fluten des Pools. Genial!

Allerdings, nach so einer halben Stunde, es war glaube ich fast halb zwei, bekamen wir einen Einlauf von unserem SV aus der Adia Bar. Wir sollten uns doch langsam mal wieder auf die Arbeit konzentrieren und beim Auf- und Verräumen helfen. Wir hätten lange genug herumgealbert, fügte er noch hinzu und verschwand.

Er war zwar ein Spielverderber, aber er hatte Recht. Schließlich war noch nicht wirklich viel von uns getan worden, zudem mussten im Laufe der Nacht auch noch sämtliche Guestchecks, also die Belege der Bestellungen, gebucht werden. Wir hatten nämlich an den meisten mobilen Stationen keine Kasse (Micros) gehabt und alles auf Guestchecks handschriftlich vermerkt. Es waren Hunderte, wenn nicht Tausende von diesen Hardchecks, wie sie auch genannt wurden, in unseren Sammelbehältern. Also zogen wir uns schnell etwas Trockenes an und halfen mit, auf dem Pooldeck wieder Klarschiff zu machen. Alle packten mit an, die Techniker, die Animation, die Deckstewards und einige Kollegen, die aus den Innenbars dazugestoßen waren. Um vier Uhr war alles so weit in Ordnung, dass wir uns in die Adia Bar zurückziehen konnten, um als letzte Handlung des Tages sämtliche Hardchecks in die Micros einzugeben. Wir hatten fünf Micros im Einsatz und alle waren bereits in Benutzung. Der ganze Boden war, da immer zwei Bons aus dem Drucker kamen, einer für den Gast und einer für uns, mit Zweitbons und Durchschlägen der Hardchecks übersät. Nach unserem Eintreffen konnte die Frühschicht in die Kojen und wir übernahmen die Bildschirme. Es waren immer noch Hunderte von Belegen, die wir eingeben mussten, und ein Ende war nicht abzusehen. Ich gab, was ich konnte. Tippte so schnell ich konnte. Wie viele waren es in der Minute? Ich denke, es waren etwa fünf oder acht Stück, die ich, je nachdem wie viel darauf vermerkt worden war, innerhalb einer Minute in das System eingab.

Um sechs in der Früh waren wir fertig, der letzte Bon war dem Kassensystem einverleibt worden. Der ganze Boden, der wie ein Meer aus weißen Papier ausgeschaut hatte, war inzwischen auch aufgeräumt. Es war geschafft. Silvester war überstanden, all die Komplikationen, die diese Nacht mit sich gebracht hatte, hatten wir super gemeistert. Müde, geschafft, aber zufrieden mit meiner und unserer Leistung legte ich mich ins Bett.

Freitag, 2. Januar – auf See

Ich stand gerade im Servicebereich der Adia Bar, als unsere Barmanagerin um die Ecke bog und mich zu sich herüberwinkte. Fragend, was sie denn von mir wollte, ging ich zu ihr hinüber. Sie machte es kurz und fragte mich, wie ich es denn fände, ab dem nächsten Tag in der Pool Bar zu arbeiten ..., ob ich dazu Lust hätte. Nach dem ersten freudigen Schock sagte ich:

»Logisch, aber auf jeden Fall!«

Ich konnte es nicht fassen, war außer mir vor Freude.

Pool Bar – Jaaa, ich komme …!

Ich wusste doch, dass mir der neue BM eine bessere Zeit bescheren würde. Zwar war es auch Tobi, dem SV der Pool Bar, der zugleich ein guter Freund von mir war, zu verdanken, weil er mich als Nachfolger für den absteigenden Barkeeper vorgeschlagen hatte, allerdings hatte der BM das letzte Wort in dieser Sache. Unfassbar, heute war endlich mein letzter Tag/ Abend in der Main-Bar. Ab morgen würde ein neues Kapitel aufgeschlagen werden.

Neues Jahr, neues Glück, neue Wege und Chancen!

Samstag, 3. Januar – Montego Bay

Pool Bar

Gleich in der Früh war ich der Erste, der beim Tailor anklopfte und einen riesigen Berg von Uniformteilen auf seinem Tisch entlud. Darunter waren mindestens vier Krawatten, zirka acht Schürzen, knapp zwölf verschiedene Hemden/ Shirts, ein paar Westen und andere Accessoires, die ich in der Adia Bar gebraucht hatte. Ich behielt lediglich meine weißen Hosen. Nun tauschte ich all diesen Krempel gegen vier Tropicals und drei neue weiße Shirts ein. Zusätzlich zu den langen Hosen gab es auch noch zwei kurze. Das war ein guter Tausch, eine »LKW«-Ladung Wäsche gegen eine Handvoll. So muss das sein, und auch in meinem Schrank war endlich wieder Luft. Reichlich Platz für meine privaten Klamotten.

Um zwölf Uhr mittags betrat ich das Pooldeck. Ich atmete tief die warme Luft ein, froh darüber, der Klimaanlage entkommen zu sein, und betrat die Pool Bar, meinen neuen Arbeitsplatz.

Sonntag, 4. Januar – auf See
Poolbrunch ...

Am jedem Seetag gab es ab elf Uhr, nach dem GES-Drill, auf dem Pooldeck einen Poolbrunch. Die Küche fuhr dann zahlreiche Speisen auf, und es wurden Steaks und Fisch an Deck im »Poolgrill«, (eine kleine Küche mit einem großem Grill auf dem Pooldeck), zubereitet. Zusätzlich wurden Freigetränke wie Säfte und vor allem Freibier bereitgestellt. Wer jetzt denkt, die meisten standen beim Essen an, der irrt.

Die Bierstation wurde auf der Backbordseite aufgebaut, und von dort aus zog sich eine Schlange, aufgrund der Sonnenliegen, einmal im großen Bogen um das halbe Deck herum. Ich hatte bis kurz vor elf richtig gut zu tun gehabt in meiner PB, aber als das Freibier angestochen war, stand ich plötzlich ohne Gäste da. Die Einzigen, die zu mir an den Tresen kamen, waren welche, die mit überfüllten Tellern und bereits zwei Biergläsern in der Hand einen Platz zum Essen suchten. Ich hatte also reichlich Zeit das ganze Spektakel zu beobachten, nicht nur weil die Gäste ausblieben, sondern auch weil ich mittlerweile, zur Unterstützung, zwei weitere Barkeeper an meiner Seite hatte. Allerdings hätte ich diese Verstärkung eine halbe Stunde vorher gebrauchen können, jetzt standen wir bloß dumm herum. Die einzigen »Kunden«, die wir hatten, waren unsere Hotel- und Schiffsoffiziere. Bei jedem Poolbrunch hielten unsere Offiziere so eine Art Stammtisch an der Bar ab und tranken ein paar Biere.

Ab und zu kam doch mal ein Gast vorbei, bestellte ein Bier und wollte sogleich ohne zu bezahlen wieder in der Menge verschwinden, was jedes Mal in einer Diskussion endete, warum es dort Freibier gab und hier nicht.

»Ganz einfach, an der Bar zahlt man, im künstlich geschaffenen Restaurantbereich ist das Bier gratis. Genau wie in den Buffet-Restaurants auch«, sagte ich dann jedes Mal.

Oh Himmel. Man sah doch, wo es das Freibier gab. Die Schlange war nicht zu übersehen, im Gegenteil. Und wo es keine Schlange gab, lag die Chance auf Freibier wohl gänzlich bei null. Aber konnte man den Gästen böse sein? Nein, nicht wirklich ... Wir wussten ja schließlich, dass alle ihr Gehirn vor Betreten des Schiffes an der Gangway zur Aufbewahrung abgegeben hatten. Am Ende der Reise, beim Verlassen des Schiffes, wurden diese dann selbstverständlich wieder an die Gäste verteilt.

Ich kann das nicht verstehen. Bevor ich mich für Freibier über fünf Minuten anstelle, geh ich lieber an die Bar, zahle 1,80 Euro und hab dafür meine Ruhe. Dann ist sogar mein Essen noch warm. Manchmal scheint es, als ob einige ihr ganzes Geld allein für die Reise ausgegeben haben und jetzt mit allen Mitteln versuchen, von allem, was umsonst gereicht wird, jeweils das meiste abzubekommen. Koste es, was es wolle.

Ja, es gibt sie, diejenigen, die am Ende der Reise nicht mehr als zwanzig Euro auf der Bordrechnung haben. Ganz ehrlich, wenn ich so geizig bin oder es mir nicht leisten kann, dann bleib ich zu Hause, spar noch ein Weilchen oder fahr gleich dorthin, wo es günstiger ist!

Diese Freibier-Aktion ist aber zumindest aus Sicht der Barkeeper eine willkommene Abwechslung, die für ein bissel Ruhe an der Bar und für reichlich Unterhaltung sorgt. Während des Poolbrunchs war natürlich auch das Showensemble nicht weit. Wie immer sangen sie live und präsentierten eine tolle Show auf der Poolbühne, auch Pool Spot genannt. Im Anschluss daran übernahm die Animation das Feld und brachte mit ein paar Spielen Bewegung und Stimmung in die Massen.

Dienstag, 6. Januar – Belize

Das Leben an und mit der Pool Bar war einfach ein Segen. Zwar konnte man nicht mehr allzu lange an Land gehen, da die Dienstzeiten dieses nicht zuließen, aber für vier Stunden reichte es allemal. Es war ja auch nicht so, dass ich noch nichts von all dem da draußen gesehen hatte. Ich stellte fest, dass der Schichtdienst an der PB ganz super war. Da machte man im Frühdienst einmal drei und am Nachmittag nochmal vier Stunden und im Spätdienst einmal vier und darauf nochmal zwei Stunden. Danach waren dann erst mal wieder zwei Stunden Pause angesagt um dann noch einmal zwei bis drei Stunden zu arbeiten, je nachdem, was an der Ocean Bar so für ein Gästeaufkommen war. An Tagen mit GC zogen wir unsere Stunden in der Bar durch und waren meist ab 23:30 Uhr mit allem fertig, dann hatten wir Freizeit. Einzige Ausnahme von diesem Lotterleben bildeten die drei Tage, an denen eine Poolparty stattfand. Aber dann hatten wir so gut zu tun, dass die Zeit wie im Flug vorbeiging.

Zu kompliziert? Okay, hier das Ganze nochmal zum Mitschreiben …

Normale Tage (auf See und im Hafen)

Frühdienst .... 9 – 12 / 16 – 20, Ocean Bar ca. 21.30 – 1
Mitteldienst .... 12 – 16 / 18 – 20, Nightfly ca. 21.30 – 1

Tage mit GC

Frühdienst .... 9 – 12 / 16 – 18 / 18.30 – 23
Mitteldienst .... 12 – 16 / 18 – 23

Tage mit Poolparty

Frühdienst .... 9 – 12 / 16 – 20 / 21 – 1 (bzw. bis Ende)
Mitteldienst .... 12 – 16 / 20 – 1 (bzw. bis Ende)

Heute war mal wieder ein Tag, an dem ich um Mitternacht die Schürze ablegen konnte. Somit war ich von der Bar-Crew einer der Ersten, die in der Disse aufschlugen, aber natürlich waren auch schon andere Departments vertreten. Allein war man auf jeden Fall niemals. Wir saßen im Außenbereich der Anytime und genossen den Ausblick. Es war eine sternenklare Nacht und es war fast Vollmond. In der Ferne konnte man eine größere Insel ausmachen. Diese war wolkenverhangen und es tobte ein Gewitter, aber auch nur auf der Insel. Man konnte das Aufblitzen des weißen Lichtes in den Wolken sehen. Ein wirklich einmaliger Anblick. Allerdings war das definitiv nicht das Highlight des heutigen Abends.

Es muss so gegen 1:25 Uhr gewesen sein …

Wir saßen immer noch draußen auf der Terrasse, ziemlich genau in der Mitte. Links und rechts von uns waren Sonnensegel gespannt, die bis zum Schornstein hinaufragten und dort befestigt waren. Dort beim Schornstein fand das Schauspiel statt. Da wir in der Mitte mit perfektem Blick darauf saßen, hatten wir sozusagen einen Logenplatz.

Wir unterhielten uns gerade, als jemand leise bemerkte, wir sollten doch mal nach oben schauen. Wir taten wie geheißen. Dort oben, genau mittig, stand ein Mann mit dem Rücken zum Schornstein mit einer Frau. Die Frau kniete vor ihm. Es war nicht schwer zu erkennen, was da vor sich ging. Er bekam gerade einen geblasen, einen Blow-Job, wie man so schön sagt. Nach ein paar Minuten setzte er sich auf einen Sonnenstuhl. Sie setzte sich, während sie ihren Rock hochzog, auf seinen Schoß und bewegte sich nach kurzer Zeit immer wilder auf und ab. Und obwohl sie nun mit dem Gesicht in unsere Richtung schaute, schien sie nicht zu bemerken, dass sich unter ihnen bereits eine riesen Menschentraube versammelt hatte und beide anfeuerte. Ihm war es offenbar aufgefallen, zumindest wenn man das Grinsen in seinem Gesicht nicht anders deuten wollte.

Nachdem das Gegröle lauter geworden war, schreckte die Frau schließlich hoch, schaute in die wild klatschende Menge und lief ohne eine weitere Geste davon. Der Typ aber blieb, streckte seine Arme in die Höhe und badete in dem Beifall, der ihm zuteilwurde.

Ja, so eine Aktion verdient auf einem Clubschiff Applaus. Das war herrlich, …ehrlich!

Freitag, 9. Januar – George Town
Stingray City …

George Town liegt auf Grand Cayman, der größten der drei Inseln, die zusammen die Cayman Islands bilden. Es ist ein Inselparadies. Da kann man schon mal überlegen, ob man sich hier nicht einen Zweitwohnsitz zulegen sollte.

Unser heutiges Ziel war die Bucht North Sound, die im Norden von Grand Cayman liegt. Genauer gesagt, die Sandbank *Stingray City*, um dort mit den Stachelrochen zu schwimmen.

Nach einer kurzen Fahrt mit dem Sammeltaxi stiegen wir auf ein Boot um. Eine Viertelstunde später hatten wir unser Ziel dann auch erreicht. Es waren bereits sechs andere Boote vor Ort, die Touristen der anderen Kreuzfahrtschiffe angekarrt hatten. Wir waren ja nicht das einzige Schiff, welches vor George Town auf Reede lag. Mit uns zusammen ankerten noch zwei weitere Ozeanriesen, die mehr als doppelt so groß wie unseres waren. Sei's drum, die Sandbank war zwar gut besucht, aber auch groß genug um alle aufzunehmen.

Nachdem wir also unseren Anker auf dem Grund der Bucht versenkt hatten, konnten wir zusammen mit unserem Guide ins Wasser. Man musste wirklich aufpassen, wo man hintrat, denn überall waren sie, die Southern Stingrays. Vor, hinter und unter einem. Überall schwirrten sie durchs Wasser, angelockt von den Massen an Menschen, die reichlich Fisch zum Füttern bei sich hatten. Ich war mit Jessi, Regina und Phillipe hierhergekommen. Alle drei waren vom Showensemble. Allerdings taten sich Regina und Phillipe ein wenig schwer mit der Natur. Die zwei hatten Angst auf den Boden zu treten und so kam es, dass ich die beiden die ersten fünf Meter bis zur Mitte der Sandbank vom Boot aus tragen musste. Sie saß auf meinem Arm, während er auf meinem Rücken war, und beide klammerten sich an mir fest. Nach gutem Zureden, dass es doch alles gar nicht so schlimm sei, ließen sie von mir ab. Erst Phillipe und wenig später dann auch Regina. Es dauerte auch nicht lang und wir alle hatten einen Riesenspaß mit den Rochen. Wir fütterten sie und gaben ihnen einen Kuss auf die »Nase«, das soll einem für die nächsten sieben Jahre Glück bringen.

Das Füttern ist total witzig. Man hält einen Fisch in der Hand, ein paar Sekunden später kommt dann auch schon ein Stingray und saugt einem den förmlich aus der Hand. Ein wirklich cooles Erlebnis. Um einem dieser Tiere einen Kuss geben zu können, hält der Guide einen Rochen fest und hebt ihn aus dem Wasser. In dem Augenblick kann man auch die Unterseite sehen. Die erinnert mich immer an Engel oder auch an kleine weiße Gespenster. Die Untere Seite ist im Vergleich zur oberen, die eher rau ist, sehr weich und zart. Ich bin jedes Mal von ihren eleganten Bewegungen im Wasser fasziniert ... Wie sie mit ihren »Flügeln« schlagen und durch das Wasser gleiten, erinnern sie mich an Adler. An Adler, die mit ihren großen Schwingen durch ihre Welt schweben, ja majestätisch dahingleiten.

Im Anschluss an diesen unvergesslichen Stopp ging es weiter zum Schnorcheln. Wir fuhren nochmal zehn Minuten und erreichten ein sagenhaftes Riff, das in ungefähr drei Metern Tiefe lag. Somit war es ein Leichtes, auch mal hinunterzutauchen, sich alles aus der Nähe anzuschauen und nicht nur an der Oberfläche herumzuplanschen. Das war unter anderem auch ein Grund gewesen, warum ich meinen Tauchschein gemacht hatte. Ich wollte diese Seite der Natur erleben und kennenlernen. Nicht nur an der Oberfläche für ein paar Minuten. Nein, ich wollte wörtlich hineintauchen in diese Unterwasserwelt und sie intensiver erleben, als es beim Schnorcheln überhaupt möglich gewesen wäre.

Sonntag, 11. Januar – auf See

Nichts Böses ahnend kam ich an diesem Tag zur Arbeit. Aber als ich die Tür, die nach draußen und zur Bar führte, öffnete, konnte ich bereits das Grölen und Jubeln einer feiernden Menge ausmachen. Im Chor vernahm ich in einer Tour den Namen meines Supervisors. »Tobi, Tobi, Tobi …«

Was war da nur los? Langsam und unsicher, welche »Party« mich denn nun erwarten würde, ging ich weiter. Als ich um die Ecke bog, sah ich, was sich in der PB abspielte. Tobi stand in der Mitte unserer kleinen, kreisrunden Theke. Am Bartresen um ihn herum saßen zehn feiernde Gäste, die augenscheinlich mehr als gute Laune hatten. Tobi war heilfroh mich zu sehen, damit er endlich dieser feiernden »Meute« entkommen und ein wenig Pause machen konnte. Er schilderte mir, dass die zehn schon den ganzen Morgen hier waren und bisher schon fast drei Flaschen Ramazzotti geleert hatten. Dazu kamen unzählige Biere.

»Nun denn, auf geht's und Attacke«, sagte ich zu mir und übernahm die Bar mitsamt den feiernden Leuten. Nachdem die Gäste Tobi zwar noch ein paar Sekunden nachgeweint hatten, vernahm ich, während ich eine weitere Runde Ramazzotti vorbereitete, schließlich meinen Namen – im Chor und lauthals. Mit dem Zusatz, dass ich doch der Beste sei. Naja, bis eben war es ja noch Tobi gewesen. Aber wie auch immer, solange die Leute gut drauf waren, war der Rest Nebensache.

Der Nachmittag verlief so, wie er angefangen hatte. Die feiernden Urlauber wurden nicht müde und mittlerweile hatte ich sämtliche Ramazzotti- und Averna-Flaschen aus den anderen Bars abgezogen, um meine Gäste auch weiterhin bei Laune zu halten. Ich hatte den einen oder anderen Averna ausgegeben bekommen und fand das Ganze mittlerweile ziemlich witzig. Man hatte nicht immer eine so trink- und feierfreudige Truppe am Tresen sitzen. In unserem Fall nahm die Truppe bereits mehr oder weniger die ganze Bar ein. Ich glaube bis um vier Uhr nachmittags waren vier Ramazzotti- und drei Averna-Flaschen geleert und die vierte Flasche Averna war gerade in Anbruch, als Tobi zurück aus seiner Pause kam. Er war leicht verdutzt, dass sich nicht viel an der Situation geändert hatte, als ich ihm mit einem breitem Grinsen im Gesicht die Bar übergab. Jetzt wurde mir ein paar Sekunden nachgeweint. Wie auch zuvor dauerte die Trauer aber nicht lange und mein Name war dem von Tobi gewichen.

Um achtzehn Uhr war meine kleine Pause vorbei und ich muss dasselbe verdutzte Gesicht gemacht haben wie Tobi, als ich wieder um die Ecke zur Bar gebogen kam. Die Truppe feierte immer noch. Zwar fehlten bereits etwa vier Leute, das schien die gute Laune und die Trinkfreudigkeit der übrigen aber nicht zu schmälern! Jedoch haben nicht alle Gäste Verständnis dafür, dass manch einer auf einem Clubschiff auch mal hörbar rausschreit, dass man Spaß haben kann. So kam es, dass sich aufgrund von Beschwerden an der Rezeption der Hotman mit einem Mal an der PB einfand, um mal nach dem Rechten zu sehen. Wir schilderten ihm, während er mit einem leichten Schmunzeln das Geschehen beobachtete, was sich seit dem Morgen ereignet hatte, und welche Summe bisher auf deren Konto verbucht worden war.

Es waren fünf Flaschen Ramazzotti und sieben Flaschen Averna aufgelaufen. Eine wirklich stattliche Menge. Aber der Hotman musste, auch wenn es ihm nicht passte, der Stimmung Einhalt gebieten, damit sich nicht noch mehr Beschwerden an der Rezeption häuften. Nun ja, es war ja mittlerweile fast halb sieben und so langsam hatte sich die Truppe sowieso auf die Hälfte dezimiert. Zudem war um neunzehn Uhr bei uns letzte Runde. Der Hotman zeigte sich aber recht einsichtig mit den Feiernden und fand genau den goldenen Mittelweg. Er brachte zwar ein wenig Ruhe in die Runde, auf der anderen Seite erklärte er die Party aber auch nicht für beendet. Deshalb wurde er wohl auch zum Schluss noch auf einen Averna eingeladen.

Ja, der Tag war wirklich einzigartig. Bis heute habe ich so einen lustigen Tag mit einer solchen Gruppe nicht noch einmal erlebt. Schade eigentlich…!

Montag, 13. Januar – Colón
Crewausflug nach Panama City …

Wir hatten uns vor einer Woche über das Internet einen kleinen Bus inklusive Fahrer und Reiseführer gemietet, der uns von Colòn mit Zwischenstopp an der Schleuse nach Panama City bringen sollte. Wir waren zu zehnt und versammelten uns nach einem guten Frühstück draußen auf der Pier. Ich war aufgeregt. Panama … Ich meine, wann kam man denn mal nach Panama? Beziehungsweise wann reiste man mal wieder hierher? Wohl eher gar nicht, so war das jetzt die einmalige Gelegenheit dieses Land zu erkunden. Ich hatte seit meiner Kindheit die Geschichte von Janosch im Hinterkopf:

Die zwei Freunde Tiger und Bär leben glücklich in einem Häuschen in der Nähe eines Flusses. Der Bär ist leidenschaftlicher Fischer, und der Tiger ist ein versierter Pilzsammler, der eine kleine gelbschwarz gestreifte Holzente mit Rädern besitzt. Er nennt sie deshalb »Tigerente«. Eines Tages fischt der Bär eine leere Holzkiste mit der Aufschrift »Panama« aus dem Fluss. Er schnuppert an der Kiste, und sie riecht nach Bananen, und er beschließt, dass Panama das Land seiner Träume sei. Der Bär erzählt seinem Freund Tiger phantasievoll, dass Panama ein Ort sei, wo alles besser, größer und schöner als Zuhause sein solle, und dass sie nun in dieses Land reisen sollen. Am nächsten Tag machen sich die beiden mit einem Kochtopf, einer Fischerrute, einem Hut und der Tigerente auf den Weg nach Panama. Zuerst fertigen sie aus der Kiste einen Wegweiser und gehen in die gezeigte Richtung. Während ihrer Reise treffen sie auf die verschiedensten Tiere. Die meisten wissen nicht, wo Panama liegt, und einige geben ihnen falsche Richtungsangaben. Die beiden Freunde laufen durch diese Angaben im Kreis herum und kommen schließlich wieder in ihrem alten Zuhause an. Da in der Zwischenzeit ihr Haus durch die Witterung angegriffen worden ist, sowie die Bäume und Sträucher gewachsen sind und die Brücke nicht mehr vollständig intakt ist, ist ihnen nicht bewusst, dass sie wieder in ihrem ursprünglichen Zuhause angekommen sind. Sie finden auf dem Boden vor ihrem Haus den Wegweiser mit der Aufschrift »Panama« und glauben deshalb, dass sie tatsächlich an ihrem Ziel angekommen seien. Sie reparieren das Haus und sind glücklich, endlich im Land ihrer Träume zu sein.

Oh, wie schön ist Panama *ist eine mit dem Deutschen Jugendbuchpreis ausgezeichnete illustrierte Kindergeschichte von Janosch. Das Buch erschien am 15. März 1978.*

Quelle der Zusammenfassung: Wikipedia.org

Der Bus wartete bereits auf uns und nach einem kurzen Gespräch mit unserem Reiseführer, was den Ablauf des Tages anging, fuhren wir auch schon los. Unser erstes Ziel war die *Miraflores Schleuse*. Dort ziehen Schienenfahrzeuge, auch »Mullis« genannt, die Schiffe an Tauen durch die Anlange. Der Halt hier ist ein Muss, zudem liegt diese Schleuse nur knapp zehn Kilometer von Panama City entfernt. Vom Besucherzentrum aus hat man einen überwältigenden Ausblick auf den Panamakanal. Außerdem gibt es die Möglichkeit, alles über die Entstehung des Panamakanals, seine Stellung im und Wichtigkeit für den Welthandel sowie andere interessante Fakten zu erfahren. Das Zentrum umfasst unter anderem drei Observationsplattformen, zwei Snackbars, ein Restaurant mit Panoramaausblick und einen Souvenirladen.

Nachdem wir uns alles genau angeschaut hatten, ging es weiter. Schon von weitem konnte man die Skyline von Panama City ausmachen. Die Stadt liegt direkt an der Küste und selbst die Hochhäuser reichen teilweise bis an das Meer. Sie scheinen beinahe aus diesem emporzusteigen. Wenn man mich fragt, ist dies das Manhattan Mittelamerikas. Alles erscheint neu, aufgeräumt und ist mehr als einen Blick wert. Die Hauptstadt dieses Landes hat mich erstaunt. Ich hatte mich vorher nicht schlau gemacht, was mich hier erwarten würde. Und ich muss sagen, ich bin mehr als positiv überrascht.

Janosch hatte Recht. *»Oh, wie schön ist Panama«* trifft voll und ganz zu, und in dem Fall auch Panama City! Es ist eine friedliche, touristenfreundliche Metropole voller Leben. Genau wie im Rest des Landes trifft man auch hier auf ein sehr buntes Bild. Man steht in einer Stadt mit Wolkenkratzern, die vom wilden Grün des Regenwaldes umgeben ist, und sieht Berge am Horizont.

Aber wir wollten ja nicht nur Sightseeing machen, sondern auch einkaufen. Denn in Panama City ist in Sachen Shopping für jeden Geschmack und Geldbeutel etwas dabei. Drei der größten und exklusivsten Einkaufszentren von Panama City heißen: Multicentro, Multiplaza und Albrook Mall, diese verfügen über Kinos, Food-Courts und bieten alles, was das Konsumentenherz höher schlagen lässt. Natürlich besuchten wir auch die Altstadt oder besser gesagt das alte Stadtgebiet.

Panama Viejo ist der Name der letzten Überbleibsel der ersten Stadt, die 1519 gegründet worden ist. Leider sind heute von der einst sehr wohlhabenden Altstadt Panamas nur noch Ruinen übrig. Im Jahre 2003 wurde *Panama Viejo* zum UNESCO-Weltkulturerbe erklärt und es ist eine der attraktivsten Sehenswürdigkeiten, die leicht zu erreichen ist. Besonders gut erhalten sind ein paar Klöster, das Rathaus und der Hauptplatz mit der Kathedrale.

Aber da war nicht nur diese sagenhafte Natur, dieser Regenwald mit seinem satten Grün, den vielen Pflanzen und Bäumen, den wir auf dem Hin- und Rückweg durchquerten. Auch die kleinen Dörfer am Rande waren sehr urig. Überall traf man wieder auf das, was für mich ein Markenzeichen Panamas ist – die Busse. Diese alten US-amerikanischen Schulbusse waren mit den schönsten Figuren, Mustern und Bildern bemalt. In den buntesten Farben, die man sich vorstellen kann. Da war ein Bus leuchtender und farbenfroher als der andere. Es passte perfekt hierher. Ich begegnete diesen knallig gestalteten Verkehrsmitteln nicht nur in Panama, auch in Kolumbien und anderen Teilen dieses Kontinentes. Aber hier waren sie am schönsten.

Mittwoch, 14. Januar – Cartagena

Heute stand eine besondere Premiere an. Heute fand die erste Beach Party statt. Wir hatten zwar jeden Mittwoch eine große Poolparty, aber bisher war das Motto *Wild Wild West* oder *White Nights* gewesen. Daher hatten wir uns etwas überlegt, das besser zur und in die Karibik passte. Eigens für die Dekoration wurden frische Palmenwedel vom Land besorgt. Es waren wirklich viele, vielleicht ein wenig zu viele. Aber das Ergebnis konnte sich sehen lassen. Das ganze Deck war grün. Überall hatten wir die »Zweige« festgemacht. Das Strohdach der Pool Bar erschien nun völlig »überwuchert«. Das Rondell um die Bar herum und sämtliche Eisensäulen auf Deck waren mit Palmenblättern verkleidet. Sogar an den mobilen Bars und dem Treppengeländer, der Treppe, die vom Pooldeck auf das oberste und somit letzte Deck führte, hatten wir das Palmengrün befestigt. Ein klein wenig glaubte man im Dschungel zu stehen. Allerdings konnte man es auch so auslegen, dass man sich an einem gut zugewachsenen Privatstrand befand.

Das Motto und die PP waren ein großer Erfolg. Alles zusammen, die Show des Ensembles, die Musik und die Dekoration machten diesen Abend für die Gäste einmalig. Es war zudem die am längsten andauernde PP, die ich, seit ich an Bord war, erlebt hatte. Erst um drei Uhr morgens hatten wir Last Call, also die letzte Runde gehabt, was bedeutete, dass wir mit dem Aufräumen und Saubermachen erst um halb fünf fertig wurden und schließlich nach einer geselligen Runde um sechs Uhr ins Bett gingen.

Freitag, 16. Januar – Ocho Rios

Ocho Rios auf Jamaika ist ein ganz bezaubernder karibischer Ort. Umgeben von Regenwald, wunderschönen Stränden und Buchten. Nicht zu vergessen die Hotelanlagen jeder Kategorie, die einem die vollendete karibisch-jamaikanische Fassung des Garten Eden präsentieren.

Aber zuvor muss ich einen kurzen Abstecher zu der nicht allzu schönen Seite der Karibik machen. Die Seite, die in keinem der Hochglanzreiseprospekte erscheint. Es ist die Seite der ganz normalen Bewohner dieser Insel, dieses kleinen ehemaligen Fischerdorfes, die nicht wirklich zu den reichen, sondern eher zum Durchschnitt gehören. Nun, Ocho Rios ist nicht gerade der größte Ort, an dem man landen kann. Das merkt man schnell, wenn man sich einmal die Mühe macht und der Hauptstraße folgt, die vom Hafen oder vielmehr der Bucht, in dem die Schiffe liegen, weg führt. Man schlendert an kleinen Boutiquen, Souvenirshops und kleineren gemütlich wirkenden Restaurants vorbei. Sogar einen kleinen Markt, wo man allerlei Selbstgebasteltes und Geschnitztes aus Holz bekommen kann, gibt es. Natürlich auch T-Shirts, Strand- und Badetücher in allen möglichen Farben und eigentlich alles andere, was man mit dem Wort Jamaika so verbindet. Nüchtern betrachtet ein Souvenir-Flohmarkt der Region, aber schön anzusehen.

Wenn man aber, wie wir, der Straße zu Fuß noch weiter folgt, aus dem Ort raus, dann ist es mit einem Mal vorbei mit der schönen karibischen

Glitzerwelt. Wir fanden uns mit einem Mal, ohne es wirklich bemerkt zu haben, an einer Straßenkreuzung wieder, an der man sich entscheiden konnte – entscheiden musste –, wo und wie man weiterlaufen wollte. Um uns herum waren teils verfallene, teils neue, aus Wellblech errichtete Hütten. Ein paar davon waren immerhin bunt angepinselt. Die Autos, die wir sahen, hatten ihre besten Jahre bereits hinter sich. Überhaupt war hier viel Müll, der neben Schrott herumlag. Dazu kamen Stahlfässer, die an der Straße standen und aus denen Flammen loderten. Wie in einer Seitengasse von New York oder so, wie man es von Hollywood her kennt. Uns wurde von Minute zu Minute unbehaglicher zumute und wir hatten das Gefühl, den Vorspann eines schlechten Films zu erleben. Würde man hier auch Drogen bekommen, wenn man danach fragte? Wir befürchteten es ... Ohne weiter darüber nachzudenken beschlossen wir, so schnell es ging den gleichen Weg, den wir gekommen waren, zurückzugehen. Mag sein, dass die Gegend gar nicht so schlimm war, wie sie ausschaute, aber uns war doch um einiges wohler, als wir uns wieder in der vertrauten Umgebung mit anderen Touristen befanden.

Ocho Rios und das Umland hat aber auch, wie bereits am Anfang erwähnt, viel Schönes und Erlebnisreiches zu bieten. Da gibt's zum einen die Möglichkeit mit Delfinen zu schwimmen, zum anderen die *Dunn's River Falls*. Den Wasserfall bei Ocho Rios hinaufzuklettern, ist ein Muss. 200 Meter tief stürzt der Dunn's River in vielen Kaskaden ins Meer hinab. Die Attraktion der Fälle, die als die Hauptsehenswürdigkeit Jamaikas gelten, liegt in der Anordnung, über die schäumend das Wasser sprudelt. Nicht zu vergessen *Shaw Park Botanical Gardens*. Früher lag hier das inzwischen geschlossene Shaw Park Hotel. Geblieben ist ein herrlicher, zum Teil verwunschener Garten mit altem Baumbestand, tropischen Pflanzen, Blumen, Vögeln, einem Wasserfall und der schönsten Aussicht auf die Bucht von Ocho Rios!

Natürlich darf auf Jamaika eins nicht fehlen: die Musik. Dafür gibt es die *Reggae Xploxion*. Auch wenn das bebilderte Leben und musikalische Schaffen Bob Marleys im Mittelpunkt steht, bekommt man doch bei dem »interaktiven Spaziergang« durch die zweistöckige Ausstellung einen hervorragenden Überblick über die jamaikanische Musik – von Ska über Roots-Reggae bis zu den Rap-Wurzeln, die auf der Insel liegen.

Samstag, 17. Januar – Montego Bay

Erlebniswochen auf ADIAmoon, vom 17. bis 31. Januar

Feuer und Leidenschaft, exotische Genüsse und Geheimnisse, Salsa und Mambo auf einer Reise entlang der sonnigen Küsten Mittel- und Südamerikas. Das sind die Erlebniswochen auf ADIAmoon.

Reisen im Takt Lateinamerikas hieß es in der ersten Woche.

Auf der ersten Route von Montego Bay über Cozumel, Belize und Honduras zu den Cayman Islands, würden wir folgende Auftritte an Bord erleben: Zum einen wären da B3 mit ihrem Sommerhit *I.O.I.O.*, mit dem die drei Jungs aus New York bekannt wurden. Natasha Thomas aus Kopenhagen würde unter anderem ihren Radiohit *Why (Does Your Love Hurt So Much)* vortragen und die vier US-Boys von Fource waren mit dem Beach Boys Klassiker *Wouldn't it be nice* gebucht.

Leben ist Rhythmus war das Thema der zweiten Woche.

Auf der zweiten Route von Montego Bay nach Puerto Limón, Colón, Cartagena und Ocho Rios, würde Laith Al-Deen *LIVE* im Theater auftreten. *Bilder von dir, Kleine Helden* und *Lange nicht genug* standen unter anderem auf dem Programm. Und die Dance-Pop-Gruppe Mr. President würde mit einmaligen musikalischen Highlights auf der Bühne zu sehen sein.

Dazu kamen ungewöhnliche Workshops, als da wären: Capoeira, die spielerisch-meditative afro-brasilianische Kampfkunst; ein Workshop, der einem alles über die hohe Kunst des Kaffeegenusses vermittelte und natürlich Tanzkurse, bei denen man einzelne Tänze zu den Rhythmen Lateinamerikas erlernen konnte.

Ich war gespannt, wie die kommenden zwei Wochen werden würden. Von Fource und Natasha Thomas hatte ich zwar noch nichts gehört, aber das lag wohl auch daran, dass sie Newcomer waren, die gerade versuchten auf dem deutschen Musikmarkt Fuß zu fassen. B3, Mr. President und Laith Al-Deen waren mir aber ein Begriff und ich freute mich jetzt schon auf das Konzert von Letzterem.

Sonntag, 18. Januar – auf See

Damit während des Drills immer jemand an den bereits geöffneten Bars war, der gewährleistete, dass diese bewacht waren und niemand meinte er könne sich selbst bedienen, wurden für gewöhnlich Barkeeper aus der Frühschicht vom Drill befreit. Je nach Größe der Bar auch zusätzlich noch ein Kellner und meistens zwei der fünf Decksstewards.

So kam es, dass ich an diesem Morgen von der Übung befreit war und in aller Ruhe die Bar vorbereiten konnte. In dieser Zeit hatte ich dann alle Freiheiten, setzte mich für gewöhnlich erst einmal an meinen Tresen und rauchte ganz genüsslich eine Zigarette zu einem Latte Macchiato. Den holte ich meistens mit meinem Obst für die Cocktails aus der Adia Bar. Wohl gemerkt, rauchen in der Öffentlichkeit in Uniform ist ebenfalls eines der großen No Gos an Bord. Aber was keiner sieht …!

An diesem Vormittag war jedoch etwas anderes geplant. Da die Gäste ständig die Liegen reservierten, obwohl sie immer und immer wieder gebeten wurden dieses nicht zu tun, fand man jeden Morgen in aller Früh schon die meisten Liegen mit einem Handtuch nebst Buch reserviert vor. Es waren nicht immer Bücher, auch Badetaschen, Sonnenmilch und Zeitschriften wurden gerne genommen, um das Territorium für den Tag abzustecken. Zuweilen wurden zwei Liegen in der Sonne plus zwei Liegen, die sich im Schatten befanden, reserviert und gekennzeichnet. Es kam auch schon vor, dass Liegen mit Gürteln und anderen Sachen zusammengebunden wurden. Da waren der Fantasie keine Grenzen gesetzt.

Nun, an diesem Morgen wollten wir dem Ganzen mal einen Riegel vorschieben. Kurz bevor der Generalalarm für die Gäste ausgelöst wurde, hatten sich bereits sechs Mann aus dem Housekeeping, zwei unserer Deckstewards und noch drei Kellner aus der Main-Bar an der Pool Bar eingefunden. Alle waren extra für die *Mission Sonnenliege* vom Drill befreit worden. Als nun der Alarm und somit das Signal für die Gäste ertönte, sich auf ihre Musterstationen zu begeben, machten wir uns im Laufschritt daran, alle reservierten Liegen frei zu machen. Uns standen knapp zwanzig Minuten zur Verfügung. Wir sammelten alle Handtücher ein und verstauten sie in drei großen Gitterwagen. Sofern wir Platz im Poolshop fanden, sammelten wir auch die privaten Sachen der Passagiere ein und verstauten sie dort jeweils in Plastiktüten verpackt. Diese konnte man sich dann zusammen mit neuen Handtüchern wieder abholen.

Nachdem der Drill beendet war, dauerte es keine drei Minuten und die ersten Gäste trudelten, manchmal noch mit der Rettungsweste unterm Arm, auf dem Pooldeck ein. Aber diesen Tag sollten sie nicht so schnell vergessen. Schon kam der erste große Schwall aus der Schiebetür und blieb ruckartig stehen. Ich konnte nicht mehr vor Lachen, als ich die erstaunten und geschockten Gesichter der Paxe erblickte.

Unbezahlbar ...

Die Ersten strömten aus, um sich zu vergewissern, ob auch ihre Liege betroffen war. Man sah, wie sich im Angesicht der Tatsache, keine reservierte Liege mehr zu »besitzen«, Panik auf den Gesichtern der Menschen ausbreitete. Manche kamen verzweifelt auf der Suche nach ihren Badetüchern an die Pool Bar und fragten mich, was denn los sei. Ich meinte daraufhin nur:

»Da das Reservieren der Liegen ja nicht gewünscht ist, wurden alle Handtücher und auch die kleinen privaten Sachen wie Bücher, Sonnenbrillen und dergleichen eingesammelt. Aber sobald der Poolshop in ein paar Minuten öffnet, können Sie sich dort mit neuen Handtüchern eindecken und natürlich, sofern es Sie betrifft, auch Ihr privates Eigentum wiederbekommen.«

Die meisten waren darüber so baff, dass sie kein Wort mehr herausbekamen. Manch einer sah aus wie ein Fisch. Weit aufgerissene Augen, ein leerer, fragender Blick und ein Mund, der auf und zu klappte, ohne dass daraus irgendwelche Wörter zu hören waren.

Mittlerweile staute sich dann auch schon eine fünfzehn Meter lange Schlange vor dem Poolshop. Als dieser endlich seine Tore öffnete, gab es einen Ruck und die gesamte Menschenkette tat einen großen Schritt nach vorne. Aber dann kam natürlich noch die Kür ... Endlich wieder mit neuen Handtüchern »bewaffnet« ging es im Stechschritt darum, die bereits im Morgengrauen auserwählten Liegen zurückzuerkämpfen.

Die Konkurrenz war um diese Zeit natürlich ungleich stärker, da sich so ziemlich alle Paxe auf dem Sonnendeck einfanden, und das nicht nur wegen der Liegen. Der Poolbrunch war gerade eröffnet worden. Dieser startete ohne zeitliche Verzögerung, was den Kampf um die beste Liege umso schwieriger, und für uns umso spannender, machte. Schließlich wollte man nicht nur seine vorher auserkorene Liege oder mindestens eine gute Alternative ergattern, man wollte auch wieder der Erste beim Essen sein.

Dieses Rennen konnte keiner gewinnen …

Crew 1 : 0 Gast

Dienstag, 20. Januar – Belize

An Bord existieren nicht nur für die Crew, sondern auch für die Gäste Verbote und Regeln, die einzuhalten sind. Es gibt eine ganze Liste von verbotenen Gegenständen, die nicht mit an Bord gebracht werden dürfen, wie Drogen und Waffen, und es herrschen auch Verhaltensregeln. Eine besagt, dass handgreifliche Auseinandersetzungen eine sofortige Ausschiffung der beteiligten Personen, natürlich auf eigene Kosten, zur Folge haben. Selbstverständlich zieht, unter anderem, auch der Besitz von Drogen und oder Waffen dieselbe Konsequenz nach sich. Im nächstmöglichen Anlaufhafen wird man ausgesetzt. Da gibt es auch für Gäste keine Ausnahmen.

So kam es, dass wir heute eine Frau mitsamt ihrem Gepäck in Begleitung unserer Security in ein Tenderboot setzten. Aber was war passiert?

Nun, am Abend zuvor war die Frau schon reichlich angetrunken in der Anytime aufgeschlagen. Nach Aussagen von ein paar Kollegen und Gästen war sie schnurstracks Richtung DJ-Pult gegangen. Einen Augenblick später hatte sie dem DJ das Knie in seine Weichteile gerammt. Als dieser sich vor Schmerzen bereits krümmte, verpasste sie ihm noch einen derben Schlag ins Gesicht. Das war sein K.O. gewesen.

Warum? Tja, man vermutete, dass sie etwas mit dem DJ gehabt hatte. Dieser war aber mittlerweile mit einer neuen Eroberung unterwegs und hatte sie abgeschrieben. Daraufhin waren ihr wohl vor Eifersucht die Sicherungen durchgebrannt! Ja, und wegen ihres Angriffs auf ein Crewmitglied wurde sie vom Kapitän des Schiffes verwiesen. Sie war direkt nach dem Gespräch, welches im Büro des Kapitäns stattgefunden hatte, auf ihre Kabine begleitet worden. Dort musste sie unter Aufsicht der Wache ihre Siebensachen packen. Allerdings ist nicht immer jeder einsichtig. Sie war gleich wieder in das nächstmögliche Tenderboot, das von Land aus zurück zum Schiff fuhr, gestiegen und wollte wieder an Bord. Diesmal wurde ihr aber noch einmal in einem etwas anderen, deutlicheren Ton mitgeteilt, dass für sie die Fahrt hier in Belize zu Ende war. Und so fuhr sie ein zweites Mal mit dem Tenderboot Richtung Festland.

In dem Sinne ... Gute Reise!

Donnerstag, 22. Januar – auf See

Oh diese Gäste – Da darf man sich fragen was in den Köpfen mancher Passagiere so vor sich geht. Ich meine es passieren hier besonders in der Nacht reichlich schräge Sachen.

Am heutigen Abend, wir waren gerade erst in die Disco gekommen, eilte unsere BM auf uns zu und teilte uns mit, was gerade Unfassbares geschehen war. Sie war gerade auf einem ihrer Kontrollgänge über das Schiff zu den einzelnen Bars, als ihr auf dem oberen Sonnendeck zwei Gäste über den Weg liefen und sie darauf aufmerksam machten, dass sie soeben beobachtet hatten, wie eine ältere Dame am hinteren Ende des Decks ihr »Großes Geschäft« verrichtet hatte. Ungläubig begab sie sich also zu dem »Tatort« und musste erkennen, dass dort wirklich jemand auf den Boden geschissen hatte. Unfassbar, vom »Täter« war allerdings weit und breit nichts zu sehen. Damit nicht noch mehr Gäste auf ihrem nächtlichen Spaziergang auf diesen Haufen aufmerksam wurden, hatte sie einen Eimer darüber gestülpt und das Deckdepartment sowie das Housekeeping davon in Kenntnis gesetzt.

Es war ja nicht das erste Mal, dass wir Scheiße auf dem Sonnendeck hatten. Es war sogar schon vorgekommen, dass wir am helllichten Tag einen Whirlpool hatten absperren müssen, weil in dem eine »Wurst« umhergeschwommen war. Igitt!! Da fragte man sich doch wirklich, was in solchen Menschen vor sich ging. Es war ja nicht so, dass wir keine Toiletten hatten, im Gegenteil, wir hatten sogar reichlich davon.

Und dann noch diese Sache in der Disco. Dort hatte ein paar Tage zuvor ein betrunkener Jugendlicher, nachdem er schon eine kleine Auseinandersetzung mit dem Supervisor der Bar gehabt hatte, gegen die Wand gepinkelt. Aber in diesem Fall konnten wir ihn auf frischer Tat ertappen und ließen ihn, in Begleitung der Security, auf seine Kabine bringen.

Untreue war ebenso so ein Thema, das sich gerade nachts bemerkbar machte …

Da gab es dieses Paar.

Frisch verheiratet.

Gerade auf Hochzeitreise.

Er war betrunken aus der Disco Richtung Kabine getorkelt, um zu seiner Herzensdame zu gelangen. Dort fand er aber nicht seine sich nach ihm sehnsüchtig windende Frau im Bett vor, sondern er traf dort in der Kabine auf einen Typen, der gerade mit seiner Liebsten Sex hatte.

Daraufhin wurde unser Sicherheitsoffizier von der Rezeption alarmiert, die wiederum von Gästen aus den angrenzenden Kabinen über das folgende Geschrei informiert worden war. In diesem Fall konnte unser Seco (Security Officer) mit zweien seiner Männer Schlimmeres verhindern. Allerdings waren diese Ehe und die Flitterwochen damit beendet.

Freitag, 23. Januar – George Town

Ich hatte mich entschieden, einfach mal einen langen Spaziergang entlang der Hauptstraße zu unternehmen. Bei einem Gang über eine Insel kann man ab und an auch mal wirklich nette kleine Restaurants, Bars oder auch landestypische Bäckereien und kleine Geschäfte ausmachen. Man bekommt einen besseren Einblick in die Botanik. Ich meine, in einem Auto würde ich zwar die ganze Insel im Nu erkundet haben, hätte aber auf der anderen Seite nicht wirklich viel gesehen.

Als ich nach drei Stunden Fußmarsch keine Lust mehr hatte, beschloss ich an einer Bushaltestelle zu warten, bis ein Sammeltaxi vorbeikäme und mich mitnähme. Da auf der Insel reichlich davon unterwegs waren, dauerte es auch nicht lange und ich war in Richtung Zentrum unterwegs. Es war üblich, am Zielort zu bezahlen. Ich hatte bereits die sechs Dollar in den Händen, da wir bei unserer letzten Fahrt mit dem Taxi zum Beach pro Person so viel hatten bezahlen müssen. Ich fragte trotzdem noch einmal nach, was ich ihm schuldig sei.

»Ein Dollar«, antwortete der Fahrer.

Ich war erstaunt, zahlte aber, ohne mir was anmerken zu lassen, und stieg aus. Da wäre mal wieder der Beweis erbracht, dass diese Insel auch nur Touristen reichlich teuer erscheint. Für die Einheimischen, und für eben solch einen hatte der Fahrer mich ja wohl gehalten, gelten andere Preise. Ein Dollar im Vergleich zu sechs Dollar, die wir für eine weitaus kürzere Strecke beim letzten Besuch bezahlt hatten. Da fragte man sich, um wie viel die Restaurants, Bars und Geschäfte billiger wurden, wenn nachts der letzte »Kreuzfahrer« seinen Anker gelichtet hatte und deutlich weniger Touristen auf der Insel waren. Ich wollte es gar nicht wissen!

Am heutigen Abend stand das große Konzert mit B3, Natasha Thomas und Fource im Theater auf dem Programm. Ich hatte beschlossen nicht hinzugehen. Das lag zum einen daran, dass wir uns schon die Proben angeschaut hatten, zum anderen daran, dass keiner von denen auch nur annähernd live singen würde. Es war zwar groß angekündigt, aber wir wussten es besser. Wir kannten schließlich die Tontechniker und alle anderen, die der Theatertechnik angehörten. So hatten wir erfahren, dass alle nur mit Vollplayback auftreten würden. Das hieß, nicht nur die Musik kam wie bei einem Halbplayback vom Band. Nein, auch der ganze Gesang war vom Band und die ach so tollen Stars auf der Bühne mussten nur noch die Lippen bewegen und ein wenig umherhüpfen. Na, das war ja mal eine ganz tolle Leistung. Bei den Proben war es schon sehr witzig gewesen, dass B3 sogar die Handküsschen geprobt hatten, die sie dem Publikum zuwerfen sollten. Da muss ich ja mal kurz Fource als Newcomer in Schutz nehmen. Die hatten am Abend zuvor spontan in der Nightfly Bar a cappella gesungen. Singen, das muss ich einräumen, konnten die vier. Natürlich hatten wir uns auch die Proben von Frau Thomas angeschaut. Aber neee, ging gar nicht, was für eine Diva. Außerdem sollte sie, statt auf der Bühne zu proben, erst mal etwas essen. Es war unglaublich, wie dünn, besser gesagt wie dürr dieses Mädchen war. Als unsere Clubmanagerin an uns vorbeiging, meinte sie: »Gebt dem Mädchen was zu essen!« Und ich erwiderte, »Ja, … ne Currywurst mit Pommes und viel Majo.«

Wir lachten. Allerdings nicht allzu laut, damit wir die Proben der »Diva« nicht störten. Aber nach weiteren Demonstrationen ihrer Mimik und Playbackkünste reichte es uns. Wir hatten genug gesehen und gehört.

Samstag, 24. Januar – Montego Bay

Ich hatte mich schon die ganze Woche auf Laith Al-Deen gefreut und heute war es endlich soweit. Da die meisten Gäste und Neuankömmlinge es bei diesen Temperaturen bevorzugten sich im Freien aufzuhalten, bis die Kabinen am frühen Nachmittag freigegeben wurden, war das Pooldeck mitsamt der Pool Bar Treff- und Sammelpunkt Nummer eins.

Die Wahrscheinlichkeit, dass Mr. Al-Deen hier aufschlug, war also durchaus gegeben. In der vergangenen Wochen waren die Jungs von Fource und B3 und sogar Frau Thomas mehrmals bei uns an der PB anzutreffen gewesen. Ich war also guter Dinge und hatte mir sogar mehrmals seine Musikvideos im Bord-TV angeschaut und versucht, mir sein Gesicht einzuprägen. In Natura sahen die Menschen ja meist ein wenig anders aus, und man erkannte sie teilweise erst auf den zweiten Blick. Aber so war ich vorbereitet, dachte ich zumindest.

Da ich den Nachmittag frei hatte, waren wir zum *Doctor's Cave Beach Club* gefahren, um ein wenig die Seele baumeln zu lassen. In der Sonne zu liegen, sich von ihr bräunen zu lassen und in der *Caribbean Sea* zu planschen machte das Leben um einiges angenehmer. Aber wir waren nicht allein, Natasha Thomas war ebenfalls hierhergekommen. Sie hatte ein Bademoden-Fotoshooting. Deshalb posierte sie am Strand und zwischen den Palmen. Wir waren im Wasser und beobachteten das ganze Geschehen. Als sie dann für weitere Bikiniaufnahmen ebenfalls ins Wasser kam, schwammen wir, wie Haifische um ihre Beute, immer näher an sie heran. Als wir knapp einen Meter von ihr entfernt waren, fragten Maik und ich sie, ob sie nicht Lust habe, mit uns ein paar Runden zu schwimmen. Sie drehte sich darauf zu uns um und meinte, dass sie noch zu arbeiten habe, deswegen habe sie leider keine Zeit.

Ja schade, wäre ja mal was gewesen. Aber wenn man arbeiten muss, kann man da halt nichts machen. Gut, war ja auch nur eine Frage gewesen. Wir hatten dafür umso mehr Spaß. Wir schwammen hinter ihrem Rücken noch ein paar Bahnen auf und ab, bevor wir uns an der Beachbar niederließen. Zu ein paar Flaschen Red Stripe gab es einen saftigen Cheeseburger.

Zurück an Bord begann auch schon mein Dienst und ich beeilte mich, um nicht zu spät zu kommen. Wir hatten unseren Beachclub Aufenthalt bis zur letzten Sekunde ausgereizt und jetzt ging mir die Zeit aus. Aber ich war pünktlich. Zugegeben, ich hatte es ja auch nicht weit. Den Gang runter, mit dem Fahrstuhl bis auf Deck elf, einmal rechts und wieder links abgebogen und schon stand ich hinter der PB. Es gibt wohl längere Wege zur Arbeit.

Das Pooldeck hatte sich bereits gut gefüllt, und obwohl die Kabinen mittlerweile bezugsfertig waren, war der Großteil der neuen Gäste anscheinend noch auf dem Sonnendeck. Der Nachmittag verlief, so weit man das unter den Umständen eines Anreisetages sagen konnte, ruhig. Ich hatte supernette Gäste am Tresen und das verriet schon einiges über die kommende Woche. Nämlich, dass es eine angenehme Reise mit toller Gesellschaft würde. Denn meist behielt man die Urlauber, die man heute hier antraf, auch für den Rest der Reise.

Ich stellte gerade einem Gast ein paar Cuba Libre, die er bestellt hatte, auf den Tresen und nahm seine Karte, um die Drinks zu buchen. Als ich die Karte durchgezogen hatte und der Bon gedruckt wurde, fiel mein Blick auf den Namen auf der Bordkarte. *Laith Al-Deen*! Unfassbar, da hatte ich mich so darauf vorbereitet ihn gleich zu erkennen und jetzt hätte ich es gar nicht bemerkt, wenn er nicht mit seiner Karte bezahlt hätte. Wie gesagt, in Natura fallen einem die Gesichter erst beim zweiten Hinschauen auf. Ich blickte auf in seine Richtung. Er war es, definitiv. Das war Laith Al-Deen. Dass mir das nicht gleich aufgefallen war! Zu meiner Entschuldigung sei gesagt, bei so vielen Gesichtern und dem Trubel am Anreisetag schaut man auch gar nicht so genau hin, wer genau jetzt da vor einem sitzt oder steht und seine Bestellung aufgibt.

Eins muss ich sagen, ich habe bis jetzt keinen Musiker kennengelernt, der so bodenständig, natürlich und freundlich rüberkam wie er. Wenn ich es nicht besser gewusst hätte, hätte ich gesagt, er sei ein ganz normaler Gast, der einfach Spaß hatte und mit seinen Kumpels seinen Urlaub ganz entspannt mit ein paar Cuba Libre einläutete.

Wenig später kam auch unsere Band aus der Main-Bar. Ich dachte mir erst nichts dabei, schließlich war es normal, auch vereinzelt bestimmte Kollegen aus dem Entertainment Bereich hier oben anzutreffen. Vielleicht hatten sie ja gleich eine Probe. Die Band bestand aus fünf Mann. Besser gesagt aus vier Mann und einer Frau. Und eben diese Frau war nach nicht allzu langer Zeit mit Laith Al-Deen in ein inniges Gespräch vertieft. Aber es schien mir doch eher ein intensiver Flirt zu werden als ein normales Gespräch. Ich warf einem anderen Mitglied der Band einen fragenden Blick zu und bedeutete ihm, dass es da ja ganz schön zur Sache ginge. Die Frage war nur, wer machte sich jetzt an wen ran? Sie an ihn oder er an sie? Es schien zumindest ernster zu werden.

Kurze Zeit später klärte mich dieser Kollege aber darüber auf, dass die beiden schon länger befreundet waren und das, was da passierte, schon eine ganze Weile zwischen den beiden lief. Er erzählte mir weiter, dass die ganze Top-40 Band aus der Main-Bar Laith Al-Deen schon seit mehr als zehn Jahren kannte, und bevor er entdeckt wurde, hatten sie alle zusammen in einer Band gespielt. Sie hatten absichtlich dieses Schiff ausgewählt, um sich hier nach einer längeren Zeit mal wiederzusehen, nachdem sie erfahren hatten, dass Laith hier einen Auftritt haben würde. Das erklärte einiges! Die beiden waren sich nicht hier und heute an der Pool Bar das erste Mal begegnet, wie ich zuerst angenommen hatte, sondern waren schon seit Jahren befreundet. Ich blickte noch mal zu dem »Paar« hinüber und schmunzelte. Wie klein doch die Welt war.

Montag, 26. Januar – Puerto Limón

Puerto Limón ist die Hauptstadt der Provinz Limón an der karibischen Küste des Landes und der wichtigste Hafen für den Export von Bananen. Es ist ein gigantischer Umschlagplatz für die Früchte, die mit Lastwagen angeliefert und dann verschifft werden. Natürlich ist dieser Hafen auch der Hauptanlaufpunkt für all die Kreuzfahrtschiffe, die ihren Gästen die Naturschönheiten Costa Ricas näherbringen wollen.

Ein multikulturelles Flair beherrscht das Treiben im Zentrum von Puerto Limón. Sehenswert ist hier vor allem der *Vargas Park*, wo zahlreiche Banyan-Bäume wachsen, an denen oft mehrere Faultiere zu beobachten sind. Ansonsten ist die Stadt für Urlauber nicht besonders interessant.

Unmittelbar vor der Küste der heutigen Stadt ankerte Christoph Kolumbus auf seiner vierten Reise in die neue Welt. Er nannte das offenbar reiche Land – *Costa Rica*.

Wir entschieden uns, da wir die Stadt bei einem unserer letzten Besuche schon mal erkundet hatten, für eine Canopy-Tour mit einem privaten Führer. Da wir nicht so viel Zeit zur Verfügung hatten, ging das nicht nur schneller, es war auch zu dritt um einiges angenehmer als in einer großen Reisegruppe. Nach einer kurzen Fahrt waren wir schon bei der *Canopy Zip-Line* eingetroffen. Die ganze Strecke ist ungefähr zwei Kilometer lang. Bei den ersten drei Stationen ging es noch beschaulich zu und man konnte sich an all das gut gewöhnen. Die restlichen Stationen, es waren wohl ungefähr acht oder mehr, waren um einiges höher und schneller. Und so rasten wir an den Seilen hängend, fast wie Tarzan, durch den Regenwald. Vorbei an Kapuzineräffchen und Faultieren, die man hier und dort in den Bäumen um einen herum erspähte. Ein wirklich tolles Abenteuer, welches man hier erleben konnte. Die Natur in Costa Rica ist ohne Zweifel sehenswert, da hatte man uns nicht zu viel versprochen.

Im Anschluss an diese Tour machten wir noch einen kurzen Stopp im *Cahuita Nationalpark* an einer der schönsten Buchten von Costa Rica mit naturbelassenem Strand. Danach fuhren wir mit vielen neu gewonnen Eindrücken zurück zum Hafen.

Dienstag, 27. Januar – Colón

Ich hatte eingangs ja schon einmal das Brandrisiko erwähnt, dass Feuer die größte Gefahr an Bord eines Schiffs darstellt. Nur manchen Gästen scheint dies nicht bewusst zu sein. Dass also während des »Bunkerns« – der Treibstoffübernahme im Hafen – das Rauchen auf allen Außendecks untersagt war, nahmen einzelne Passagiere nicht besonders ernst. Es wurde mehrmals über die Schiffslautsprecher durchgegeben, dass aufgrund der Treibstoffübernahme aus Sicherheitsgründen das Rauchen auf allen Außendecks nicht gestattet sei. Zusätzlich wurden dann auch noch Schilder, die auf das Rauchverbot hinwiesen, an den Außenbars aufgestellt. Und es wurden natürlich alle Aschenbecher eingesammelt. Dennoch sah man immer wieder Gäste, die trotz allem rauchend an der Reling standen und das Geschehen auf dem Bunkerschiff beobachteten. Nicht, dass dort mit Riesenbuchstaben zufällig **NO SMOKING** direkt unter der Brücke des Tankschiffes geschrieben stand ... Auch die *Nicht Rauchen*-Warnschilder, die auf diesem Schiff gut schichtbar verteilt angebracht waren, schienen keinen zu stören. Gott, wollten die uns alle umbringen? Wie konnte man nur so dumm sein!

Einmal kam ein Gast sogar mit einer brennenden Zigarette an die Bar und fragte, ob er denn nicht einen Aschenbecher bekommen könne. Ich verneinte das mit einem leicht boshaften, sarkastischen Unterton und fragte ihn, ob er denn nicht diesen intensiven Geruch nach einer Mischung aus Benzin, Diesel und Schweröl wahrnehme? Und ob er denn nicht das große Bunkerschiff an unserer linken Bordwand bemerkt habe?! Ich fasste es einfach nicht! Da fehlten einem die Worte!

Es ging aber auch schlimmer! …

Auf unserem Schwesterschiff, der »vitalis«, hatte sich eine Beinahe-Katstrophe ereignet. Dort war auf der vergangenen Silvesterreise ein Gast heimlich in eines der Rettungsboote gestiegen und hatte dort eine Signalrakete entwendet. Diese hatte der besagte Dummkopf, um ihn nicht Idiot zu nennen, in seiner Kabine gezündet. Daraufhin war dort ein Feuer ausgebrochen. Zwar hatte durch das schnelle Eingreifen des Feuerwehrtrupps an Bord und die Sprinkleranlage ein größeres Unglück verhindert werden können. Der Wasserschaden war aber dafür umso größer. In der gesamten Sektion hatten die aufgrund der entstandenen Hitze ausgelösten Sprinkler Möbel, Wände und den Teppichboden ruiniert. Dazu kam natürlich die komplett zerstörte Kabine des Gastes, der für das Ganze verantwortlich war. Was das Ereignis aber nun wirklich unfassbar werden ließ, war die Tatsache, dass sich, wie sich hinterher herausstellte, dieser Gast sehr gut mit solchen Signalfeuern auskannte. Da er für eine Firma arbeitete, die diese herstellte!

Gott sei Dank sind nicht alle Gäste mit so wenigen Gehirnzellen geboren wie dieser Feuerteufel.

Leider passierte es auch schon mal, dass man an leicht bösartige Gäste geriet. Das ließ sich leider nicht immer vermeiden.

Ich hatte mich, um mal ein Beispiel zu nennen, ein paar Wochen zuvor mit einem Gast unterhalten. Sie war wohl Mitte fünfzig und schien ganz vernünftig zu sein. Locker, aufgeschlossen und nett. Wir unterhielten uns so über Gott und die Welt, viel Belangloses eben. Natürlich befragte sie mich auch ein wenig zum Leben an Bord, wie viele andere bereits vor ihr.

Sie wollte wissen, wo und wie wir schliefen. Was und wo wir äßen und so weiter. Eigentlich ja kein Geheimnis, trotzdem sollten wir möglichst nicht allzu viel aus dem Crewalltag preisgeben. Tat ich auch nicht. Und auf die Frage, ob den zwischen Crew und Gästen auch was liefe, ob denn die Crew was mit Gästen anfinge, antwortete ich nur knapp: »Das mag vielleicht sein, aber natürlich kommt so was für mich gar nicht in Frage. Ich bin ja schließlich zum Arbeiten hier.«

Ich dachte mir nichts weiter dabei, bis unsere Barmanagerin am Abend plötzlich neben mir stand und mir mitteilte, dass sich eine Dame an der Rezeption beschwert habe. Über mich! Sie meinte, dass es ja nicht sein könne, dass die Crew hier an Bord mit den Gästen wild durch die Gegend vögelte. Wo wir denn hier seien und so weiter.

Bla bla bla bla …

Ja, war das denn zu fassen! Da hatte sich diese dämliche Kuh doch glatt beschwert und dann auch noch alles aus dem Zusammenhang gerissen. Unfassbar! Da sollte man sich an dieser Stelle doch auch mal überlegen, dass zum »miteinander Vögeln« immer mindestens zwei gehörten. Und mit ziemlicher Sicherheit wusste ich, dass diese zweite Person wohl freiwillig diesem Flüssigkeitsaustausch zustimmte. Nach der Schilderung dieser Frau konnte man ja fälschlicherweise auf die Idee kommen, wir würden hier die Gäste jagen und dann durchknattern!

Aber zum Glück gab es da außerdem noch die Gäste, mit denen man eine tolle Zeit an Bord verlebte. Die immer gut drauf waren und immer für einen Spaß zu haben waren. Supernette Menschen halt. Allerdings hatte sich so mancher geschätzte Gast dann nach der dritten oder vierten Fahrt auf einer ADIA zu einem richtig hochnäsigen Zeitgenossen gewandelt. Da gab es kein freundliches »Hallo, schön dich wieder zu sehen« mehr. Sondern auf die Frage, was es denn zu trinken sein dürfe, nur noch ein überhebliches »Du weißt doch, was ich trinke« oder ein »Ich kenne hier den Clubdirektor.«

Hallo! Da waren die erst das dritte Mal an Bord, hatten sich einmal mit dem Hotelmanager oder gar dem Clubdirektor unterhalten, was auf einem Clubschiff nichts Außergewöhnliches darstellte. Und nun führten sich diese überheblichen Gäste schlimmer auf als jeder Schiffseigner! Wenn man die nicht sofort bediente oder sich mit denen auf ihrem Niveau unterhielt, rannten diese gleich zur Rezeption und beschwerten sich. Noch schlimmer wurde es natürlich, wenn man sich gar nicht oder nur wenig mit diesen Gästen beschäftigte. Wörter wie unfreundlich, faul, frech, inkompetent und langsam standen dann ganz oben auf der Liste und ehe man sich's versah, fand man sich dann im Büro des Hotmans wieder.

Nur mal so als Tipp am Rande:
Wenn man sich nicht total in einen Vollhonk verwandelt, wird man immer wieder wie ein guter Freund mit einem ehrlich gemeinten Lächeln willkommen geheißen und wie ein guter Freund bedient.

Und auch diese Vielfahrer gab und gibt es. Diejenigen, welche selbst nach der zehnten Fahrt immer noch dieselben freundlichen Menschen geblieben waren, als die wir sie bei ihrer ersten Reise kennengelernt hatten und vor allem waren es diejenigen, die nach wie vor verständnisvoll und respektvoll mit der Crew umgingen. Danke an diese Gäste! Ihr macht diesen Job zu etwas Besonderem, das wirklich Spaß und Freude macht!

Natürlich gab es auch witzige Situation ... Dazu sollte man wissen, dass auf jedem Namensschild, welches jeder von uns tragen musste, unser Name geschrieben stand und darunter die jeweilige Funktion an Bord beziehungsweise das Department, welchem man angehörte. So wie in dem Beispiel dieses Gastes, der zum ersten Mal eine Reise mit uns unternahm ... Da las er bei der Kollegin, die bei den Scouts – also den Begleitern der Landausflüge – arbeitete, folgendes auf dem Namensschild:

Jessica
Scout

Als er dann einer weiteren Kollegin von den Scouts begegnete, las er:

Kathrin
Scout

Mit diesen Eindrücken landete er bei mir am Bartresen und fragte mich beiläufig, als ich ihm seinen Kaffee servierte, ob wir von der Bar auch alle miteinander verwandt seien wie die Mädchen dort hinten. Er zeigte dabei auf die Scouts, die am anderen Ende der Bar an ihren Countern standen und ihre Ausflüge verkauften. Ich fragte ihn, wie er denn darauf komme? Er sagte mir, dass ihm aufgefallen sei, dass die Mädchen dort drüben alle denselben Familiennamen hätten! Ich lachte und klärte ihn über die Namensschilder auf. Dass in der zweiten Zeile auf dem Schild nicht der Familienname, sondern der Beruf oder die Funktion des jeweiligen Crewmitglieds stehe. Jetzt musste auch der Gast herzhaft lachen. Zudem musste ich ihn daran erinnern, dass die Familie »Bar«, wenn dem so wäre, nicht nur sehr groß, sondern auch sehr multikulturell wäre. Ja, auch dem stimmte er mir lachend zu.

Donnerstag, 29. Januar – auf See

Heute Abend fand es endlich statt: Das Konzert von Laith Al-Deen. Das Theater drohte aus allen Nähten zu platzen. So voll war es hier noch nie gewesen. Wir schafften es gerade noch, ein paar Sitzplätze auf den Stufen der Treppe, die nach oben führte, zu ergattern. Aber egal, wir hatten einen Platz, darauf kam es schließlich an.

Es ist unglaublich, was für ein großartiger Künstler Laith ist.

Das Konzert war nicht nur live (das allein stellte schon die anderen Darbietungen der *Möchtegern-Live-Singer* aus der letzten Woche in den Schatten), es war auch noch durch sein Können einzigartig. Von seinen Bandkollegen wie dem Drummer will ich gar nicht erst reden. Einmalig, genial und einfach super. Zudem sang er eine gute Mischung aus bekannten und neuen Liedern von seinem Album. Die Faszination war im ganzen Saal zu spüren und die Künstler auf der Bühne mussten drei Zugaben geben, bevor die Massen einigermaßen zufrieden gestellt waren.

Das war mit Abstand das beste Konzert, auf dem ich bisher je gewesen war.

Freitag, 30. Januar – Ocho Rios

Es war mal wieder an der Zeit für einen Crewausflug. Wir hatten uns an der gleich am Strand befindlichen *Garfield Diving Station* eingefunden. In der Bucht von Ocho Rios. Von dem Inhaber der Tauchstation hatten wir auch den Tipp bekommen, an den *James Bond Beach* zu fahren. Der lag zirka zwanzig Minuten Bootsfahrt die Küste entlang. Wir waren am heutigen Tag achtzehn Personen und hatten deswegen gleich zwei Boote einschließlich der Bootsführer gemietet. Was durch die Menge geteilt und unter Einbeziehung des Crewrabatts, den wir erhielten, recht günstig war.

James Bond Beach – abgelegen, einsam und ein ruhiger Ort ... doch dann kam die Crew!

Die Küste, an der wir anlandeten, war ein bezauberndes Stück Natur. Mit einem wirklich langem Strandabschnitt. Und wir waren fast die einzigen Badegäste auf diesem idyllischen Fleck Jamaika. Dort, wo wir uns befanden, wurde der Strand durch einen kleinen Süßwasserfluss geteilt, allerdings war dieser nur wenige Zentimeter tief und somit mehr ein größerer breiter Bach, der direkt ins Meer floss. Ein toller Anblick. Die Quelle lag in den Bergen, irgendwo im Hinterland dieser schönen Bucht.

Wir kletterten, nachdem wir die Umgebung erkundet und alles mit unserer Kamera dokumentiert hatten, in Badebekleidung die kleinen Felsen am Rande des Strandes empor. Dort gelangten wir nach ein paar Metern zu einem kleinen, überschaubaren Wasserfall. Das Schöne an dieser Stelle war, dass man in ein natürliches Becken von der Größe eines geräumigen Zehn-Personen-Whirlpools – natürlich ohne Luftblasen – springen konnte, der inmitten der Felsen über dem Wasserfall lag. Man musste aber trotzdem darauf achten, dass man genau ins Zentrum zielte, da es an den Seiten schon wieder flachere Stellen und aus dem Wasser herausragende Steine gab. Zudem konnte man auch auf einen riesigen alten Baum klettern, dessen dicke Äste über das Wasserloch ragten. Von dort in das angenehm temperierte Wasser zu hüpfen machte noch mehr Spaß, als dies nur vom »Beckenrand« zu tun. Toll war auch, dass man an dem Punkt, an dem das Wasser aus dem »Pool« abfloss, die Steinformation hinunterrutschen konnte und nach ein paar Metern am Strand landete.

Ein wunderschöner Platz, von der Natur im Laufe der Jahrhunderte geschaffen. Ein Wildwasser-Abenteuer-Beach-Spielplatz.

Sonntag, 1. Februar – auf See

Piraten

Die Karibik ist ja für Piraten bekannt. Am berühmtesten dürften seit *Fluch der Karibik* – engl. *Pirates of the Caribbean* -, Captain Jack Sparrow und das Schiff »Black Pearl« sein.

Das »Goldene Zeitalter« der Piraten ist in der Karibik schon seit Jahrhunderten vorbei. Doch es gibt sie immer noch. Die Piraten. In der Karibik ist das Problem im Vergleich zu den Küstengebieten vor Somalia eher sehr gering und ein Überfall unwahrscheinlich – aber ausgeschlossen? Am Horn von Afrika dagegen ist die Gefahr der modernen Piraterie bis heute allgegenwärtig. Dort, von der Küste Somalias ausgehend, operieren an die tausend Piraten auf den Meeren. Dies betrifft das Rote Meer, den Persischen Golf, das Arabische Meer und sogar Teile des Indischen Ozeans. Die gefährlichste Strecke stellt aber der Golf von Aden dar, der im Norden an den Jemen und im Süden an Somalia grenzt. Von der MARLO (Maritime Liaison Office) ist zur sicheren Passage für zivile Schiffe ein Korridor – der *International Recommended Transit Corridor* – eingerichtet worden. Dieser wird durch eine multinationale Flotte von Kriegsschiffen überwacht.

In der Regel greifen Piraten in ihren kleinen Schnellbooten keine Cruise Liner an, da diese besser und schneller manövrieren können als Container- und andere Handelsschiffe. Natürlich gibt es da leider auch Ausnahmen: Piraten hatten Anfang November 2005 das Kreuzfahrtschiff Seabourn Spirit vor der Küste Somalias angegriffen. Die Piraten hatten das Schiff mit Maschinengewehren und reaktiven Panzerbüchsen beschossen, wurden jedoch von der Besatzung mit Wasserstrahlern und durch den Einsatz eines *Long Range Acoustic Device* abgewehrt. Das Schiff konnte anschließend mit einem Zick-Zack-Kurs auf das offene Meer entkommen.

Ich kenne diesen Streckenabschnitt aus eigener Erfahrung. Allerdings durfte, konnte, ich die folgenden Erlebnisse erst Jahre später sammeln. Im Frühjahr 2010. Während meines Einsatzes auf der im Jahre 2007 in Dienst gestellten ADIAmiva.

... Ein Blick in die Zukunft ...

Wir waren gerade auf unserer Transarabia-Reise von Dubai nach Antalya unterwegs und passierten durch den *Transit Corridor* den Golf von Aden. Es war ein ruhiger Seetag, kein Wind, keine Wellen und viel Sonnenschein. Ich war gerade auf meinem Kontrollgang über das Pooldeck. Mittlerweile zum Bar Chef aufgestiegen war ich als Leiter der Pool Bar nicht nur für diese, sondern auch für die angrenzenden Außenbereiche der Decks 12 & 14 zuständig. Hier mussten die Sauberkeit und die Arbeit der Deckstewards in regelmäßigen Abständen von mir kontrolliert werden. Da tauchten mit einem Mal in einiger Entfernung zwei Boote auf, die sich schnell näherten. Es dauerte nicht lang und die beiden kleinen Schnellboote waren am Heck unseres Schiffes. Dort trennten sie sich. Eines fuhr nach Backbord und das zweite nach Steuerbord. Auf beiden waren jeweils sechs vermummte Personen und ein schweres, am Bug befestigtes Maschinengewehr. Zusätzlich waren die Männer selbst teilweise mit Schnellfeuergewehren bewaffnet. Bei diesem Anblick wurde mir schon ein wenig flau im Magen.

Da staunte ich nicht schlecht, als in Anbetracht dieser bewaffneten Begleitung, die meisten Passagiere an Deck ihre Köpfe und Hälse weit über die Reling hinausstreckten, um einen Blick auf die Unbekannten in ihren Booten zu erhaschen. Mein Gott ..., die waren schwer bewaffnet! Ich würde nicht wie ein Vollidiot meine Rübe aus dem »Fenster« halten, wenn ich nicht wüsste, wer dieses Typen sind und was sie hier so schwer bewaffnet wollen. Aber so sind die Menschen, erst gucken und dann schreien, weil sie verletzt worden sind. Ja Hallo, wie wäre es zur Abwechslung mal mit dem Versuch in Deckung zu bleiben?

Auf mich kam, während ich die Paxe beobachtete, wie sie waghalsig ihre Hälse nach den unbekannten Booten ausstreckten, ein kleiner Junge zu. Er fragte mich: » Sind das Piraten?«

»Keine Ahnung, das weiß ich nicht. Es sieht meiner Meinung nach aber mehr nach Soldaten aus!«

Aber war ich mir da sicher? Nein, ich war mir nicht sicher! Allerdings hatten diese »Piraten« zu der Tarnkleidung vereinzelt Warnwesten an.

Und welcher Pirat trug eine neonfarbige Warnweste? Mir waren bisher keine bekannt. Vielleicht waren sie verkleidet, ein Täuschungsmanöver? Aber ihr Verhalten war auch nicht aggressiv. Wären es Piraten, hätten sie mit Sicherheit schon das Feuer auf uns eröffnet. Und da war noch etwas … Piraten fotografieren nicht! Aber dort auf der Backbordseite machte einer im Boot doch tatsächlich Aufnahmen. Ich war, als ich das gesehen hatte, doch ein wenig erleichtert. Erlöst wurde ich wie viele andere aber erst durch die Durchsage des Kapitäns. Dieser erklärte, dass es sich bei den Fremden um Soldaten handelte, die einfach nur ein wenig neugierig auf unser Schiff waren und beschlossen hatten, sich dieses einfach mal aus der Nähe anzuschauen. Puh! Nochmal Schwein gehabt …

Aber was hätten wir eigentlich gegen Piraten unternehmen können? Nun, wir hatten an unserer Reling auf Deck sechs um das ganze Schiff herum alle paar Meter Wasserwerfer installiert – jeweils mindestens fünf auf jeder Schiffsseite. Zudem befand sich an Back- und Steuerbord eine Schallkanone – *Long Range Acoustic Device*. Die Brücke war in ständiger erhöhter Bereitschaft und hielt verstärkt Wache. Auch unsere Security war 24 h auf Wachposten und hielt die Augen und Ferngläser stets auf das Meer gerichtet. Doch das Wahnwitzigste war wohl Folgendes.

Wir waren angewiesen worden, unsere kleinen 0,25l Glaswasserflaschen an den Bars zu sammeln. Als ich fragte, welchem Zweck das dienen sollte, bekam ich doch glatt zu hören, dass diese Flaschen im Falle eines Piratenangriffes als zusätzliche Verteidigungswaffe vorgesehen waren. Bitte was? Also, ich würde mich ungern, während ich im Kreuzfeuer von Schnellfeuergewehren stehe, auf der Reling einfinden, um dort leere Wasserflaschen auf die Angreifer zu werfen! Im Falle eines Falles hoffe ich einfach auf ein Kriegsschiff, welches sich vielleicht gerade in der Nähe auf Patrouillenfahrt befindet!

Montag, 2. Februar – Cozumel

Der heutige Tag verlief ohne besondere Vorkommnisse. Die Gäste kamen und gingen. Sie bestellten Cocktails, Longdrinks und natürlich des Deutschen Liebstes – Bier! Schon auf der Überfahrt in die Karibik war Bier das meistverkaufte Getränk an der Bar gewesen. Bei vierzehn Tagen Urlaub sind die Menschen nicht so verschwenderisch und teilen sich ihr Geld ein. Bier war günstig und somit der Bestseller!

Es gab Abende auf der Überfahrt, da waren bis auf ein, zwei Ausnahmen alle Gläser, die auf dem Tresen standen, Biergläser. Wir hatten sogar manchmal einen Mangel an Biertulpen und mussten uns deswegen mehrmals aus anderen Bars Nachschub besorgen. Aber das sollte gar nicht das Thema sein.

Das Thema sollten vielmehr zwei jüngere Gäste sein, die schon seit dem frühen Nachmittag an der Pool Bar saßen und tranken. Es war offensichtlich, dass sich die Frau und der Mann längstens seit der Nacht zuvor kannten. Man entwickelt mit der Zeit ein Gespür und ein Auge für so etwas. Während der Nachmittag so langsam verstrich, kippten die beiden, anfangs noch mit Freunden, später dann allein, immer mehr Kurze und Bier in sich hinein. Das zunächst noch leichte Küssen und Kuscheln verwandelte sich dabei in immer wilder werdende Knutsch- und Fummelszenen. Der Höhepunkt war aber erreicht, als es ab halb sieben nicht nur bereits dunkel, sondern auch immer ruhiger am Tresen geworden war. Die meisten Gäste waren bereits auf ihren Kabinen, sich umziehen, oder schon beim Abendessen.

Die beiden machten eng umschlungen rum. Er schien spitz wie Nachbars Lumpi zu sein, während sie, wenn ich mich nicht verhörte, immer heftiger atmete. Es war schon beinahe ein Keuchen. Sie versuchte zwar leise zu sein, allerdings ist das wohl nicht so einfach, wenn man dank seines Minirocks gerade von seiner Bekanntschaft aus der Disco auf dem Barhocker gefingert wird. Wie ich darauf komme? Die Bewegungen seines Armes ließen keinen anderen Schluss zu … Wir standen da und trauten unseren Augen nicht. Grinsend schauten wir uns an und beschlossen dem »Treiben« Einhalt zu gebieten. Ich fragte beide, ob es denn, da wir bald schließen würden, noch was sein dürfe. Sie verneinte mit gläsernem Blick und auch er wollte nichts mehr. *Zumindest nichts aus dem Barsortiment*. Hinter der Bar führte eine Treppe auf das oberste Außendeck und diese nahmen die beiden. Wir wussten, was passieren würde. Er würde die Kleine da oben jetzt flachlegen. Es ihr so richtig besorgen.

Wir warteten also noch ein Weilchen, bis Tobi und ich zusammen mit unseren fünf Deckstewards beschlossen, mal zu schauen, was sich da oben so abspielte. Wir brauchten nicht lange zu suchen. Nach der zweiten Biegung, um die man aufgrund des Windfangs gehen musste, sahen wir die beiden. Sie spiegelten sich in der Glasreling, die dieses Deck umgab. Er war auf ihr und schien, so weit wir das beurteilen konnten, alles zu geben, und ihr gefiel es offenbar. Man vernahm neben einem leichten unterdrückten Stöhnen das Klatschen der nackten Haut, die wieder und wieder aufeinanderprallte.

klatsch-klatsch-klatsch

Wir hatten genug gesehen und widmeten uns wieder unseren eigentlichen Aufgaben. Kurz bevor wir die Bar schließen wollten, kamen die beiden die Treppe wieder hinunter. Sie ging vorweg. Ihr Haar war zerwühlt und stand wild vom Kopf ab, während sie versuchte einigermaßen ihre Kleidung zu richten. Er hatte ein zufriedenes Lächeln auf den Lippen und stolperte, wohl auch noch reichlich betrunken, hinter ihr die Treppe runter. Wir mussten lachen, als wir sie sahen, und ignorierten dabei die fragenden Blicke. So was erlebte man auch nur hier …!

Mittwoch, 4. Februar – Puerto Cortés

Manche Leute müssen halt mit den Konsequenzen ihres Tuns leben.

Am gestrigen Abend wurde mal wieder Feueralarm auf der Brücke durch einen der Rauchmelder, die sich in allen Kabine befanden, ausgelöst. Diese Geräte waren so empfindlich, dass bereits eine heiße Dusche und der dabei entstehende Wasserdampf den Alarm auf der Brücke ertönen lassen konnte. Daraufhin rief der wachhabende Offizier in der betroffenen Kabine an und fragte, ob alles in Ordnung sei. Zusätzlich kam sicherheitshalber auch noch die Fire-Patrol vorbei und schaute ebenfalls vor Ort einmal nach dem Rechten.

Nachdem dieser Kontrollanruf auf der Kabine eingegangen war, läutete das Telefon an der Rezeption. Am anderen Ende der Leitung war einer der beiden Jungs, die gerade von der Brücke angerufen worden waren. Der Junge fragte an der Rezeption nach, ob es denn sein konnte, dass sich wirklich die Brücke bei ihnen auf der Kabine gemeldet und gefragt hatte, ob alles in Ordnung sei. Offensichtlich hielten sie das für einen Scherz.

Ihnen wurde von der Rezeption mitgeteilt, dass es sehr wohl sein konnte, dass die Brücke im Falle eines Alarms, ausgelöst durch den

Rauchmelder, einen Kontrollanruf unternahm. Es sei aber durchaus normal und passiere häufiger, da bereits Wasserdampf oder Zigarettenrauch den Melder aktivierten.

Der Junge am Ende der Leitung lachte. Er meinte sogar, dass es nicht die Dusche gewesen sein könne, aber sie würden rauchen, aber keine Zigaretten … Sie wisse schon, was er meine! Das waren seine Worte, bevor er einhängte und die Rezi umgehend den wachhabenden Offizier auf der Brücke informierte, dass sie den Verdacht hege, dass auf der Kabine, aus welcher der Alarm gekommen war, Drogen im Sinne eines Joints konsumiert würden.

Es dauerte nur ein paar Minuten, da stand der Seco mit zwei seiner Kollegen vor der Tür der betroffenen Kabine. Als die Jungs die Tür öffneten, stieg dem Seco auch schon der frische Duft von Marihuana in die Nase. Blöd nur, dass Drogen, egal welcher Art, an Bord verboten sind und der Besitz eine sofortige Ausschiffung im nächsten Anlaufhafen zur Folge hatte.

Hätte einer dieser Jungs nicht an der Rezeption angerufen und den Night Auditor aufgrund seines Kommentars stutzig werden lassen, ja, sie hätten am Abend das Auslaufen vom Schiff und nicht von der Pier aus beobachten können.

Da standen sie nun. Glücklich schauten sie nicht aus, aber auch nicht besonders betroffen. Vielleicht lag es daran, dass sie nicht viel Zeit zum Packen bekommen und zudem die ganze Zeit bis zur Übergabe an die Hafenbehörden unter Beobachtung gestanden hatten. Mal ganz ehrlich, Puerto Cortés in Honduras. Also hier vor die Tür gesetzt zu werden, war wirklich eine Strafe. Da musste man ja Angst haben, dass man den Flughafen nicht erreichte, da der Taxifahrer einen im Dschungel ausrauben und dann der Wildnis überlassen konnte. Okay, dieses Szenario mochte ein wenig übertrieben sein, aber es war nicht unwahrscheinlich.

Tja, was konnten diese Jungs jetzt tun? Sie hatten mindestens zwei Möglichkeiten zur Auswahl.

a) nach Deutschland zurückzufliegen oder aber b) einen Flug nach Jamaika zu buchen und dort in einem Hotel auf den bereits gebuchten und bezahlten Rückflug nach Deutschland zu warten. So viel sei verraten. Angeblich haben Gäste von uns, die vor der Woche an Bord eine Woche in einem Hotel auf Jamaika gebucht hatten, diese Jungs getroffen.

Donnerstag, 5. Februar – auf See

Ich sollte heute Abend in der Anytime arbeiten, zur Verstärkung des Teams. Es war eine größere Mottoparty geplant – *Golden Nights*. Da war man für jede helfende Hand dankbar.

Der Abend verlief ohne besondere Vorkommnisse. Oder doch nicht … Eine winzige Kleinigkeit gab es doch, die mir ein wenig Sorgen machte.

Nachdem wir die PB am heutigen Abend geschlossen hatten, trafen wir uns nach dem Essen in der Crew Bar, um in geselliger Runde ein paar Bier zu trinken, bevor wir zurück zum Dienst mussten. Allerdings fiel mir dort schon der kleine rote Punkt an meinem rechten Ellbogen auf. Dieser Punkt schmerzte ein wenig, wenn ich ihn berührte. Ich hatte sofort einen Flashback – den gleichen Schmerz hatte ich wahrgenommen, bevor der linke Schleimbeutel seinen Dienst quittiert hatte. Aber das konnte nicht sein. Ich hatte nie Probleme mit diesen Beuteln gehabt und nun gleich zweimal? Erst links und jetzt rechts? Nein, das konnte nicht sein. Es war sicher nur ein Pickel oder etwas dergleichen. Mit diesem Gedanken tat ich die Sache ab.

Wie gesagt, der Abend verlief ohne Vorkommnisse. Die Party war gut besucht und die Gäste waren alle blendend gelaunt. Es schien, als könne nichts diese Stimmung trüben. Bis ich plötzlich meinen Arm immer schlechter und nicht mehr ohne Schmerzen bewegen konnte. Als ich mir an den Ellbogen fasste, war dieser nicht warm, sondern fast heiß. Ich ging ins Licht und sah mir das genauer an. Der Ellbogen war bereits dick angeschwollen und hatte sich rot verfärbt. Das durfte nicht wahr sein … Nicht schon wieder!

Ich informierte sofort den Supervisor der Anytime. Der wiederum den BM. Und als sie meinen Arm angeschaut hatte, benachrichtigte sie wiederum die Rezi. Diese sollte dem Doc Bescheid geben, dass ich vor dem Hospital warten würde. Da stand ich nun.

… Schleimbeutel die zweite!

Was für eine Scheiß-Geschichte war das denn jetzt? Ich hoffte einfach nur, dass ich wie beim letzten Mal wieder nach ein paar Tagen einigermaßen fit und einsatzbereit sein würde. Die Diagnose des Arztes bestätigte meine Einschätzung – Schleimbeutelentzündung! Tja, und schon hat man Routine in einer Sache. Ich kannte den Ablauf, der jetzt folgte, bereits sehr gut. Arm ruhigstellen. Diesen möglichst nicht bewegen und immer gut kühlen.

Ich überreichte also meiner Barmanagerin die Krankmeldung und machte mich mit meinem bandagierten Arm und einer großen Tüte Crushed Ice auf den Weg auf meine Kabine. Da war er wieder. Der Zwangsurlaub. Das kann auf einem Schiff mehr als nur langweilig werden. Zumal wir im Fernsehen außer DW (Deutsche Welle) hier in der Karibik nichts empfangen konnten. Und die Filme auf dem Crewkanal wechselten nur alle 24 h. Da würde ich wohl auch mal wieder zu einem Buch greifen müssen.

Sonntag, 9. Februar – Puerto Limón

Ich war nun schon den vierten Tag krankgeschrieben. Es war aber bei weitem nicht so langweilig gewesen, wie ich es anfangs befürchtet hatte. Die meiste Zeit verbrachte ich in Gesellschaft der anderen Crewmitglieder. Zu den Essenszeiten hielt ich mich jeweils von Anfang bis Ende in der Crewmesse auf. Natürlich auch zwischendurch, um in der Smoking Area zu rauchen. Dabei traf ich ständig auf verschiedene Kollegen. Mein soziales Leben war demnach besser als je zuvor. Denn nun konnte ich mich lange und ausgiebig mit allen unterhalten. Zudem kam ich in den Genuss, einen Großteil meiner Abende in der Crew Bar zu verbringen. Natürlich bekam ich auch auf meiner Kabine viele Krankenbesuche. Es waren eigentlich alle, die mich an Bord kannten, um meine Gesundheit bemüht und besorgt zur selben Zeit. Das lag wohl auch daran, dass es meinem Schleimbeutel diesmal nicht besser ging. Es war langsam immer schlimmer geworden. Wohl bemerkt, ich hatte den Arm die letzten drei Tage so gut es ging nicht bewegt, und gekühlt hatte ich ihn den ganzen Tag über. Aber es schien nichts zu helfen. Die Ärzte hatten schon am vorigen Tag bei der Begutachtung des Ellbogens gemeint, das, wenn es bis heute nicht besser werde, es das Beste sei, die Stelle zu punktieren, um den Eiter mit einer Spritze herauszuholen.

Brrr! Gruselig, Autsch … Aber mir war am Morgen schon klar, dass ich da wohl nicht drum herumkommen würde. Ich saß also am Abend im Hospital und wartete auf meine Behandlung. Nun gut, wenn das wirklich helfen sollte, dann war ich bereit. Schließlich wollte ich ja eigentlich noch ein Weilchen an Bord bleiben. Allerdings ging mir so langsam nach fünf Monaten die Kraft aus. Das zeigte sich wohl auch in dieser wachsenden Entzündung in meinem Arm. Doch war da noch mein Tauchschein, den musste ich unbedingt noch zu Ende bringen. Eine Tour musste ich noch machen. Zwei Tauchgänge und ich war fertig. Ich konnte mein Geld doch nicht so im Nichts verpuffen lassen. Schließlich hatte der Schein auch mit Crewrabat eine Menge gekostet. Daumen drücken … Vielleicht und hoffentlich brachte dieser kleine Eingriff ja die ersehnte Heilung!

Zu meiner Erleichterung war außer einem kurzen Stich nichts zu spüren. Gleich nachdem der Doc mit der Spritze zugestochen hatte, lief der Eiter bereits aus der kleinen Wunde heraus. Das machte ihn zuversichtlich für meine Genesung. Gleichzeitig war er über die Menge an Eiter leicht überrascht. Trotzdem sollte jetzt, nachdem der Großteil entfernt war, eine baldige Besserung eintreten. Davon war er felsenfest überzeugt.

Ich wurde also nochmals zwei Tage krankgeschrieben und brach damit schon beinah alle Rekorde. Normalerweise wurde man ab dem vierten Tag der Krankschreibung, wenn keine absehbare Wiederherstellung in Sicht war, nach Hause geschickt. Nachdem man dort genesen war, kam man wieder zurück, um die restlichen Wochen oder Monate seines Vertrages zu erfüllen. Ich war immer noch an Bord, obwohl ich jetzt schon fast eine Woche aus dem Verkehr gezogen war. Ein Fortschritt war zwar zu spüren, eine Garantie gab es jedoch nicht. Trotzdem versuchten unsere beiden Schiffsärzte mir einen Abstieg zu ersparen und taten, was in ihrer Macht stand. Außerdem hatte ich nur noch fünf Wochen Dienst an Bord. Eine frühzeitige Ausschiffung und damit ein erneuter Aufstieg schienen sich in meinem Fall nicht wirklich zu lohnen. Für vier Wochen oder weniger war der Aufwand mit den Flügen nach Deutschland und wieder in die Karibik zurück zu groß. Das rechnete sich nicht wirklich für die Reederei und war wohl mit ein Grund, warum die Helden oder besser die Engel in Weiß alles gaben, um die Entzündung zu bekämpfen.

Ich hoffte einfach, dass diese kleine Prozedur den gewünschten Erfolg haben würde und ich endlich wieder arbeiten konnte. Was mir im Moment aber noch wichtiger war: Ich wollte um jeden Preis meinen Tauchschein fertig bekommen!

Mittwoch, 11. Februar – Cartagena

Es gab gute Nachrichten. Als ich am heutigen Abend aus dem Hospital zurück in die Crewmesse kam, strahlte ich übers ganze Gesicht. Die Entzündung war zurückgegangen, ich konnte – durfte – mal wieder an Bord bleiben. Ich war erleichtert, aber auch meinen Kollegen schien es mit dieser Nachricht besser zu gehen. Alle freuten sich mit mir. Durch die lange Zeit, die man zusammen auf dieser schwimmenden Insel verbrachte, die Arbeitsplatz, Wohnort und Lebensmittelpunkt in einem war, wuchs man unwahrscheinlich stark zusammen.

In der heutigen Nacht bekam ich unerwarteten Besuch. Yvonne stand mit einem Mal in meinem Zimmer. Sie kam direkt aus der Anytime und hatte immer noch einen Wodka-Bull in der Hand. Sogar für mich hatte sie einen mitgebracht. Mein neuer Zimmerkollege, Thorsten, war zum Glück nicht da.

Thorsten war am letzten Samstag aufgestiegen, aber schon richtig im Bordleben oder besser gesagt im Nachtleben aufgegangen und war fast jede Nacht auf der Piste. Respekt!

Yvonne war nicht das erste Mal bei mir, wir hatten schon des Öfteren Sex gehabt, trotzdem war ich ein wenig verblüfft sie hier zu sehen. Allerdings nicht lange. Sie hatte ein Shirt und einen Minirock an. Wie sich kurze Zeit später herausstellte, war das auch alles, sie trug weder BH noch Slip. Eine Frau, die splitterfasernackt in meiner Kabine stand, musste mich nicht zweimal bitten. Ich zog die Decke beiseite und sie stieg zu mir ins Bett.

Wir wollten gerade die Stellung wechseln, als mit einem Knall die Tür aufgestoßen wurde und mein Zimmerkollege torkelnd und lallend ins Zimmer fiel. Wir unterbrachen gezwungenermaßen, unseren Akt der Verschmelzung und widmeten Thorsten grinsend unsere volle Aufmerksamkeit. Dieser lag nämlich mittlerweile wie ein Käfer auf dem Rücken und versuchte vergeblich seine Hose auszuziehen. Wir konnten nicht mehr vor Lachen. Nachdem er es endlich geschafft hatte, sich seiner Kleidung zu entledigen, kroch er lallend in sein Bett. Seins war wohlgemerkt das obere. Er schaffte es dann auch endlich irgendwie, ohne sich zu verletzten. Allerdings war dann keine Ruhe. Nein, im Gegenteil. Er redete wie ein Wasserfall und schüttete uns sein Herz aus. Er hatte Probleme – Liebesprobleme! Zu Hause lief alles nicht so rund. Deshalb hatte er wie ein paar andere auch den Entschluss gefasst, eine Zeitlang auf See zu arbeiten. Fern von all dem, was ihn in der Heimat beschäftigte. Dazu kam, dass er sich, in den paar Tagen die er an Bord verweilt hatte, in die Barmanagerin verguckt hatte. Oh Mann, wo sollte das bloß hinführen?

Zumindest für ihn erst einmal wieder aus der Kabine ... Mit einem Mal krabbelte er nämlich aus seiner Koje und versuchte dann reichlich umständlich erneut in seine Klamotten zu kommen. Er wollte zurück in die Disco – feiern, saufen, egal was! Nach ein paar Minuten, die er kämpfend mit seiner Hose und einem T-Shirt verbracht hatte, stürzte er aus der Kabine, schrie, aus welchem Grund auch immer, »CARTAGENA!« und verschwand.

Wir konnten ihn, in der Kabine, noch am Ende des Ganges »CARTAGENA ... CARTAGENAAaaa ...!« rufen hören. Zwar waren wir noch leicht verblüfft von dieser – ja, sagen wir mal Erscheinung mussten aber trotzdem lauthals über das gerade Passierte lachen.

Danach widmeten wir uns aber wieder ganz und gar dem Sex.

Samstag, 14. Februar – Montego Bay

Es war ein wunderschöner, sonniger Tag, der mich, als ich aus dem Bullauge meiner Kabine schaute, begrüßte. Ein wolkenloser Himmel und eine spiegelglatte See wie aus einem Bilderbuch. Der perfekte Tag um zum Tauchen rauszufahren. Ich hatte, gleich nachdem ich am Mittwochabend aus dem Hospital gekommen war, meinen Tauchlehrer gebeten, mich für Montego Bay für meine letzten beide Tauchgänge einzutragen. Die Tickets für diesen »Ausflug« hatte ich mir am nächsten Morgen gleich am *Diving Counter* abgeholt. Nun klappte es doch noch, ich konnte meinen Tauchschein beenden.

Eigentlich sollte ich meinen Arm ja nach wie vor schonen. Ich war zwar nicht mehr krankgeschrieben, das hieß aber noch lange nicht, dass ich vollends gesund war. Egal! Der Tauchschein war mir momentan wichtiger, ich musste die Gelegenheit nutzen. Danach würde ich ja sehen, wie es weiter ging. Andererseits war es mir so kurz vor dem Ende meines Einsatzes auch ein wenig egal. Was auch passieren würde, den Tauchschein hatte ich in der Tasche!

In Montego Bay musste man nicht lange zu einem Strand oder einer weit entfernt liegenden Tauchstation fahren. Der Treffpunkt war auf der Kaimauer, 300 Meter neben unserem Schiff. Wir starteten direkt vom Hafen aus und fuhren eine viertel Stunde an der Küste entlang zu unserem ersten Tauchspot, der uns 25 Meter tief zu den schönsten Korallen führte. Es war einfach fantastisch, so schwerelos durch eine derart farbenfrohe Welt zu tauchen. Es gab hier so viele exotische Fische, dass man gar nicht wusste, wohin man zuerst schauen sollte. Überall um einen herum tummelten sich die schillerndsten, schönsten und buntesten Meeresbewohner im kristallklaren Wasser.

Der zweite Tauchspot war in der Nähe des *Doctor's Cave Beach Club.* Hier sollte ich meine letzte Prüfung absolvieren. Der Notaufstieg aus geringer Tiefe. Wir befanden uns in seichten Gewässern. In einer Tiefe von fünf Metern kniete ich auf dem Grund. Ich machte mich bereit, meinen Bleigürtel abzulegen, um dann so schnell es ging aufzutauchen. Mein Tarierjacket durfte ich in dem Fall nicht zu Hilfe nehmen, da wir einen Notaufstieg aufgrund einer defekten oder leeren Sauerstoffflasche simulierten. Schade, wenn ich Luft in mein Jacket hätte blasen können, wäre der Aufstieg zur Wasseroberfläche um einiges leichter gewesen. Die Ausrüstung wog dann doch noch einiges, obwohl knapp drei Kilo Blei schon auf dem Grund der Sandbank lagen. Auf ungefähr halber Strecke bekam ich plötzlich einen Krampf in der rechten Wadenmuskulatur. Ich verlor mein Ziel, die Oberfläche, aber nicht aus den Augen und strampelte mit dem linken Bein umso stärker, damit ich den Notaufstieg beenden konnte. Eine Sekunde später quittierte aber auch der linke Muskel den Dienst. Mit einem noch stärkeren Krampf auf dieser Seite musste ich mein Vorhaben aufzutauchen aufgeben. Ich hielt meine beiden Unterschenkel fest umschlossen, um des Krampfes in beiden Beinen Herr zu werden. Dabei fiel ich wie ein großer, schwerer Stein auf den Grund des Meeres zurück, wo ich wie eine hilflose Schildkröte auf dem Rücken liegen blieb. Aufgrund der Ausrüstung konnte ich mich wenig später, als die Muskeln sich gelockert hatten, erst mit Hilfe meines Tauchlehrers wieder aufrappeln. Ich sah seinen fragenden Blick hinter seiner Maske, konnte ihm unter Wasser allerdings nicht wirklich verständlich erklären, was gerade die Ursache meines ungewollten Absinkens gewesen war.

Als wir wieder im Tauchboot saßen, nachdem ich beim zweiten Anlauf den Notaufstieg bestens ohne Zwischenfälle gemeistert hatte, fragte mich mein Tauchlehrer, was denn da unten vorgefallen sei. Ich klärte ihn auf. Darüber, dass ich erst in der einen und dann kurz darauf auch in der anderen Wade einen starken Krampf bekommen hatte und keine Chance mehr hatte aufzutauchen, da ich meine Beine nicht mehr bewegen konnte. Er musste lachen und als ich mir vorstellte, wie das ausgesehen haben musste, als ich da wie ein Stein absank, musste ich ebenfalls lachen. Aber meinen Tauchschein hatte ich bestanden.

Gegen Abend bemerkte ich, dass mein Arm wieder zu schmerzen anfing. Ich beschloss, meinen Schleimbeutel ein wenig zu schonen. Es ist aber nicht einfach, wenn man sich als Rechtshänder bemüht den rechten Arm nicht oder nur notfalls zu benutzen. Schon mal versucht, eine Caipirinha mit links zu machen? Es geht, aber es dauert im Vergleich ewig. Außerdem muss es irgendwie stark gehandicapt ausgeschaut haben. Nun denn, da musste ich nun durch und so hoffte ich, dass der Großteil der Gäste an diesem Abend Bier und Longdrinks bestellen würde.

Dienstag, 17. Februar – Belize

Heute Morgen wachte ich mit heftigen Schmerzen im rechten Arm auf. Erst dachte ich, ich hätte es nur geträumt, musste aber, nachdem ich einen Blick auf meinen Ellbogen geworfen hatte, feststellen, dass dieser wieder enorm angeschwollen war. Das durfte nicht wahr sein. Dieser verfluchte Schleimbeutel schien keine Ruhe geben zu wollen. Was sollte ich denn noch tun, damit es besser würde? Gut, die Antwort lag mir auf der Zunge – nach Hause fliegen! Aber ich wollte noch immer nicht absteigen. Klar, arbeiten wollte ich unter diesen Umständen auch nicht. Aber es musste doch eine Lösung geben?! Doch je länger ich mir das »Unglück« an meinem Arm so anschaute, desto klarer wurde mir, dass sich wohl kein guter Ausweg zeigen würde.

Ich machte mich also auf den mittlerweile gewohnten Weg zum Hospital. Da ich noch kurz vor der ersten Sprechstunde an diesem Morgen kam, waren, aufgrund der Übergabe, beide Schiffsärzte anwesend. Nachdem ich mich bei der Krankenschwester angemeldet hatte, wurde ich von ihnen in Empfang genommen. Die Fakten waren klar, aber dieser wie jener schien in Bezug auf die Heilung ein wenig sprachlos zu sein. Sie würden mich erst mal wieder für die nächsten drei Tage krankschreiben müssen. Danach sollte ich wieder versuchen zu arbeiten. Falls es sich jedoch nicht besserte, sollte ich noch einmal vorbeikommen.

Da stand ich also wieder mit meinem Gelben Schein. So langsam mutierte ich hier an Bord zu einem Gast, der nur noch mitfuhr, ohne eine Leistung erbringen zu müssen. Oh Mann, wie und vor allem womit sollte ich mich in den nächsten Tagen nur beschäftigen?

Crewmesse? Vielleicht ein wenig in die Sonne legen, auf dem Achterdeck? Deutsche Welle schauen und mir sämtliche Nachrichten auf Englisch, Spanisch und auf Deutsch ansehen? Ich würde wohl eine gute Mischung aus allem erleben!

Hoffentlich heilte die Entzündung ab, denn für den Fall dass es schlimmer wurde und die Entzündung sich ausbreitete, war eine OP die einzige Alternative.

Freitag, 20. Februar – George Town

Heute war der dritte Tag der Krankschreibung, also auch der letzte. Die Entzündung war weder zurückgegangen noch besser geworden. Offensichtlich war die einzige Veränderung eine Ausbreitung der Entzündung. Die Ärzte wollten mich nicht weiter krankschreiben. Das hatten sie mir, bei meinem letzten Kontrollbesuch gesagt – nur im Notfall! War das ein Notfall? Sie meinten, aufgrund der langen Krankengeschichte müssten sie mich dann nach Hause schicken. Aber war das denn nicht auch besser? Es schien keine Besserung sprich Heilung in Sicht, also was sollte ich noch hier an Bord? Ich fuhr doch nur auf Kosten der Firma in der Karibik umher, ohne auch nur einen Vorteil davon zu haben. Im Gegenteil, ich verbrachte die meiste Zeit »unter Tage«, in der Messe und auf meiner Kabine in der Koje. Wer profitierte denn von dieser Situation? Es wäre doch wohl für alle einfach besser, wenn ich nach Hause flog …

Samstag, 21. Februar – Montego Bay

Ich beschloss, immer noch unsicher, wie ich die Situation und die Entzündung einschätzen sollte, erst mal wieder zur Arbeit zu gehen. Der Unterarm schien aber was anderes sagen zu wollen. Am Anfang war die Entzündung, deutlich sichtbar an der rötlichen Verfärbung, nur um den Ellbogen und vielleicht drei Zentimeter um diesen herum gewesen. Mittlerweile führte sie, bis auf wenige Zentimeter, den ganzen Unterarm zu meiner Hand hinunter.

Es sah, auch wenn ich es nicht wahrhaben wollte, stark nach einem Notfall aus. Trotzdem meldete ich mich zum Dienst. Meine Barmanagerin hatte mich aufgrund meiner hohen Ausfallrate aus dem Dienstplan der PB herausgenommen. Damit ich mich ein wenig schonen konnte, wurde ich in der weniger stark besuchten Nightfly Bar eingeteilt. Dort war bis auf wenige Ausnahmen nur abends beim *Aktiv-Bingo* richtig Trubel. Also der richtige Ort für einen nicht wirklich funktionierenden Barkeeper.

Ich trat meinen Dienst am späten Nachmittag wieder an. Aufgrund der PP war diese Bar den ganzen Abend über geschlossen, deshalb sollte ich ein GC in der Pantry durchführen. Putzen konnte ich ja schließlich, wenn auch nur mit dem linken Arm. Aber ich konnte, durfte, wieder etwas tun! Das fühlte sich gut an. Die Schmerzen ignorierte ich einfach. Ich hatte wohl die Hoffnung, dass sie, wenn ich lange genug nicht daran dachte, einfach aufhören würden. Sie taten es nicht!

Während ich so putzte, stand mit einem Mal der Staff Captain in der Tür der Pantry. Da dieser der disziplinarische Vorgesetzte der gesamten Crew ist und natürlich über meinen Fall informiert worden war, wollte er sich mal nach meinem Befinden erkundigen. Ich zeigte ihm meinen Arm. Seine Augen schienen bei dem Anblick immer größer zu werden. Auch mir verschlug es den Atem, als ich meine Augen auf die Stelle richtete, die bis eben noch von meinem Jeanshemd bedeckt gewesen war.

Die Entzündung war nur noch einen Fingerbreit vom Handgelenk entfernt und hatte nebenbei den gesamten Unterarm auf den doppelten Umfang anschwellen lassen. »Ach du Scheiße! …«, stieß ich aus und wollte meinen Augen nicht trauen. Das schien wohl doch noch ein Notfall zu werden. Der Staff informierte sofort den Arzt und ebenso den BM. Bevor ich mich also versah, stand ich einige Minuten später in der Pantry im Mittelpunkt des Geschehens. Nach einem kurzen Blick des Arztes auf den Zustand meines Armes stand die Diagnose fest. Akute Schleimbeutelentzündung …

»… Tausend verfluchte Höllenhunde!« An mehr konnte ich in diesem Moment nicht mehr denken. Mittlerweile war auch meine Vorgesetzte eingetroffen und staunte nicht schlecht, als sie das Ausmaß der Infektion sah. Zumindest hatte ich nun Mitleid von allen Seiten. Nur leider half das kein bisschen die Entzündung zu lindern. Für einen Flug nach Hause war es zu spät, so etwas erforderte mindestens eine Woche Vorlauf. Der Flug musste gebucht werden und auch ein Ersatz sollte für mich im Idealfall bereitstehen. Das brauchte nun mal Zeit. Zeit, die ich aber nicht hatte. Ich musste operiert werden. Das stand fest und war unabwendbar. Wann und wo musste aber noch von den Schiffsärzten zusammen mit dem Staff in Erfahrung gebracht werden. Ich sollte mich am nächsten Morgen im Hospital melden, dann würde aller Voraussicht nach das weitere Vorgehen feststehen.

Ich ging also an diesem Abend mit sehr gemischten Gefühlen zurück in meine Kabine.

Sonntag, 22. Februar – auf See

Heute Morgen wollten die Ärzte mir den Entschluss über das weitere Vorgehen bezüglich meiner Schleimbeutelentzündung mitteilen. Ich saß pünktlich um halb acht im Wartezimmer. Es dauerte nicht lange und ich wurde hereingebeten. Der Doc kam auch gleich zur Sache und teilte mir mit, dass ich am nächsten Tag in Costa Rica operiert werden sollte. Dort gab es eine gute Klinik und einen passenden Arzt für diese Behandlung. Ich war mir ehrlich gesagt nicht sicher, ob das jetzt gute Nachrichten waren oder nicht. Eine OP in Costa Rica?

Ich hoffte einfach mal darauf, dass unsere Schiffsärzte wussten, was sie taten, und in meinem besten Interesse entschieden hatten.

Montag, 23. Februar – Puerto Limón

Schleimbeutel OP in Costa Rica

Ich hatte die ganze Nacht kaum ein Auge zugemacht und war erst am frühen Morgen aufgrund der großen Müdigkeit eingeschlafen. Zwei Stunden später wurde ich aber jäh von meinem Wecker aus meinen Träumen gerissen.

Es war sieben Uhr.

Ich musste noch einmal ins »Hospi« gehen, um meine Papiere für den Arzt an Land abzuholen. Draußen auf der Pier sollte ein Hafenagent auf mich warten, der mich zum Arzt beziehungsweise ins Krankenhaus fahren sollte. Ich stand um 7:50 Uhr auf der Pier und wartete, während ich eine »Henkerszigarette« rauchte, auf den Agenten. Dieser erschien zehn Minuten später an der Gangway. Zusammen gingen wir zu seinem Auto. Zu meiner Überraschung konnte er neben einem guten Englisch sogar ein wenig Deutsch sprechen. Er erklärte mir im Wagen, dass wir zuerst den Arzt ausfindig machen würden, um im Anschluss mit ihm das weitere Vorgehen zu besprechen. Wir fuhren durch die Stadt, um den Arzt an seiner Klinik abzuholen. Dort sollte dieser, wie dem Agenten am Telefon mitgeteilt worden war, warten. Am Krankenhaus angekommen, stiegen wir aber nicht aus. Der Agent bat mich, kurz zu warten. Er würde mal nach dem Arzt schauen, anschließend würden wir in dessen Privatpraxis fahren. Während mein Fahrer also in der »Dschungelklinik« verschwand, machte ich mir bereits die ersten Gedanken. Die Klinik schien zwar äußerlich modern und im Gegensatz zu den anderen Häusern in der Stadt noch recht neu, allerdings hatte ich kein gutes Gefühl bei der ganzen Sache.

Erst müssen wir den Arzt suchen. Bei der Klinik angekommen, steigen wir nicht aus, sondern holen den Arzt nur ab und fahren weiter zu seiner Privatpraxis. Was ist das für ein Durcheinander? Wie sollte dieser Tag nur weitergehen? Ich hoffte bloß, ihn unbeschadet zu überstehen!

Nach einer Wartezeit von zehn Minuten kam der Agent zusammen mit dem Arzt zum Auto zurück. Nach weiteren fünf Minuten im Wagen erreichten wir seine Praxis. Das sollte eine Praxis sein? Seine Praxis? Wir standen vor einem Geschäft, besser gesagt vor einem Optiker! Was war hier los? War der Doc, der mich operieren sollte, ein Augenarzt? Wir gingen in das Geschäft und der Arzt wies mich an, auf einem der Stühle noch einen Moment zu warten. Daraufhin verschwand er mit dem Agenten in einem Hinterzimmer.

Ich sah mich um. Es bestand kein Zweifel, dies hier war ein Optikergeschäft. Überall waren Regale mit Brillengestellen und Sonnenbrillen. Auch Kontaktlinsen konnte man hier bekommen. Wo war ich hier nur hineingeraten? Ich bekam allmählich ein immer flaueres Gefühl in der Magengegend. Ganz zu schweigen von den Sorgen, die ich mir um mein Wohlergehen machte. Und warum verschwand der Hafenagent mit dem Arzt zusammen in einem Hinterzimmer, ohne mich? Ich war es doch, um den es hier ging! Ich hatte noch nicht zu Ende gedacht, da öffnete sich die Tür des Hinterzimmers und der Agent bat mich ihm zu folgen. Ich tat, wie mir geheißen, und folgte ihm. Die Tür führte aber nicht in ein Hinterzimmer, sondern in einen langen Korridor. Dieser war spärlich beleuchtet und links und rechts davon lagen mehrere einzelne Räume. In einem davon hatte der Doc sein Büro. Er schien recht freundlich zu sein und ich fasste wieder ein wenig mehr Mut. Er erklärte mir, dass er diese OP am Ellbogen gerne in der Klinik, die nebenbei gemerkt ihm gehörte, durchführen wolle. Zudem sollte ich dann noch drei Tage hier in Puerto Limón bleiben. Ich könne ja dann von Costa Rica nach Deutschland fliegen. Das würden sie aber noch einmal mit dem Schiff abklären. Ich stand kurz vor einer Panikattacke …! Mein Herzschlag beschleunigte sich dermaßen, dass ich dachte, es explodiere gleich.

Ich konnte kaum denken, ganz zu schweigen von meiner drohenden Atemnot. Ich würde auf keinen Fall hier in der Wildnis bleiben, in dieser Dschungelklinik! Nein, auf keinen Fall, wer wusste schon was mir hier alles zustoßen würde, und Englisch sprachen hier auch die wenigsten. Zudem war von einem längeren Aufenthalt niemals die Rede gewesen. Ich sollte hier kurz operiert werden und dann zurück an Bord gehen. Wo also lag das Problem?

Ich schilderte beiden, dass ich mich damit nicht einverstanden erklärte, und erst mal Rücksprache mit dem Schiffsarzt halten wolle. Beide zogen bei diesen Worten ein so verständnisloses Gesicht, dass ich es fast mit der Angst bekam. Widerwillig, ohne ein Wort zu verlieren, fuhr mich mein Fahrer also wieder zurück zum Hafen.

Auf dem Weg zum Schiff fand der Agent seine Sprache wieder. Er beschimpfte mich auf das Übelste. Ich solle mir mal überlegen, was ich hier mache, ging er mich an. Dann setzte er noch fast schreiend nach, warum ich denn so mit meiner Gesundheit spiele und mich weigere, hier zu bleiben, um mich operieren zu lassen. So etwas ginge einfach nicht!

Hallo! ... Noch war das mein Leben und warum hatte er solch ein großes Interesse daran, mich hier zu behalten? Warum mischte sich dieser Hampel überhaupt in mein Leben und in meine Entscheidungen ein und wurde dabei so sauer, dass man denken konnte, ich hätte ihm was Schlimmes angetan oder gar seine Familie beleidigt?

An Bord angekommen, lief mir auch schon mein behandelnder Schiffsarzt über dem Weg. Diesem war mein Kommen von der an der Gangway stehenden Security über Funk mitgeteilt worden. Als ich ihn sah, sagte ich: »Egal, was der sagt«, und deutete auf den Agenten, »ich bleibe unter gar keinen Umständen über Nacht in diesem Land. Was auch passiert, ich will und werde heute Abend wieder an Bord sein!«

Mein Doc schien ein wenig verwundert, war doch ein längerer Aufenthalt generell nicht geplant gewesen. In den Papieren, die ich mitbekommen hatte, stand eigentlich auch drin, was zu tun war. Der Arm sollte von der Schulter an betäubt werden. So konnte, sollte, der Schleimbeutel mitsamt dem Eiter problemlos entfernt werden – das war zumindest die Idee meiner Schiffsärzte … Nachdem der zweite Bordmediziner gerufen worden war, erklärten beide nochmals dem Agenten, was hier eigentlich unternommen werden sollte, und wie sie sich das Ganze vorgestellt hatten. Auch, dass ein längerer Aufenthalt in einer Klinik in Costa Rica nicht erwogen worden war.

Warum fuhr bei solchen Eingriffen eigentlich nicht der behandelnde Arzt mit? Da würde man sich als Patient um einiges wohler und sicherer fühlen. Aber leider ging das nicht. Warum? Ganz ehrlich, bis heute weiß ich es nicht! Liegt wohl daran, dass ein Arzt im Dienst ist und der zweite frei hat. Anders kann ich mir das nicht erklären. Vielleicht gibt es auch Vorschriften, die so etwas verbieten? Wer weiß …

Allerdings war ich somit wieder auf mich allein gestellt. Zusammen mit dem Hafenagenten ging es also wieder zurück in die Praxis meines baldigen Chirurgen. Nach einer kurzen Rücksprache mit diesem verabschiedete sich mein Fahrer und meinte, dass er mich später von hier abholen werde. Daraufhin verschwand er. Ich verließ kurze Zeit später zusammen mit meinem Landarzt den Optiker. Wir fuhren um einige Blocks in der Stadt , bis wir an einem kleinen Haus hielten. Er teilte mir mit, dass mir hier eine Blutprobe entnommen würde. Das würde auch nicht allzu lange dauern. Es dauerte wirklich nicht lange, wohl deshalb, weil ich vor all den wartenden Menschen aufgerufen wurde. Und während mein Blut jetzt untersucht wurde, fuhren wir weiter. Es ging wieder ein paar Blocks durch den Ort, bis wir vor einem anderen kleinem Haus parkten. Was kam nun? Ich schaute fragend zu meinem neuen Fahrer hinüber. Dieser gab mir zu verstehen, dass wir hier nun den Arm röntgen würden. Warum auch immer, ich war zu fast allem bereit, solange er wusste, was er tat, und ich heute Abend, bevor das Schiff ablegte, wieder an Bord war.

Drinnen wurde ich bereits erwartet und direkt von der Anmeldung aus in einen Raum geführt, in dem das Röntgengerät stand. Der Apparat schien mir aber alles andere als vertraueneinflößend. Augenscheinlich war er sehr alt und schien seine besten Zeiten schon hinter sich zu haben. Ich hätte mich nicht gewundert, wenn ich ein Zeichen aus dem Dritten Reich, das Hakenkreuz etwa, an dem Ding entdeckt hätte. »Na, hoffentlich funktioniert das noch«, dachte ich. Ein Mann brachte derweil die Maschine in Position und richtete meinen Arm auf dem darunterliegenden Tisch aus. Als er fertig war, legte er sich eine Bleischürze um und begab sich hinter einen Tisch, der einen Meter hinter mir stand. Bevor er den Auslöser für das Röntgengerät betätigte, dachte ich erst, er hole noch eine Bleischürze für mich. Aber nein!

Ich sollte keinen Bleischutz vor der Strahlung bekommen. Noch bevor ich wusste, wie mir geschah, hörte ich *klick-klick-klack*, und das Röntgenbild war im Kasten. Wie wäre es, wenn man diesen Hinterwäldlern mal beibringen würde, wie man so ein Gerät bediente? Eine Bleischürze sollte wohl auch für den Patienten vorhanden sein. Andere Länder, andere Vorschriften und Sitten, oder wie musste man das jetzt verstehen?

Wir fuhren weiter. Um es kurz zu machen … Wir steuerten erst das »Labor« an, um das Ergebnis der Blutuntersuchung abzuholen. Mit diesem Papier im Gepäck ging es zurück, um das entwickelte Röntgenbild einzusammeln. Nachdem wir dann noch an einer Art Apotheke einen Zwischenstopp eingelegt hatten, erreichten wir wenig später auch schon wieder den Optiker. Das Ziel unserer Reise? Hier sollte ich behandelt werden? Ich gab mich keiner Illusion hin und machte mich geistig auf das Schlimmste gefasst. Ich saß wieder auf dem Stuhl, auf dem ich schon heute Vormittag gesessen hatte, und wartete. Es war mittlerweile ein Uhr mittags und der Tag schien nicht enden zu wollen.

Dann, nach fünfzehn Minuten, in der ich mir dieses Brillengeschäft genau anschauen konnte, wurde die Tür zum Korridor geöffnet. Ein Assistent des Doktors erschien und bat mich herein. Ich folgte ihm den Flur hinunter, bis wir zu einem weiß gekachelten Raum gelangten. Der Arzt wartete bereits und hatte alles für die OP vorbereitet.

Er saß neben einem Behandlungstisch, der mitten im Raum stand. An der gegenüberliegenden Seite war eine Schrankwand mit Arbeitsplatte. Unter der Decke hing eine OP-Lampe. Zudem konnte ich auf einem Beistelltisch mehrere Spritzen, diverses OP-Besteck, ein Skalpell und eine silberne Schale sehen.

Er bedeutete mir, mich auf den Tisch zu legen. Ich tat, wie mir geheißen. Mein T-Shirt konnte ich anbehalten. Lediglich der kurze Ärmel wurde hochgekrempelt. Dann wurde auf dem gesamten Arm eine orangebraun gefärbte Jod-lösung zur Desinfektion aufgetragen. Damit war er so großzügig, dass ich sehr beruhigt und mit Sicherheit behaupten konnte, dass sich dort keine Keime, Bakterien oder dergleichen mehr befanden.

Als Nächstes kam die Betäubung.

Der Doc nahm sich eine der Spritzen, setzte sie in der Nähe des Ellbogens an und stach mitten in die Entzündung. Diesen Vorgang der örtlichen Betäubung wiederholte er mehrmals. Die Schmerzen durchschnitten meinen ganzen Arm und meinen Oberkörper wie Blitze. Allerdings war das erst der Anfang und es sollte noch schlimmer kommen.

Nachdem seines Erachtens das Mittel ausreichend Zeit gehabt hatte, seine Wirkung zu entfalten, griff er nach dem Skalpell und setzte zum ersten Schnitt an. Der daraufhin einsetzende Schmerz ließ mich beinahe senkrecht in die Höhe fahren. Ich schrie, er solle aufhören, die Betäubung wirke nicht, und versuchte meinen Arm frei zu bekommen. Das allerdings verhinderten die zwei Hände des Assistenten, die meinen Arm fest umschlossen hatten und auf der Pritsche fixierten. Der Assistent versuchte mich zu beruhigen, während der Doktor noch zwei weitere Ladungen Betäubungsmittel in die entzündete Region spritzte. Nach einer kurzen Pause von nur zwei Minuten ging der Horror weiter.

Das Skalpell schnitt wieder tief in meinen Arm.

Ich krümmte mich auf dem Tisch vor Schmerzen.

Die Betäubung war kaum spürbar.

Und ich hörte, wie der Doktor sagte, ich solle mich nicht so anstellen, er habe drei Spritzen mit Anästhetikum leer gemacht. Ohne mich eines weiteren Blickes zu würdigen, machte er sich wieder an die Arbeit. Ich kam mir vor wie ein Stück Vieh, welches auf der Schlachtbank ausgenommen wird. Der Assistent und der Doc verdrehten meinen Arm, als wollten sie ein nasses Handtuch auswringen. Dadurch hofften sie wohl, den ganzen Eiter aus dem Unterarm herauszubekommen.

Ich stöhnte vor Schmerz und flehte, bettelte darum, ohnmächtig werden zu können, damit ich diesem Horrorfilmszenario entfliehen konnte. Ich wollte nichts mehr spüren und verdrehte aufgrund neuer auflodernder Schmerzen die Augen, wobei ich die Decke nach einem Fixpunkt absuchte. Irgendetwas, was mich ablenken sollte. Aber es gab nichts. Da war nur dieser Schmerz, der wie einzelne Blitze meinen Körper durchzuckte, immer und immer wieder. Mein Arm gehörte nicht mehr zu mir. Zu wirr und abstrakt erschien mir das ganze Geschehen um mich herum. Mein Körper wurde durch das hektische und wilde Herumreißen an meinem Arm ständig geschüttelt und ich betete, dass es bald vorbei sei, der Horror zu einem Ende käme und die Schmerzen nachlassen würden.

Nach einer schieren Ewigkeit war der Irrsein dann endlich beendet. Der Schnitt war genäht und ich fand mich geistesabwesend in dem Büro des Doktors wieder. Dort erklärte dieser mir, dass er Antibiotika mit in der Wunde vernäht habe und übergab mir noch eine Tüte mit Antibiotika, die ich als Infusion die nächsten drei Tage über an Bord verabreicht bekommen sollte. Dann, nachdem er noch den Hafenagenten informiert hatte, dass er mich wieder abholen könne, saß ich abermals auf dem Stuhl am Eingang des Geschäfts.

Ich war am Ende. Mir standen die Tränen in den Augen, ich wollte heulen, konnte es aber nicht. Ich wollte so schnell es möglich war, mich in Sicherheit wähnen können. Aufs Schiff! … Mehr wollte ich nicht mehr.

War das alles wirklich gewesen, oder hatte ich das geträumt? Ein Alptraum … Ich schaute auf meinen Arm. Nein, geträumt hatte ich nicht. Ich hatte es alles erlebt und Gott sei Dank auch überlebt! Auf der Rückfahrt zum Hafen, als nach qualvollen, nicht enden wollenden Minuten endlich die weiße Silhouette der ADIA auftauchte, spürte ich eine riesige Erleichterung. Ich war noch nie so froh gewesen, dieses Schiff zu sehen wie in diesem Moment. Dort war meine Heimat. Dort war ich sicher aufgehoben.

Ich verabschiedete mich nicht vom Agenten, warum auch …? Ohne mich umzudrehen, ging ich im Eilschritt zur Gangway. Ein unglaublich gutes Gefühl überkam mich, als ich die eisernen Planken unter meinen Füßen spürte. Beim Betreten der Lobby bemerkte ich, wie sich die Verzweiflung und die Traurigkeit, die in mir gewütet hatten, beim Anblick der vertrauten und sicheren Umgebung so langsam in blanke Wut wandelten. Ich konnte es nicht erklären, aber mit jedem Schritt, den ich auf dem »Highway« in Richtung Crewmesse machte, wuchs die Wut auf das, was ich erlebt hatte! Ein Koch, den ich nicht wirklich leiden konnte, lief mir in diesem Augenblick über den Weg und gab seinen dümmsten Kommentar überhaupt ab. Er machte des Öfteren dumme und unpassende Bemerkungen. Diesmal feixte er, als er mich sah: »Na Einarmiger!«

Ich ging hoch wie eine Atombombe, beschimpfte ihn mit Worten, die ich bisher gar nicht gekannt hatte, und war kurz davor, mich auf ihn zu stürzen. Gott sei Dank waren meine Freunde und Kollegen in der Nähe und nahmen sich meiner an. Sie beruhigten mich und nach der zweiten Zigarette konnte ich auch wieder ein wenig lachen. Es tat gut, von vertrauten, liebevollen Menschen umgeben zu sein.

Donnerstag, 26. Februar – auf See

Ich bekam heute meine letzte und dritte Infusion. Die Antibiotika hatten geholfen und was auch immer der Dschungelarzt mit meinem Arm gemacht hatte, er heilte gut ab. Die Entzündung war endlich besiegt. Ein sehr glücklicher Umstand in Anbetracht dessen, was ich hatte durchmachen müssen. Annähernd 300 ml Eiter, so hatte man mir mitgeteilt, wurden aus meinem Arm entnommen. Allerdings war der Schleimbeutel nicht entfernt worden. Im Nachhinein wohl eine gute Entscheidung. Wer weiß, wie das verlaufen wäre? Ich wollte gar nicht daran denken …

Brrr, Schauder, Grusel …!!! Zudem konnte ich mich auch glücklich schätzen, einen Direktflug mit der TUI bekommen zu haben.

Montego Bay – Düsseldorf

Unglaublich …, warum unglaublich? Nun, normalerweise waren die Direktflüge für Crewmitglieder äußerst selten und die meisten Reisen dauerten aufgrund langer und vieler Zwischenstopps teilweise über 24 Stunden.

Da flog man von Montego Bay nach London. Von dort weiter nach Düsseldorf oder zu einem anderen deutschen Flughafen. Es ging aber auch noch komplizierter. Zum Beispiel erst nach Kingston, von dort aus nach Madrid, dann weiter nach London und schließlich zu irgendeinem deutschen Flughafen. Je nach dem, welcher die beste Anbindung an den Heimatort hatte.

Ja, ich war mehr als zufrieden. Ein Direktflug und ich war nicht allein. Betty, eine Fotografin, flog mit mir zusammen. Da war man wenigstens am Flughafen in Gesellschaft und es war nicht so langweilig. Damit ich am Flughafen abgeholt würde, beschloss ich, gleich meiner Familie daheim eine E-Mail zu schreiben. An jeden Einzelnen, damit ich sicher sein konnte, auf jeden Fall einen zu erreichen. Ich schrieb:

Aufgrund einer erneuten Schleimbeutelentzündung komme ich zwei Wochen früher nach Hause als ursprünglich geplant.
Macht euch keine Sorgen mir geht's soweit wieder ganz gut!

Meine Flugdaten –
LTU 321 Montego Bay-Düsseldorf;
Ankunftszeit: Sonntag, 29. Feb .., 10:25 Uhr

Ich hoffe Ihr holt mich vom Flughafen ab, ansonsten muss ich mit einem Krankenwagen nach Hause kommen.

Bis bald …

Freitag, 27. Februar – Ocho Rios

Farewell

Es war so weit. Heute war mein letzter Abend an Bord. Das Schöne war unter anderem, dass man an seinem letzten Abend inoffiziell kein Namensschild mehr tragen musste, und auch auf die Leisure Card konnte man getrost verzichten. Ich hatte bereits den Tag über meine Koffer und Taschen gepackt und saß nun mit Jessica, einem Scout, an der Adia Bar und trank mit ihr einen Cocktail! Es war sehr befreiend, zu wissen, dass man nach sechs Monaten – in denen man stets eine Sieben-Tage-Woche gehabt hatte – nun endlich frei haben würde. Eigentlich fast undenkbar. War man doch den Drill und das Arbeiten an jedem einzelnen Tag mit bis zu zwölf Stunden gewohnt. Und was würde am Sonntag passieren? Würde ich dann um 10:20 Uhr eine Seenotrettungsübung bei mir zu Hause durchführen? Ich sah mich schon aus dem Schlaf aufschrecken, in der Annahme, ich hätte verschlafen. Aber ich würde mich wohl an das Nichtstun gewöhnen, schließlich war ich ja bereits mehr als zwei Wochen außer Gefecht gewesen und arbeitete somit seit längerem nicht mehr. Trotzdem würde mir das intensive Umfeld wohl sehr fehlen.

Am späten Abend trafen wir uns alle in der Anytime, um meinen Abschied zu feiern. Wir tranken Champagner und rauchten Zigarre. Die »Fat Lady« (ein Synonym für eine köstliche Zigarre), auch bekannt aus dem Film *Independence Day* mit Will Smith, war Tradition. Man rauchte sie nach einem erfolgreichen Einsatz. Und einen erfolgreichen Einsatz hatte ich hinter mir. Ich war zwar verwundet, würde aber wieder zurückkehren und den Kampf an der Bar-Front wieder aufnehmen … Yiihaaa!

Es war ein fantastischer Abend, es waren nach und nach alle gekommen um an meiner Farewell-Party teilzunehmen. Die Scouts, die Top-40-Band, Kollegen aus dem Bereich Deck und Engine, einzelne Offiziere von der Brücke, die Animation, Teile des Showensembles und natürlich meine Kollegen aus der Bar und vereinzelt auch aus der Gally. Es hatten sich so ziemlich alle vertrauten Gesichter versammelt. Die Party, meine letzte Party an Bord, in meiner letzten Nacht ist einfach super verlaufen. Nicht zu vergessen, das … We will rock you!!!
Dazu bildeten alle Anwesenden auf der Tanzfläche einen großen Kreis und knieten sich auf den Boden. In der Mitte saßen die »Absteiger«. Dann wurde vor jedem ein Shooter mit Erdbeerlimes auf den Boden gestellt und der Song *We will rock you,* von Queen gespielt. Dazu klatschte man zweimal auf den Boden und einmal in die Hände. Immer schön im Takt …

Dann, im Finale, während nur noch die Melodie des Songs zu hören war, legte jeder die Hände auf den Rücken, nahm mit dem Mund das

Shooterglas auf und leerte es in einem Zug. Ich verabschiedete mich danach ausgiebig von allen und bedankte mich für die einmalige, wunderbare Zeit mit ihnen.

Samstag, 28. Februar – Montego Bay

8:33 Uhr. Es war Zeit aufzubrechen und ich war noch leicht verkatert. Die letzte Nacht hatte erst vor zwei Stunden geendet. Nach einer Stunde Schlaf war ich wieder aufgestanden, um mich zu duschen, anzuziehen und die letzten Vorbereitungen zu treffen. Ich musste noch meinen »Laufzettel«, auch »Sign off Sheet« genannt, abgeben. Dort war vermerkt, was man zu tun hatte, wenn man abstieg. Ich musste meine Uniform beim Tailor abgeben und meine Handtücher und Bettwäsche in der Laundry (Wäscherei). Mein Gepäck musste von der Security gecheckt werden und meine Schlüssel, die Micros-Karte für die Kasse und Ähnliches musste ich beim Department Head, also meinem BM, abgeben. Zudem sollte dieser noch einen Cabin Check vornehmen und sich vergewissern, dass alles ordentlich und sauber für den nächsten Bewohner hinterlassen wurde. Hinter jeder Aufgabe musste der jeweils Verantwortliche sein Kürzel machen. Dann, wenn alles erledigt war, begab man sich zum Crew Purser. Dort übergab man den Laufzettel. Im Gegenzug bekam man seine Papiere, seinen Pass und ärztliche und schiffsrelevante Dokumente ausgehändigt. Natürlich gab es auch die Tickets für den Flug. Ich holte mein Gepäck und ging zur Gangway. Dort traute ich meinen Augen kaum.

Am Roten Teppich, der schon für die neuankommenden Passagiere ausgerollt worden war, standen meine engsten Freunde, Begleiter und Vertrauenspersonen der vergangenen sechs Monate für mich Spalier. Fünfzehn waren es an der Zahl, die den Roten Teppich säumten. Ich hatte schon feuchte Augen. Noch einmal bekam ich die Gelegenheit, mich von jedem Einzelnen zu verabschieden. So viel Aufmerksamkeit war unglaublich. Ich fühlte mich geehrt und konnte einzelne Tränen nicht zurückhalten. Den anderen ging es ähnlich, es flossen reichlich Tränen zum Abschied. Ich verließ das Schiff mit einem lachenden und einem weinenden Auge. Und ich hoffte sehr, den einen oder anderen bei einem späteren Einsatz an Bord wiederzusehen.

Im Taxi traf ich auch auf Betty und zusammen fuhren wir zum Flughafen. Dort angekommen, hatten wir Glück und die Schlange vor dem Check-in war bereits auf eine überschaubare Menge geschrumpft. Daher hatten wir nach einer halben Stunden unser Gepäck aufgegeben und waren nach weiteren zwanzig Minuten, nachdem wir den Sicherheitscheck hinter uns gebracht hatten, auf dem Weg zu unserem Flugsteig. Unsere Maschine war schon gelandet und uns kamen all die neuen Paxe entgegen, die für die kommende Woche an Bord der ADIA gebucht und frisch mit der LTU aus Düsseldorf eingetroffen waren. Vereinzelt hatten diese noch ihre Wollpullover an. Also, ich würde den möglichst bald ausziehen. Es konnte ein bissel warm werden, wenn man die klimatisierten Räume des Airports verließ. Aber gut, das würden die wohl selbst merken.

Der Flug startete pünktlich und verlief sehr ruhig. Selbst Turbulenzen gab es nur wenige. Und die wenigen, die es gab, erinnerten mich ans Schiff. Wenn man die Augen schloss, war es, als sei man wieder an Bord, wo einen die Wellen in den Schlaf wiegten. Aber es gab noch etwas, das mir auffiel.

Die Paxe, die mit uns im Flugzeug saßen, und die Maschine war voll mit ehemaligen Paxen, schienen sich zu verwandeln. Man kann es nicht wirklich in Wort fassen oder es mit diesen erklären. Es war etwas, das man spürte. Die Menschen hatten ihr Gehirn an der Gangway wieder abgeholt. Nun schienen sie sich wieder zu erinnern, wer sie vor dem Urlaub gewesen waren. Noch in Montego Bay herrschte an Bord des Flugzeuges diese ausgelassene Urlaubstimmung. Nun aber konnte man mit jeder Stunde, die verstrich, merken, wie aus jedem einzelnen sorglosen Passagier wieder der Rechtsanwalt, Arzt, Kaufmann, Unternehmer, Angestellte oder einfach nur der sich sorgende Elternteil wurde, der sie oder er vor dem Urlaub und vor Betreten der Gangway gewesen war. Wie gesagt, ich kann es nicht wirklich erklären, aber diese Verwandlung war für mich sicht- und fühlbar.

Bevor mir nach ein paar Stunden Flug die Augen zufielen, dachte ich über die vergangene Zeit nach ... Was hatten wir nicht alles erlebt und vor allem getrunken. Oh Himmel und Hölle, ... meine Leber! Ich sollte wohl die nächsten Tage über eine Pause vom Alkohol einlegen. So viel wie in den letzten sechs Monaten hatte ich in den letzten Jahren nicht getrunken. So mal ganz grob zusammengerechnet, kam da eine Menge zusammen, die allein ich getrunken hatte:

5 Fl. Champagner, 25 Fl. Wodka, 17 Fl. Rum, 3 Fl. Jägermeister, über 150 Bier jeweils 0,3l, 13 Fl. Prosecco, über 100 Dosen Red Bull, diverse ungezählte Shooter und Cocktails. Dazu etliche Liköre, Whiskey und Cognac. 4 Fl. Averna, über 70 Fl. Alkopops – vorwiegend Smirnoff Ice – und vieles mehr.

Es war kaum vorstellbar, dass man dies ohne bleibenden Schaden getrunken hatte. Aber es schien, als ob es mir abgesehen von dem Ellbogen ganz gut ging. Auch meine Leber hatte bisher keine Anzeichen einer Resignation gezeigt. Ich hoffte nur, dass ich meinen Konsum während meines Landurlaubes reduzieren konnte.

Zudem hatte ich in so kurzer Zeit noch nie so viele Frauen kennengelernt. Jede Woche hatte man reichlich Kontakte geknüpft. Und in fast jeder Woche hatte man eine neue Eroberung im Arm gehalten. Natürlich hatte ich nicht mit jeder geschlafen, aber mit vielen von ihnen. Mit den anderen hatte man nur rumgemacht und reichlich geknutscht. Es waren meistens Paxe gewesen, mit denen was gelaufen war. Aber vereinzelt waren auch einige Damen von der Crew darunter gewesen. Leider gab es manchmal auch gebrochene Herzen dabei. Das gehörte dazu und ließ sich leider nicht immer vermeiden. Wie viele Frauen es letzten Endes in der ganzen Zeit waren? Ein Kavalier schweigt und genießt …!

Sonntag, 29. Februar – Düsseldorf

Als wir dann nach einem langen Nachtflug landeten, hatten sich alle komplett zurückverwandelt. Jeder war wieder zu dem hektischen, ernsten Menschen geworden, dem der Alltag bevorstand. Nur Betty und mir war bei näherer Betrachtung eine innere Ruhe und Ausgelassenheit anzumerken. Wir hatten Urlaub! Wir verließen so ziemlich als die letzten die Maschine, ließen uns auf dem Weg zur Gepäckausgabe nicht hetzen und schlenderten gemütlich die Gänge entlang. Ich fragte mich derweil, während uns ständig ehemalige Gäste im Eilschritt überholten, ob wohl jemand meine E-Mail gelesen hatte und nun gekommen war, um mich abzuholen. Ich hatte noch im Flugzeug zu Betty gemeint, »Also entweder sind alle gekommen und warten mit Luftballons und bunten Schildern auf mich oder es wird keiner da sein, um mich in Empfang zu nehmen!«

Nach einer kurzen Wartezeit hatten wir unsere Koffer bekommen, und gingen durch den grünen Ausgang der Zollkontrolle, ohne aufgehalten zu werden. War auch besser so, denn es hätte ja sein können, dass wir vielleicht ein wenig zu viel Tabak dabei hatten. Und auch die Spirituosen entsprachen eventuell nicht ganz der erlaubten Einfuhrmenge.

Als die Glastüren sich öffneten, hoffte ich von meiner Familie begrüßt zu werden. Doch da war keiner. Standen sie womöglich an der Seite und ich würde sie gleich erst bemerken oder kamen sie gerade erst zum Ausgang gelaufen? Schließlich waren wir auch zehn Minuten vor der Zeit gelandet. Nachdem ich ein paar Minuten in die wartende Menge gestarrt hatte, musste ich mir eingestehen, dass niemand gekommen war. Tja, entweder alle oder keiner. In diesem Fall … – keiner!

Leicht enttäuscht, aber trotzdem gut gelaunt, schließlich war ich wieder in Deutschland, ging ich mit Betty einen Kaffee trinken. Dort würde ich mir überlegen, wie es jetzt weitergehen würde. Es gab zwei Möglichkeiten. Ich konnte mit der Bahn fahren oder mir einen Mietwagen nehmen. Da ich keine Lust hatte, mein Gepäck mit nur einem gesunden Arm in und aus dem jeweiligen Zug zu wuchten, tendierte ich zum Auto.

Nachdem wir also in aller Ruhe gefrühstückt hatten, begaben wir uns an die frische Luft, um endlich eine Zigarette zu rauchen. Die hatten wir uns nach dem langen Flug ja wohl verdient. Es war kalt, arschkalt. Wir trugen beide nur Jeans und T-Shirt und waren auf die Wintertemperaturen in Deutschland noch nicht wirklich eingestellt. Das Witzige aber war, dass wir neben einer Werbetafel standen. Diese warb mit den Stränden in Cozumel, Mexiko. Da kamen wir ja quasi gerade her! Der Gegensatz zwischen der kalten Umgebung hier und der warmen Gegend auf der Werbetafel brachte uns auf eine Idee. Wir stellten uns vor das Plakat und fotografierten uns, um unseren weißen Atemhauch festzuhalten. Das erschien uns wie ein super Kontrast. Wir im T-Shirt vor der Werbetafel und dieser weiße Atem, der aus unseren Mündern kam!

Nach dem kleinen Shooting und einer weiteren Zigarette begleitete ich Betty zu ihrem Gate. Sie musste noch weiterfliegen, ihr Endziel war

Wien. Ich dagegen entschied mich, nachdem wir uns verabschiedet hatten, erst einmal zu Hause anzurufen.

Es klingelte dreimal …

»Hallo?«, hörte ich meine Mutter sagen.

»Hey, ich bin es!«

»Schön von dir zu hören, wie geht es dir und wo bist du gerade?«

Ich schaute mich in der riesigen Empfangshalle des Düsseldorfer Flughafens um. »Es sieht aus wie der Düsseldorfer Flughafen …!«

»…!« Schweigen. »Wo bist du?«, fragte sie ungläubig.

»In Düsseldorf. Am Flughafen. Habt ihr denn meine Mail nicht bekommen?«

»Mail? nein ich habe nichts bekommen. Allerdings habe ich in letzter Zeit auch meine E-Mails nicht abgerufen.«

Leicht genervt antwortete ich: »Wäre aber ganz gut gewesen. Es scheint, als hätte keiner in der Familie letzter Zeit seine E-Mails gelesen. Ich habe euch allen vor drei Tagen geschrieben, dass ich früher nach Hause komme.«

»Nein, das tut mir leid.«

»Schon gut«, tröstete ich sie. »Mach dir keinen Kopf, ich nehme mir ein Auto und komm dann gleich nach Hause. In ungefähr zwei Stunden bin ich da!«

»Aber bitte fahr vorsichtig, ich freu mich auf dich.«

»Ich freu mich auch, euch wiederzusehen, hab dich lieb, bis später.«

»Bis nachher, Liebling!«

Dann legte ich den Hörer auf.

Dass vielleicht die Hälfte der Familie die E-Mails nicht rechtzeitig abrief war ja wahrscheinlich, aber alle?! Ich konnte es nicht fassen, allerdings gab es Schlimmeres. Und so hatten Betty und ich wenigstens noch in aller Ruhe was essen und trinken können. Ganz so schlimm war es also auch nicht gewesen. Ich suchte mir die nächste Autovermietung und entschied mich für Sixt. Das Schwarz mit dem leuchtenden Orange schien mich regelrecht anzuziehen.

Ich erklärte der freundlichen Frau am Schalter, dass ich ein kleines Auto bräuchte. Sie hatte natürlich eins und reichte mir den Schlüssel zu einem Opel. Zudem ein Diesel! Ich konnte beides nicht ausstehen und fragte sie, ob sie denn nicht auch einen Benziner für mich habe. Nachdem sie erneut den Bildschirm betrachtet und eifrig etwas auf der Tastatur getippt hatte, konnte sie mir nach ein paar Sekunden die Frage mit »Ja, wir haben da etwas« beantworten. Sie reichte mir den Schlüssel zu einem Benziner. Es war ein nagelneuer weißer Audi A3, nebenbei bemerkt – mein Lieblingsauto.

Bestens, so war doch alles wieder im Lot. Während ich glücklich über mein neues Gefährt auf der Autobahn Richtung Heimat fuhr, kehrten meine Gedanken erneut zum Schiff zurück. Während andere nur redeten, und ihren Worten keine Taten folgen ließen, hatte ich den Schritt gewagt und keine einzige Minute lang die Entscheidung, auf einem Schiff zu leben und zu arbeiten, bereut. Das war eine verrückte, schöne, abwechslungsreiche und unvergessliche Zeit gewesen.

Die beste Zeit meines Lebens, würde ich mal behaupten!

Ein Leben zwischen zwei Welten …

Zwischen den Decks!

***

Bord ABC

Achtern/ Heck

---------------------------------Hinterer Teil des Schiffes

Cruise Liner/ Vessel

---------------------------------Kreuzfahrtschiff

Backbord/ *engl.* ***Portside***

---------------------------------In Fahrtrichtung links

Beaufort

---------------------------------Abgekürzt Bft./ zwölfstufige Skala – Klassifikation von Winden nach ihrer Geschwindigkeit

Bordkarte

---------------------------------Ausweis an Bord sowie Kabinenschlüssel & Zahlungsmittel an Bord

Brücke

---------------------------------Kommandozentrale des Schiffes

Bug

--------------------------------- Vorderer Teil des Schiffes

Bunkering

---------------------------------Bunkern – Übernahme von Brennstoffen (Schweröl/ Diesel)

Crewmesse

---------------------------------Kantine/ Speiseraum der Crew

Department

--------------------------------Abteilung

Deck

--------------------------------Etage/ Stockwerk auf Schiffen

Dishwasher/ Dishwash

--------------------------------Spülmaschine

Drill

--------------------------------Übung/ Schulung

Embarcation Day

--------------------------------Anreisetag

Excursion

--------------------------------Ausflug

Farewell

--------------------------------Verabschiedung

Gangway

--------------------------------Bewegliche Außentreppe, um an und von Bord zu kommen

Gally

--------------------------------Kombüse/ Bordküche auf Schiffen

GES

-------------------------------General Emergency Signal
Generalalarm

Heuer

-------------------------------Gehalt von Seeleuten

Hospital

-------------------------------Krankenhaus

ID Card

-------------------------------Ausweis für die Crew

IPM

-------------------------------In Port Manning

Knoten

-------------------------------1 Knoten = 1 Seemeile/h = 1,852 km/h

Koje

-------------------------------Schlafstätte/ Bett

Laundry

-------------------------------Wäscherei

Lee

-------------------------------windabgewandte Seite des Schiffes

Luv

-------------------------------windzugewandte Seite des Schiffes

Muster list/ ***dt. Sicherheitsrolle***

-------------------------------Plan zur Organisation der Sicherheit an Bord von Seeschiffen ...
Zusammenfassend kann man sagen:
Sie beinhaltet und regelt die Aufgaben von jedem Besatzungsmitglied an Bord

Musterstation

------------------------------- Sammelstation

Office

-------------------------------Büro

Pantry

-------------------------------Vorbereitungsraum einer Bar mit Kühlschränken, Lagerraum und der Spülmaschine

Pier

-------------------------------Schiffsanlegestelle/ Liegeplatz für Schiffe

Porthole

-------------------------------Bullauge

Auf Reede liegen

-------------------------------Ankern vor Küstengebieten

Scout

--------------------------------Begleiter und Repräsentant des Schiffes während der Ausflüge

Schiffstyphon

--------------------------------Signalhorn

Schott

--------------------------------hermetisch schließende Trennwand zwischen den einzelnen Sektionen

Seemeile

--------------------------------1 Seemeile entspricht 1,852 km

Sektionen

--------------------------------Bereiche, die mit wasserdichten oder feuerfesten Türen voneinander getrennt werden

Sightseeing

--------------------------------Sehenswürdigkeiten besichtigen

Steuerbord/ *engl.* ***Starboard***

--------------------------------In Fahrtrichtung rechts

Tailor

--------------------------------Schneider

Tender

--------------------------------bordeigenes Verkehrsmittel zwischen Schiff & Land

Cocktail
Rezepte

… mit & ohne Alkohol

… mit Alkohol

Piña Colada

Fancyglas

3cl weißer Rum
3cl brauner Rum
12cl Ananassaft
4cl Sahne
3cl Kokossirup

Alles zusammen mit Eiswürfeln shaken,
mit frischem Eis ins Glas füllen

Caribbean Romance

Fancyglas

2cl weißer Rum
3cl Amaretto
8cl Ananassaft
8cl Orangensaft
2cl Zitronensaft
2cl Grenadine

Alles zusammen mit Eiswürfeln shaken,
mit frischem Eis ins Glas füllen

Planter's Punch

Hurricaneglas

6cl dunkler Rum (Myers's)
9cl Ananassaft
9cl Orangensaft
2cl Zitronensaft
2cl Grenadine

Alles zusammen mit Eiswürfeln shaken,
mit frischem Eis ins Glas füllen

Hurricane

Hurricaneglas

6cl goldener Rum
9cl Ananassaft
9cl Orangensaft
3cl Maracujasirup
2cl Zitronensaft

Alles zusammen mit Eiswürfeln shaken,
mit frischem Eis ins Glas füllen

Yellow Fever

Fancyglas

4cl Wodka
2cl Galliano
18cl Ananassaft
1,5cl Zitronensaft

Alles zusammen mit Eiswürfeln shaken, mit frischem Eis ins Glas füllen

Sex on the Beach

Fancyglas

4cl Wodka
2cl Pfirsich Likör (Peach Tree)
12cl Cranberrysaft
5cl Orangensaft

Alles zusammen mit Eiswürfeln shaken, mit frischem Eis ins Glas füllen

Swimmingpool

Fancyglas

3cl Wodka
2cl weißer Rum
1cl Blue Curaçao
12cl Ananassaft
3cl Sahne
3cl Kokossirup

Alles zusammen mit Eiswürfeln shaken,
mit frischem Eis ins Glas füllen

Chica

Fancyglas

4cl Licor 43
2cl Tequila Gold
14cl Maracujasaft
3cl Sahne
2cl Kokossirup

Alles zusammen mit Eiswürfeln shaken,
mit frischem Eis ins Glas füllen

Long Island Ice Tea

Hurricaneglas

2cl weißer Rum
2cl Wodka
2cl Tequila weiß
2cl Gin
2cl Triple Sec
1cl Zitronensaft
2cl Roses Lime Juice
2cl Orangensaft
… mit ***Cola*** auffüllen

Direkt im Glas mit Eiswürfeln zubereiten

Long Beach Ice Tea

Hurricaneglas
2cl weißer Rum
2cl Wodka
2cl Tequila weiß
2cl Gin
2cl Triple Sec
1cl Zitronensaft
2cl Roses Lime Juice
2cl Orangensaft
... mit ***Cranberrysaft*** auffüllen

Direkt im Glas mit Eiswürfeln zubereiten

BBC Baileys Banana Colada

Fancyglas

4cl dunkler Rum (Myers's)
2cl Baileys
10cl Ananassaft
2cl Sahne
3cl Kokossirup
½ frische Banane

Alles zusammen mit Crushed Ice im Mixer zubereiten

Flying Kangaroo

Fancyglas

3cl Wodka
3cl weißer Rum
1cl Galliano
10cl Ananassaft
4cl Orangensaft
2cl Sahne
2cl Kokossirup

Alles zusammen mit Eiswürfeln shaken, mit frischem Eis ins Glas füllen

Cosmopolitan

Cocktailschale

3cl Wodka
1cl Cointreau
4cl Cranberrysaft
1cl Roses Lime Juice

Alles zusammen mit Eiswürfeln shaken,
ohne Eis ins Glas füllen

Golden Cadillac

Cocktailschale

2cl Crème de Cacao weiß
2cl Galliano
2cl Sahne

Alles zusammen mit Eiswürfeln shaken,
ohne Eis ins Glas füllen

Black Russian

Tumbler

4cl Wodka
2cl Kahlúa

Auf Eiswürfeln direkt im Glas zubereiten

White Russian

Tumbler

wie Black Russian …
+ 2cl Sahne

Alles zusammen mit Eiswürfeln shaken,
mit frischem Eis ins Glas füllen

Ocean Breeze

Longdringlas

4cl Wodka
10cl Cranberrysaft
3cl Pink Grapefruitsaft
1cl Roses Lime Juice

Direkt im Glas mit Eiswürfeln zubereiten

Rum Cup

Longdrinkglas

4cl weißer Rum
2cl Amaretto
12cl Marcujasaft
1,5cl Erdbeersirup
1/4 von einer frischen Limette

Direkt im Glas mit Crushed Ice zubereiten

Chakiba

Champagnerglas/Schale

2cl Kiwi Likör
1cl Crème de Banane grün
10cl Champagner

Zutaten auf Eis verrühren,
anschließend ohne Eis ins Glas geben,
mit Champagner auffüllen

Strawberry Love

Champagnerglas/Schale

2cl Erdbeerlimes
1cl Erdbeersaft
0,5cl Erdbeersirup
0,5cl Cointreau
10cl Champagner

Zutaten auf Eis verrühren,
anschließend ohne Eis ins Glas geben,
mit Champagner auffüllen

Caipis

… das Nationalgetränk Brasiliens erobert die Welt

Caipirinha

Longdrinkglas

6cl Pitú (Cachaça)
1cl Roses Lime Juice
2-3 kleine Löffel Rohrzucker
6/8 einer Limette

Limetten mit einem Stößel im Glas zerdrücken, dann alle Zutaten hinzufügen und bis zur Hälfte das Glas mit Crushed Ice füllen. Umrühren.
Zum Schluss das Glas bis zum Rand mit Crushed Ice auffüllen. Fertig.

Als Alternative kann man an Stelle von Cachaça
auch jeweils 6cl einer beliebigen Spirituose verwenden.

Gin, Wodka, Rum – weiß, gold, braun –,
Passoã (Maracujalikör), Aperol oder Campari.

Zudem kann man auch zwei Komponenten verwenden, allerdings sollte man dann die Menge an Rohrzucker der Rezeptur anpassen.

5cl XUXU Erdbeerlimes
2cl Pitú (Cachaça)

*

3cl Pfirsich Likör (Peach Tree)
3cl Pitú (Cachaça)

*

3cl Himbeerepüree
5cl Rum

*

3cl Pfirsichpüree
5cl Pitú (Cachaça)

... Alkoholfrei

Ipanema

Longdrinkglas

12cl Ginger Ale
1cl Roses Lime Juice
2-3 Barlöffel Rohrzucker
6/8 einer Limette

Ipamara

Longdrinkglas

12cl Maracujasaft
1cl Roses Lime Juice
2-3 Barlöffel Rohrzucker
6/8 einer Limette

Cranberry Caipi

Longdrinkglas

8cl Cranberrysaft
4cl Soda
0,5cl Grenadine
1cl Roses Lime Juice
1-2 kleine Löffel Rohrzucker
6/8 einer Limette

Cherry Caipi

Longdrinkglas

12cl Cranberrysaft
1cl Vanillesirup
1cl Roses Lime Juice
1-2 kleine Löffel Rohrzucker
6/8 einer Limette

Strawberry Caipi

Longdrinkglas

7cl Maracujasaft
5cl Erdbeerpüree
1cl Roses Lime Juice
1-2 kleine Löffel Rohrzucker
6/8 einer Limette

Für alle Caipi-Varianten gilt:

Limetten mit einem Stößel im Glas zerdrücken,
dann alle Zutaten hinzufügen und bis zur Hälfte
das Glas mit Crushed Ice füllen. Umrühren.
Zum Schluss das Glas bis zum Rand mit Crushed Ice auffüllen.
Fertig.

Bubba

Fancyglas

14cl Ananassaft
6cl Maracujasaft
3cl Sahne
2cl Erdbeersirup
2cl Karamellsirup

Alles zusammen mit Eiswürfeln shaken,
mit frischem Eis ins Glas füllen

Perfect Dream

Fancyglas

12cl Orangensaft
7cl Pfirsichsaft
3cl Sahne
3cl Vanillesirup

Alles zusammen mit Eiswürfeln shaken,
mit frischem Eis ins Glas füllen

Sweet Love

Fancyglas

12cl Ananassaft
6cl Maracujasaft
4cl Sahne
3cl Kokossirup

*Alles zusammen mit Eiswürfeln shaken,
mit frischem Eis ins Glas füllen*

Coconut Kiss

Fancyglas

18cl Ananassaft
3cl Sahne
3cl Kokossirup
1cl Erdbeersirup

*Alles zusammen mit Eiswürfeln shaken,
mit frischem Eis ins Glas füllen*

Virgin Colada

Fancyglas

18cl Ananassaft
3cl Sahne
4cl Kokossirup

Alles zusammen mit Eiswürfeln shaken,
mit frischem Eis ins Glas füllen

… viel Spaß damit!!!

Notizen

Notizen

Notizen

Notizen

Notizen

Notizen

Notizen

Notizen

Notizen

Notizen

Notizen

Notizen